Wandern
im Aachener Kessel

Aus Gründen der besseren Lesbarkeit haben wir uns entschlossen, durchgängig die männliche (neutrale) Anredeform zu nutzen, die selbstverständlich die weibliche und die diverse Form mit einschließt.

WALTER | VON HOEGEN

Wandern im Aachener Kessel

10 Streckenwanderungen rund um und quer durch Aachen

Taschenwanderführer

Meyer & Meyer Verlag

Wandern im Aachener Kessel

Bibliografische Information der Deutschen Nationalbibliothek
Die Deutsche Nationalbibliothek verzeichnet diese Publikation in der Deutschen Nationalbibliografie; detaillierte bibliografische Details sind im Internet über <https://www.dnb.de> abrufbar.

Auckland, Beirut, Dubai, Hägendorf, Hongkong, Indianapolis, Kairo, Kapstadt, Manila, Maidenhead, Neu-Delhi, Singapur, Sydney, Teheran, Wien

Member of the World Sport Publishers' Association (WSPA)

Gesamtherstellung: Print Consult GmbH, München

MIX
Papier | Fördert gute Waldnutzung
FSC® C106855

ISBN: 978-3-8403-7804-1
E-Mail: verlag@m-m-sports.com
www.dersportverlag.de

INHALT

(Hinweis: Die Lage der Etappen ist in der vorderen Umschlagklappe abgebildet.)

EINFÜHRUNG

1

DER AACHENER KESSEL

Der französische Romantiker Victor Hugo (1802-1885) pries die Stadt Aachen des 19. Jahrhunderts als eine „Perle in einer Schale". Und vor 70 Jahren schwärmte der Aachener Naturforscher und Gymnasialprofessor M. Schwickerath vom Aachener Kessel als einem „Landschaftsoktogon" und einem „königlichen Talrund Karls des Großen".

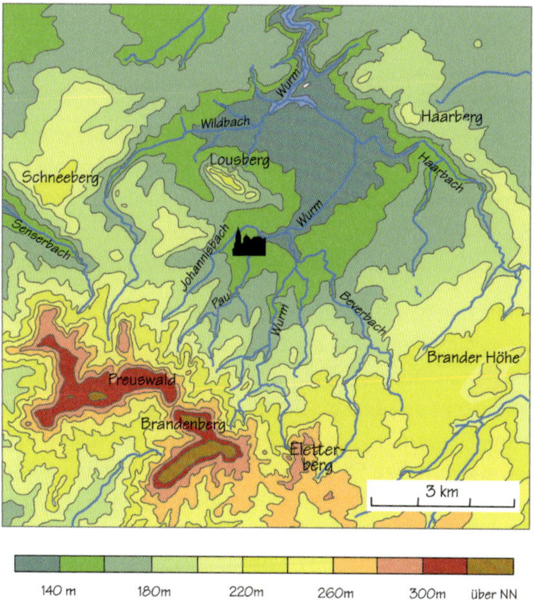

Höhenschichtenmodell des Aachener Kessels

Aachener Kessel

Ein Höhenschichtenmodell bringt die Kessellage der Stadt Aachen anschaulich zum Ausdruck. Die tiefste Stelle befindet sich 133 Meter über dem Meeresspiegel ganz im Norden, wo das schmale Tal der Wurm den Kesselnordrand durchbricht. Der eigentliche Talgrund liegt zwischen 140 und 180 Meter über dem Meeresspiegel (140-Meter-Höhenlinie). Nur der Lousberg überragt hier die 220-Meter-Marke. Die 220-Meter-Höhenlinie verläuft auch um den breiten Rücken des Schneebergs im Nordwesten und am südlichen Kesselrand entlang bis zur Verlautenheidener Höhe.

Im Nordosten überragen der Haarberg (239 Meter) und der Kaninsberg dieses Niveau noch einmal deutlich. Höhen oberhalb von 260 Metern sind dagegen auf den südlichen Kesselrand beschränkt. Die langgestreckten Plateaus des Aachener Waldes überragen dort sogar die 300-Meter-Linie noch um weitere 60 Meter. Insgesamt sinken also die Randhöhen des Aachener Kessels von deutlich über 300 Meter über dem Meeresspiegel im Süden auf knapp 200 Meter in seiner Nordumwallung zwischen Laurensberg und Berensberg.

Die Entwässerung des ursprünglich wohl weithin versumpften Talgrundes des Aachener Kessels erfolgt im Norden durch das enge Kerbtal der Wurm. Innerhalb des Talkessels fließen ihr eine Vielzahl kleinerer und größerer Bäche zu: von Süden aus den Nordhängen des Aachener Waldrückens und unmittelbar vor ihrem nördlichen Austritt aus dem Talkessel von Westen der Wildbach und von Osten der Haarbach.

Naturräumlich liegt der Aachener Talkessel an der Grenze zwischen dem Aachen-Limburger Kreidehügelland im Westen und Nordwesten und der Vennfußfläche als Nordrand der Eifel im Südosten und Osten. Dieser Grenzlage entsprechend gehören die Gesteinsformationen, die den Untergrund des Kessels und seiner Umrahmung bilden, auch zwei geologischen Stockwerken an. Der im östlichen Aachener Kessel offen liegende Unterbau besteht als „Grundgebirgsstockwerk" aus weitspannig gefalteten und verschuppten Sedimentgesteinen der Devon- und Karbon-Zeit (418-296 Millionen Jahre vor heute). Zu unterscheiden sind im Südosten die Inde-Mulde, im Nordwesten die Wurm-Mulde und dazwischen der Aachener Sattel, dessen tektoni-

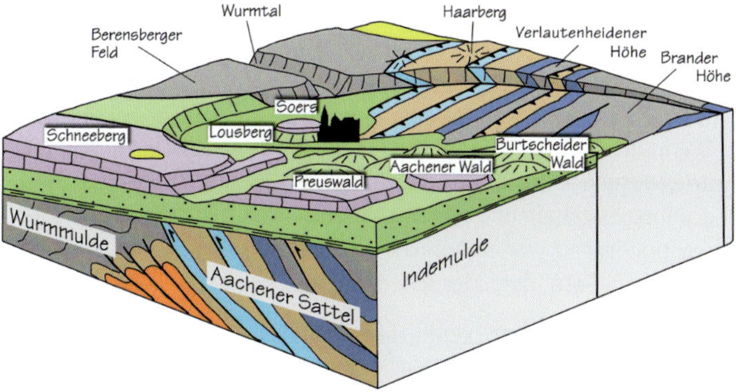

scher Zusammenschub durch drei bedeutende Überschiebungen – die Eilendorfer, die Burtscheider und die Aachener Überschiebung – deutlich verstärkt wird. Die Mulden, der Sattel und auch die Überschiebungen zeigen im geologischen Kartenbild einen Südwest-Nordost-Verlauf.

Über diesem Grundgebirgsstockwerk folgt ein „Deckgebirgsstockwerk" aus heute noch flach liegenden Sanden und Kalksteinen der geologisch wesentlich jüngeren Kreide-Epoche (80-65 Millionen Jahre vor heute). Aus ihnen bestehen die Höhen des Aachener Waldes, des Preuswalds und des Schneebergs im Südwesten und Westen sowie deren nördliche Ausläufer im Talgrund der Stadt. Auch der Lousberg gehört dazu. Im Ostteil des Aachener Kessels und in seiner Ostumwallung sind diese ursprünglich alles überdeckenden Kreideschichten durch den Beverbach und den Haarbach bzw. deren Vorläuferbäche inzwischen wieder weitgehend abgeräumt.

Sowohl das Deckgebirgsstockwerk als auch das Grundgebirgsstockwerk werden heute von wenigen steil stehenden Nordnordwest-Südsüdost verlaufenden tektonischen Brüchen durchzogen. An der Laurensberger Störung ist das Zentrum des Kessels gegenüber dem Aachener Wald und dem Schneeberg um mehrere Zehnermeter tektonisch angehoben. Im Osten und Norden liegt jenseits der Haarbach-Störung und des Richtericher Sprungs das Grundgebirge noch einmal bis zu 50 Meter höher.

EINE LANGE GESCHICHTE

(Siehe Zeittafel im Innenteil der hinteren Umschlagseite.)

Die Stadt Aachen in der Mitte des Aachener Kessels blickt auf eine zweitausend Jahre lange Geschichte zurück. Ihre Straßen, die Mauern ihrer Gebäude und schriftliche Chroniken geben Auskunft über die politischen, wirtschaftlichen und gesellschaftlichen Veränderungen in dieser dem Menschen lang erscheinenden Zeit.

Außerhalb der Stadt bieten die Vegetation, die Bodenarten, der Verlauf der Bäche und das Relief deutliche Hinweise auf eine vielezigtausend Jahre anhaltende Entwicklung dieser heutigen Landschaft schon vor dieser Zeit.

Wenn dann noch Steine des Untergrunds auf den Feldern, in Wegböschungen und in ehemaligen Steinbrüchen freigelegt sind, öffnet sich das Zeitfenster sogar in eine noch fernere, viele Millionen Jahre zurückreichende, erdgeschichtliche Vergangenheit.

Die Zeit der Steine

Die ältesten Zeugen der geologischen Geschichte des Aachener Gebiets treten in der östlichen und nördlichen Umrahmung des Aachener Kessels an die Tagesoberfläche. Kalksteine und Sand- und Tonsteine der Oberdevon-Zeit (417-381 Millionen Jahre vor heute) und Kalksteine und Tonsteine der Karbon-Zeit (358-296 Millionen Jahre vor heute) bilden dort die Verlautenheidener Höhe, den Haarberg und den Kaninsberg und sind auch in den Talhängen des mittleren Wurmtals aufgeschlossen. Auch im nordöstlichen Teil des Kesselbodens, bis in das Aachener Stadtzentrum hinein, werden die gleichen Kalksteine, Sandsteine und Tonsteine unter einer dünnen Verwitterungsschicht angetroffen.

Seit der Mitteldevon- und frühen Oberdevon-Zeit überflutete ein flaches Meer auch den Aachener Raum. Das Meer war tropisch warm und es kam zur Bildung von Riffkalksteinen und kalkigen und

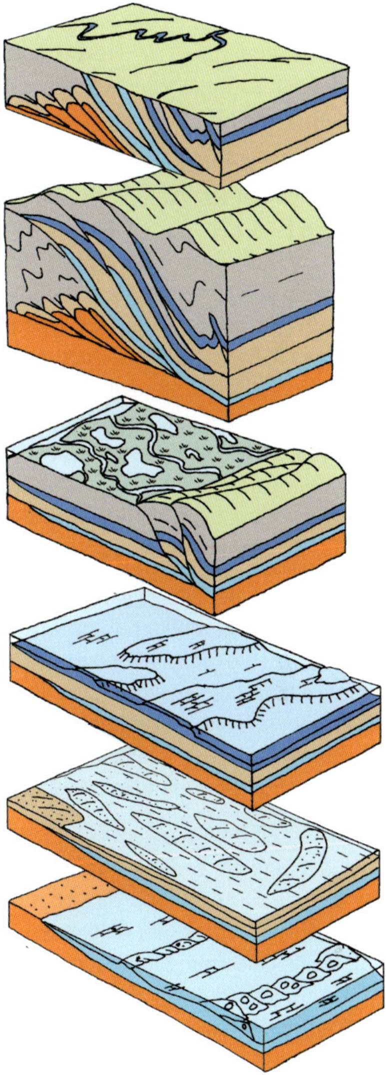

Nach der Oberkarbon-Zeit:

Abtrag und Einebnung
des Variszischen Gebirges

In der Oberkarbon-Zeit:

Endgültige Auffaltung
des Variszischen Gebirges

Beginnende Variszische
Faltung und Waldmoore

In der Unterkarbon-Zeit:

Marine Kalksteine
(Kohlenkalk)

In der späten Oberdevon-Zeit:

Marine Sandsteine
und Tonsteine

In der frühen Oberdevon-Zeit:

Marine Riffkalksteine

tonigen Schlammablagerungen. Diese verfestigten sich später zu gebankten Kalksteinen und Mergelsteinen. In der späteren Oberdevon-Zeit breiteten sich vor Flussmündungen sandige Tonschlämme aus, die sich zu Sandsteinen und Tonsteinen verfestigten. Später, in der Unterkarbon-Zeit, wiederholte sich die Kalksteinbildung noch einmal.

Seit Beginn der Oberkarbon-Zeit begann im Süden, im Gebiet der heutigen Eifel, der tektonische Zusammenschub und die Heraushebung eines hohen Gebirgszugs („Variszisches Gebirge"). Vor seinem Nordrand verlandete das Meer und in ausgedehnten Waldmooren bildeten sich Torfschichten, aus denen später Steinkohlenflöze hervorgingen. Gegen Ende der Oberkarbon-Zeit wurden auch sie von dem tektonischen Zusammenschub erfasst. Damals entstanden die Sättel und Mulden und die Überschiebungen des heutigen Aachener „Grundgebirgsstockwerks". Es dauerte dann viele weitere Millionen Jahre, bis das gegen Ende des Oberkarbons herausgehobene Variszische Gebirge durch nach Norden abfließende Flüsse wieder fast auf Meeresspiegelniveau abgetragen war.

In der westlichen und südlichen Umrahmung des Aachener Kessels folgt über dem devon-karbonzeitlichen Grundgebirgsstockwerk ein Deckgebirgsstockwerk aus heute noch flach liegenden Sand- und Kalkschichten des geologisch viel jüngeren Kreide-Zeitalters (142-65 Millionen Jahre vor heute). Dazu gehören die Höhen des Burtscheider Waldes, des Aachener Stadtwaldes, des Preuswaldes und des Schneebergs sowie deren Ausläufer in den Talgrund der Stadt Aachen.

Nach der Einebnung des Variszischen Gebirges durch nach Norden abfließende Flüsse wurde das an seiner Stelle neu entstandene Flachland im Zuge eines weltweiten Meerespiegelanstiegs in der Oberkreide-Zeit vom Meer überflutet. Dabei wurden zuerst die Verwitterungsbildungen der ehemaligen Landoberfläche zu einer Tonschicht, dem Kreide-Basiston, zusammengespült. Dann bildeten sich Küstensande, der heutige Aachener Sand und Vaalser Sand.

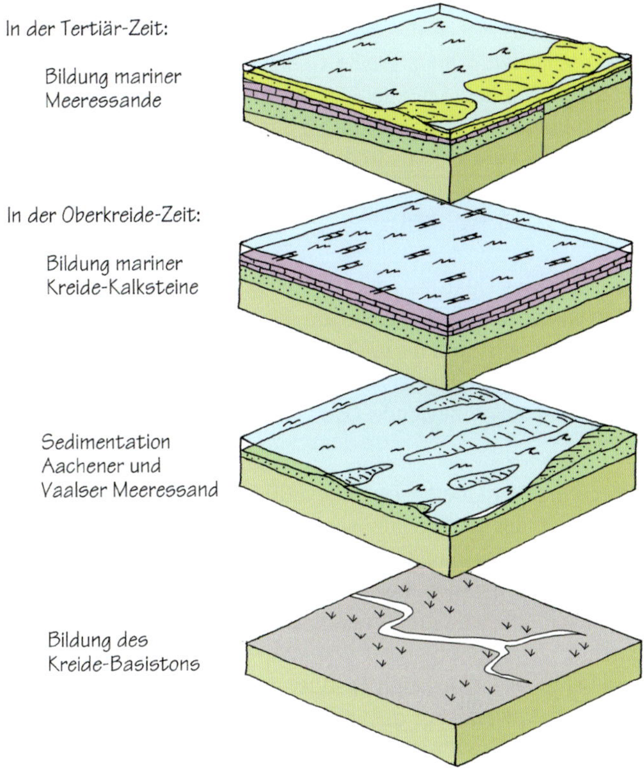

Und darüber liegt der heute bis zu 80 Meter mächtige Kreidekalk, z. T. mit Feuersteinen (Vijlenkalk, Orsbacher Kalk, Vetschauer Kalk). Unmittelbar nach Ende der Kreide-Zeit (vor 66 Millionen Jahren) zog sich das Meer wieder aus dem Eifelvorland zurück.

Im Ostteil des Aachener Kessels und in seiner Ostumwallung wurden diese ursprünglich alles überdeckenden Oberkreide-Schichten in der nachfolgenden Tertiär- und Quartär-Zeit wieder weitgehend abgeräumt.

Nur einmal noch wurde das Gebiet des Aachener Kessels vom Meer überflutet. Das war in der mittleren bis späten Tertiär-Zeit vor 30 bis 20 Millionen Jahren. Weiße Quarzsande als Küstenbildungen dieser Zeit sind heute nur noch in seinem nördlichen und östlichen Vorland überliefert (Herzogenrather Sand). Danach war das Gebiet bis heute der Verwitterung und dem Abtrag ausgesetzt.

Die Zeit des Reliefs

In der Zeit des Quartärs (seit 2,4 Millionen Jahren) waren es zunächst in flachen Senken fließende Flüsse und Bäche, die das Gebiet der Nordeifel und ihr Aachener Vorland in nordöstlicher Richtung entwässerten. Damals hinterließ z. B. eine aus den Ardennen in Richtung Jülich fließende Ostmaas ihre Schotter im Aachener Raum.

In der jüngeren Quartär-Zeit, vor 800.000 bis 700.000 Jahren, begann sich die heutige Eifel verstärkt herauszuheben, sodass die Flüsse und Bäche nun einem deutlicheren Gefälle nach Norden folgten. Sie begannen, die noch lockeren tertiärzeitlichen Sande abzuspülen und die darunter liegende feste Kreidekalksteindecke allmählich zu durchschneiden. War diese erst einmal durchbrochen, dann fiel es selbst kleineren Fließgewässern nicht schwer, den darunter noch unverfestigt gebliebenen Vaalser und Aachener Sand bis auf die Kreide-Basistone und die alte Einebnungsfläche des Grundgebirgsstockwerks abzuräumen. Auf diese Weise entstand das heutige Relief des Aachener Hügellandes mit dem Aachener Kessel.

Während der beiden letzten großen europäischen Kaltzeiten, der Saale-Kaltzeit und der Weichsel-Kaltzeit (vor 180.000-12.000 Jahren), war das Umfeld des Aachener Kessels über lange Zeit arktisch geprägt und vegetationsfrei. Die Gesteine des Untergrunds waren von intensiver Frostverwitterung betroffen. Der Abtrag des Verwitterungsschutts durch das damals bereits bestehende Flussnetz der Wurm und ihrer Nebenbäche veränderten das Relief des Aachener

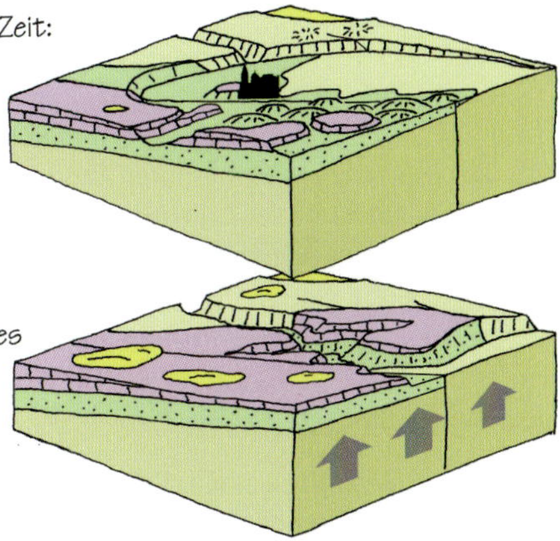

Hügellandes stärker als heute. Darüber hinaus kam es in der späten Weichsel-Kaltzeit zu Einwehungen von Flugstäuben aus nördlichen Richtungen. Sie bedecken heute die Böden und Hänge des Aachener Kessels als Löss.

Die Zeit der Menschen

Trotz ausgedehnter Sümpfe im Inneren des Aachener Kessels lebten wohl bereits in der jüngeren Steinzeit Menschen auf den Höhen ringsum. Vom Lousberg ist ein ausgedehnter jungsteinzeitlicher Feuerstein-Bergbau bekannt. Aus der Bronzezeit (2200-800 vor Christus) stammen verschiedene Hügelgräber im Preuswald und auf dem Klausberg im Aachener Stadtwald.

Eine dichtere Besiedlung des Aachener Raums begann erst in der Zeit der Kelten und Römer. Die Kelten verehrten in den heißen Aachener Quellen ihren Heilgott Granus. Die Römer errichteten hier im ersten nachchristlichen Jahrhundert Thermen für ihre rheinischen Legionen. Nach archäologischen Befunden muss Aachen ein großes römisches Militärbad gewesen sein. Hier liefen wichtige römische Straßen zusammen. Als die Römer sich aus den Gebieten westlich des Rheins zurückzogen, wurde Aachen als Siedlung aufgegeben.

Nach der unruhigen Zeit der Völkerwanderungen nahmen die Franken den Aachener Kessel in ihren Besitz. Karl der Große ließ zwischen 788 und 813 nach Christus über dem Südhang des Aachener Marktrückens eine Königshalle und auf den Grundmauern einer römischen Therme eine Marienkirche als Keimzelle des späteren Aachener Doms errichten. Er machte Aachen zum Mittelpunkt seines Reichs und legte so die Grundlage für das spätere Wachstum der Siedlung zur Stadt.

In den Jahrhunderten nach Karl dem Großen entwickelte sich Aachen zum Krönungsort der deutschen Könige und zum Tagungsort für Reichs- und Fürstentage. 1166 verlieh Kaiser Friedrich II (Barbarossa) den Aachener Bürgern die Rechte einer Freien Reichsstadt, deren natürliche Grenzen durch die Anhöhen rund um den Aachener Kessel gegeben waren. Zwischen 1171 und 1174 entstand eine erste 2,4 Kilometer lange und 8 Meter hohe Stadtmauer (Barbarossamauer) mit den dazugehörenden Toren und Türmen. 100 Jahre später war die Bevölkerung der Stadt aber schon wieder so weit gewachsen, dass der Bau einer zweiten, doppelt so langen Befestigung notwendig wurde. Zusätzlich umgab man das ganze Aachener Reich mit einem 72 Kilometer langen Landgraben und errichtete zur Sicherung der Hauptverkehrswege acht steinerne Wachttürme.

Außerhalb der Mauern der Stadt bestanden seit dem frühen Mittelalter größere Gutshöfe, oft ehemalige Königshöfe der Karolinger, die die Versorgung der städtischen Bevölkerung mit Naturalien sicherstellten. Unterstützt wurden sie darin durch kleinere, oft abhängige Bauernstellen in ihrem unmittelbaren Umfeld. Die bäuerlichen Ansiedlungen lagen überwiegend entlang der im Aachener Süden entspringenden Bäche und am Wildbach.

In spätmittelalterlicher Zeit (1250-1500 nach Christus) machten die Aachener Heiligtumsfahrten die Stadt und ihre Umgebung

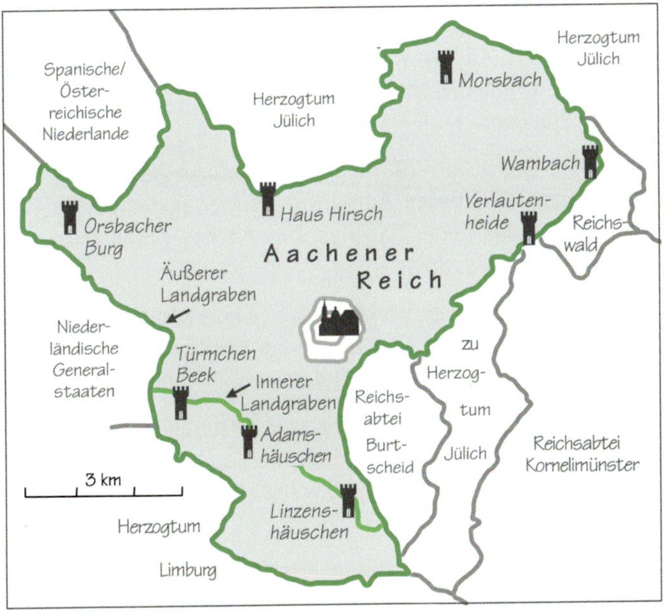

zu einem der berühmtesten Pilgerorte Europas. Gleichzeitig führten Handel und Gewerbe zu einem anhaltenden Wohlstand. Das weiche Wasser der Aachener Bäche und die Verarbeitung einheimischer Wolle begünstigten die Tuchherstellung. Auch eine sehr erfolgreiche Messingproduktion profitierte von der Wasserkraft außerhalb und innerhalb der Stadt.

Im Jahr 1656 zerstörte ein katastrophaler Brand den größten Teil der Stadt Aachen. Einen Ausweg aus der daraus folgenden Notlage bot damals die gezielte Nutzung der Thermalquellen zu Heilzwecken. In der Komphausbadstraße entstand ein ganz neues Kurviertel mit Badehäusern, Trinkbrunnen, Wandelhallen, einem Kasino und zahlreichen Gasthöfen. Damit entwickelte sich Aachen im 18. Jahrhundert zu einem glanzvollen europäischen Modebad.

Mit der Besetzung durch napoleonische Truppen 1794 wurde Aachen eine französische Stadt. Klöster und Kirchen wurden säkularisiert und Gewerbefreiheit und eine straffe Verwaltung wurden eingeführt. Aachen wurde Hauptstadt des neu geschaffenen Département Roer. Nach dem Wiener Kongress 1815/16 fiel Aachen an Preußen.

Die zweite Hälfte des 19. Jahrhunderts war in Aachen geprägt durch einen industriellen Aufschwung seiner Textilindustrie und weltweite Erfolge seiner Nadelfabriken. Aachen wurde an das Eisenbahnnetz angeschlossen.

Das mittlere Wurmtal entwickelte sich zu einem wichtigen Steinkohlerevier. Aachen erhielt eine Technische Hochschule. In Eilendorf entstand das größte Walz- und Hüttenwerk im damaligen Europa.

Im Ersten Weltkrieg blieb Aachen von Zerstörungen weitgehend verschont. Dagegen wurde die Stadt im Zweiten Weltkrieg durch Bombardierungen und Artilleriebeschuss zu mehr als 60 Prozent zerstört.

Heute ist Aachen eine Großstadt mit fast 250.000 Einwohnern. Seit 1972 reicht ihr Stadtgebiet durch die Eingliederung der umliegenden Gemeinden nach Norden und Südosten weit über den Aachener Kessel hinaus.

2 DIE WANDERUNGEN

(Siehe Lage der Wanderungen im Innenteil der vorderen Umschlagseite.)

Noch vor 200 Jahren war die Stadt Aachen auf das Gebiet innerhalb des Alleenrings beschränkt. Von diesem aus verliefen – wie auch heute – Verbindungsstraßen zu den Nachbarorten sternförmig auseinander. Sie queren den umgebenden Höhenrand des Aachener Talkessels über natürliche Dellen und Kerben. Nach diesen Ausfallstraßen und ihren Pässen lässt sich der Aachener Kessel zwanglos in acht Segmente unterteilen, die sich auch in ihrem Landschaftsbild jeweils deutlich unterscheiden. Acht der hier vorgeschlagenen Wanderungen folgen dieser Segmentierung. Zwei queren die Aachener Innenstadt und Burtscheid.

Die Wanderungen sind als Streckenwanderungen konzipiert. Die Startpunkte für die einzelnen Routen liegen immer an einer der großen Aachener Ausfallstraßen, die Endpunkte jeweils an der im Uhrzeigersinn nächsten. Diese Streckenführung hat den Vorteil, dass sich auf den großen Straßen Bushaltestellen für An- und Rückfahrten anbieten und dort in der Regel auch geeignete Parkplätze zur Verfügung stehen.

Die Hauptstrecken sind zwischen 8 und 12 Kilometer lang. Sie sind bequem an einem halben Tag zu bewältigen. Die Höhenunterschiede bleiben in der Regel unter 100 Meter. Jede Route hat ihre Wanderkarte. (Zu beachten ist, dass diese aus Platzgründen nicht immer nord-süd-orientiert ist!) Die Erläuterungen zu den einzelnen Etappen umfassen außer einer Karte und einem Wegweiser je ein Modell ihres geologischen Untergrunds und Hinweise und Erklärungen zu besonderen Orten unterwegs. Vertiefende Erklärungen sind in separaten Themenkapiteln zwischendurch nachzulesen.

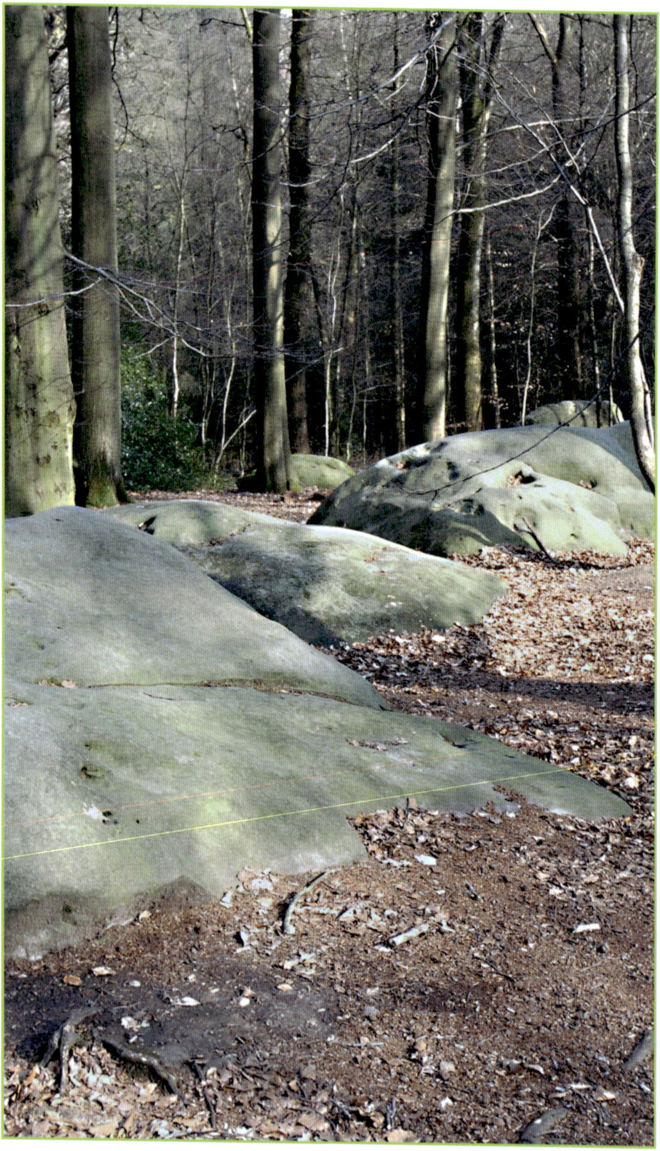

Etappe 1: Durch den Burtscheider Wald

Start:
Bushaltestelle Bismarckturm, Monschauer Straße, Linien 11, 51
Parkplatz Waldfriedhof, Monschauer Straße

Ziel:
Bushaltestelle Linzenshäuschen, Eupener Straße, Linie 14
Parkplatz Alt-Linzenshäuschen, Eupener Straße

Länge der Wanderung: circa 8 Kilometer

Höhenunterschiede: 98 Meter

Dauer: etwa 3 Stunden

Streckenverlauf:
Die Strecke verläuft zunächst vom Restaurant Bismarckturm über den I. Rote-Haag-Weg in Richtung Waldstadion und weiter zum Kupferweiher. Danach geht es weiter über den II. Rote-Haag-Weg und Brückchenweg zur Pionierquelle und von dort über die Sandhügel des Elleterbergs und Siebenpfade zum Augustinerweg, zur belgischen Grenze mit dem Aachener Landgraben und zu den Zyklopensteinen. Zwischen Köpfchen und dem Tatarenkopf führt die Strecke zurück zum Hirschweg. Die Eupener Straße wird überquert und dann kommt man auf schmalen Pfaden um die Häuser am Düsbergweg herum zum Parkplatz und zur Bushaltestelle Alt-Linzenshäuschen.

GPX-Daten zur Etappe 1

Bild links: Zyklopensteine

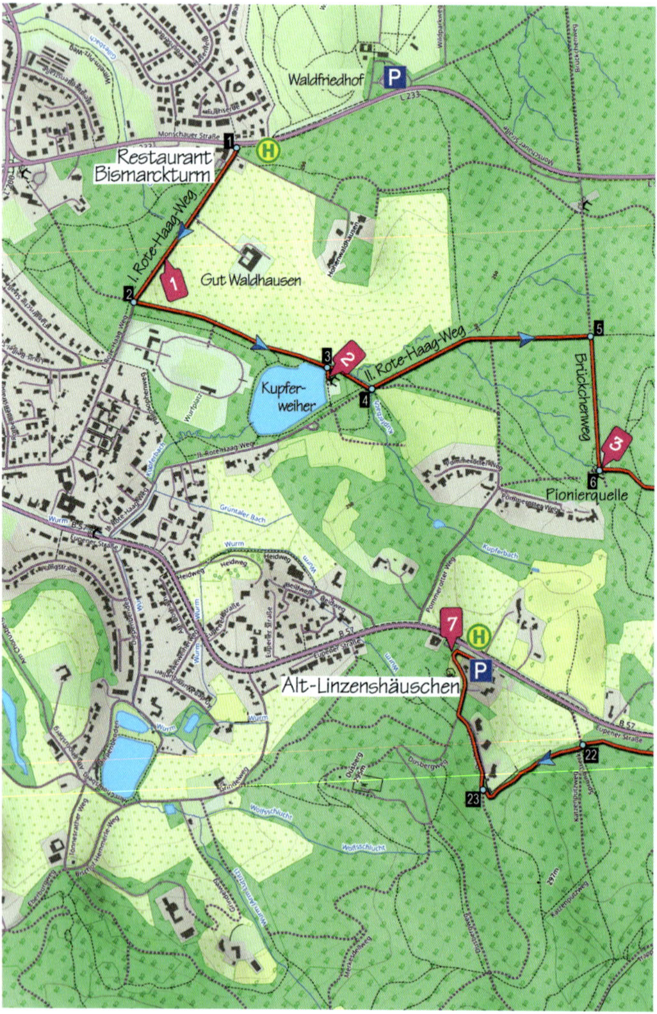
Waldfriedhof
P
H
Restaurant Bismarckturm
I. Rote-Haag-Weg
1
Gut Waldhausen
2
3
4
5
6
II. Rote-Haag-Weg
Kupfer-
weiher
Brückchenweg
3
Pionierquelle
7
H
P
Alt-Linzenshäuschen
22
23

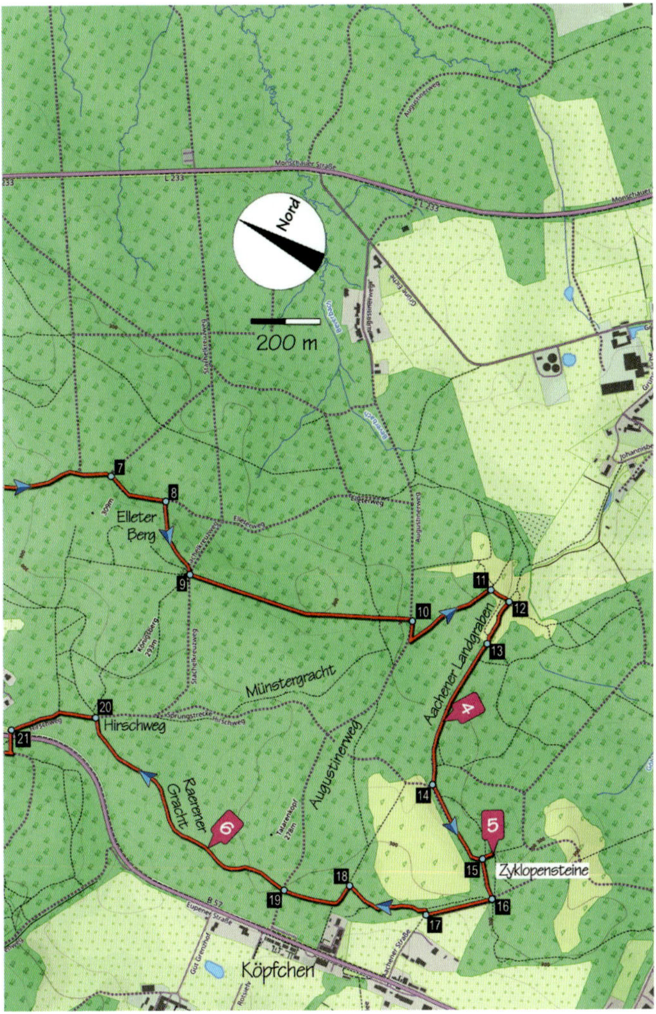
Nord
200 m
Elleter Berg
Münstergracht
Aachener Landgraben
Hirschweg
Raerener Gracht
Augustinerweg
Zyklopensteine
Köpfchen
Monschauer Straße
L 233
B 57
Eupener Straße

Wegweiser

1	Links neben dem Restaurant Bismarckturm auf dem I. Rote-Haag-Weg in Richtung Waldstadion gehen. Nach links Ausblick auf Gut Waldhausen und seine weite Wiesenlandschaft.
2	An der Wegkreuzung vor den Parkplätzen des Waldstadions nach links abbiegen und auf der langen Allee zwischen dem Waldstadion und den Wiesen um Gut Waldhausen aufwärtsgehen.
3	Nach einer kleinen Brücke über den Zufluss des Kupferbachs zum Kupferweiher einen Abstecher nach rechts zum Südufer dieses kleinen Stausees machen. Zurück zum Hauptweg und entlang des Kupferbachs bis zum II. Rote-Haag-Weg gehen.
4	Auf dem II. Rote-Haag-Weg nach links, dann die Brücke über den Kupferbach queren und im Wald bis zur Kreuzung mit dem Pommerotter Weg und weiter geradeaus zum Brückchenweg gehen.
5	Auf den Brückchenweg nach rechts abbiegen und bis zu einem größeren Waldspielplatz oberhalb der Pionierquelle gehen.
6	Von der Schutzhütte an der Pionierquelle dem Forstweg nach links in Richtung Elleterberg folgen.
7	An einer Weggabelung sich rechts halten und auf dem Forstweg weitergehen.
8	Am höchsten Punkt des Forstwegs rechts einem schmalen Fußpfad aufwärts zur Schutzhütte Siebenpfade folgen.
9	An der Wegkreuzung Siebenpfade von der Schutzhütte aus auf dem zweiten Weg nach links in Richtung Augustinerweg gehen.
10	Auf dem Augustinerweg circa 30 Meter nach rechts gehen und in einem Rechtsbogen der Straße scharf links in einen stark zerfahrenen Waldweg in Richtung belgische Grenze abbiegen.
11	Circa 200 Meter nach einem Linksknick des Waldweges einem unscheinbaren schmalen Pfad nach rechts bis zum Wall und Graben des Aachener Landgrabens folgen und diesen queren.
12	Auf der Wegkreuzung unmittelbar hinter der belgischen Grenze einem ebenso schmalen Pfad nach rechts parallel zum Landgraben folgen.
13	Im Hochwald verbreitert und verzweigt sich der Weg gelegentlich zwischen den weitständigen Bäumen. Der Aachener Landgraben mit seinem Wall und den stark verwachsenen Hainbuchen ist rechts immer gut zu erkennen.
14	Der Weg verläuft hier in einer weiten Linkskurve weiterhin parallel zum Aachener Landgraben und damit auch parallel zur deutsch-belgischen Grenze.

15	Der Weg entfernt sich etwas vom Landgraben nach links und verläuft längs einer flachen Senke mit riesigen, gerundeten Sandsteinblöcken, den sogenannten "Zyklopensteinen". Nach einem Abstecher zu diesen Zyklopensteinen zurück zum Weg und bis zu einer Wegkreuzung weitergehen.
16	Vor einem gut sichtbaren belgischen Grenzstein mit dem Aachener Landgraben scharf nach rechts abbiegen und einem Weg zwischen diesem und einer offenen Wiese folgen.
17	Wo der Weg nach links in Richtung Eupener Straße abknickt, nach rechts in den Wald überwechseln und auf einem deutlich ausgetretenen Fußweg durch den in Teilen morastigen Bruchwald zu einem höher gelegenen, befestigten Forstweg gehen.
18	Auf dem Forstweg sich links halten und diesem in einem Rechtsbogen bis zum Augustinerweg kurz vor dessen Einmündung in die Eupener Straße folgen.
19	Den Augustinerweg queren und westlich des Tatarenkopfes zuerst aufwärts und dann über eine längere Strecke parallel zu einem Bündel tief eingeschnittener Hohlwege abwärts in Richtung Hirschweg gehen.
20	Auf dem breiten Hirschweg nach links in Richtung Eupener Straße gehen.
21	Die Eupener Straße queren und am Waldrand nach rechts in Richtung Stadt gehen.
22	Jenseits eines Forstweges einem engen Pfad bis zu den letzten Häusern des Düsbergwegs folgen.
23	Oberhalb des letzten Hauses am Düsbergweg nach rechts parallel zur Straße in Richtung Parkplatz und Bushaltestelle Linzenshäuschen gehen.

Der Untergrund

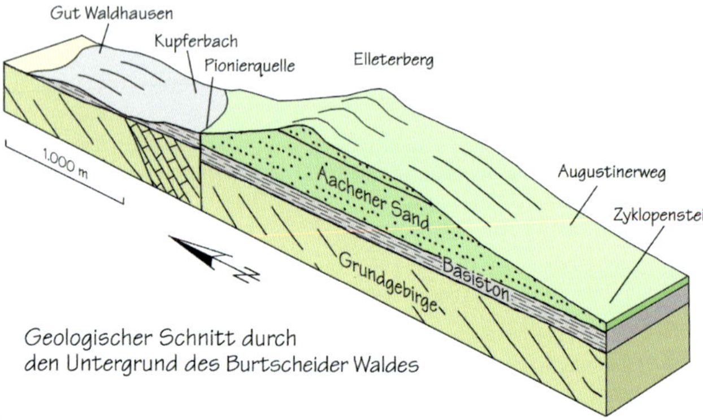

Geologischer Schnitt durch den Untergrund des Burtscheider Waldes

Alle Hügel und Kuppen im Burtscheider Wald bestehen aus sehr flach gegen Norden geneigten Sandschichten. Diese werden als Aachener Sand (unten) und Vaalser Sand bzw. Vaalser Grünsand (darüber) bezeichnet. Die Sandschichten entstanden in der jüngeren Kreide-Zeit (vor rund 86 Millionen Jahren). Unterlagert werden sie von einer relativ dünnen Tonschicht, dem Kreide-Basiston.

Diese Sande und ihr Basiston liegen auf einem Grundgebirge aus durch Faltung steil gestellten und durch Überschiebungen verschuppten Kalksteinen, Tonsteinen und Sandsteinen der Mitteldevon- und Karbon-Zeit (zwischen 390 und 296 Millionen Jahren vor heute). Die Grenzfläche zwischen beiden Stockwerken ist eine Fastebene. Sie entstand durch den Abtrag der zusammengeschobenen Devon- und Karbon-Schichten vor ihrer Überdeckung durch die Oberkreide-Sedimente.

1. Wiesenlandschaft um Gut Waldhausen

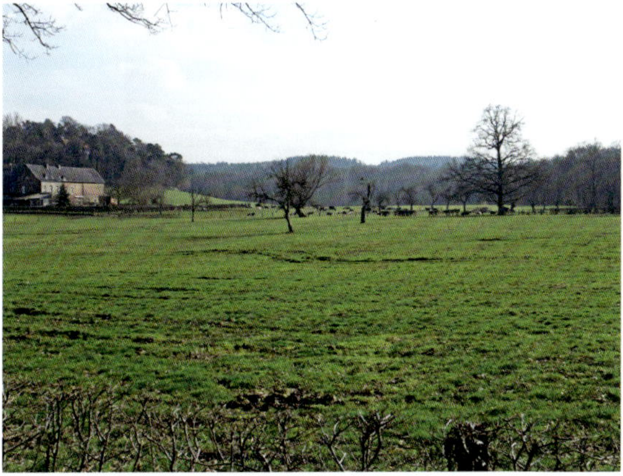

Beiderseits des I. Rote-Haag-Wegs ist der Wiesengrund um das Gut Waldhausen weitgehend eben. Der Untergrund besteht hier aus einer dünnen, flach liegenden Schicht aus Kreide-Basiston und darunter Ton- und Sandsteinen der Oberkarbon-Zeit. Wegen der wasserstauenden Eigenschaften des Tons und der Tonsteine sind die Wiesen hier im Frühjahr und nach starken Regenfällen immer stark vernässt, sodass entlang den Wegen tiefe Drainagegräben angelegt sind. Rechts des I. Rote-Haag-Wegs sammelt sich das Wasser der Wiesen zum Gillesbach.

Von dem ursprünglich über dem tonigen Untergrund gelegenen Aachener Sand sind nur wenige Resthügel jenseits von Gut Waldhausen übrig geblieben, wie z. B. die flache, bewaldete Kuppe mit der Villa Hohenwaldhausen. Das Gut Waldhausen davor besteht seit 1799. Unmittelbar nach dem Zweiten Weltkrieg wurde es zu seiner heutigen Dreiflügelanlage ausgebaut.

2. Der Kupferbach-Stauweiher

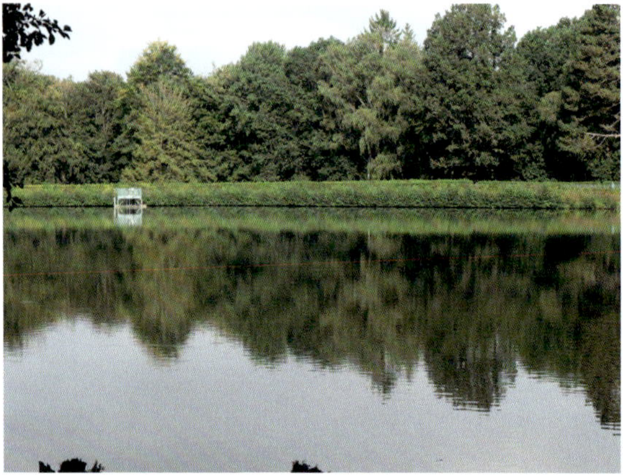

Der Kupferbach-Stauweiher wurde gegen Ende der 1920er-Jahre angelegt, um den jahreszeitlich starken Wechsel der Wasserführung des Kupferbachs auszugleichen und den von ihm mitgeführten feinen Sand abzufangen.

Der Kupferbach-Stauweiher entstand im Rahmen einer Erwerbslosenfürsorge. Damals (1926) betrug die Arbeitslosenquote in Aachen 20 Prozent. Allein durch die Schließung des Hüttenwerkes Rothe Erde verloren in jenem Jahr 5.000 Erwerbstätige ihre Arbeit.

Früher stand auf der Terrasse des Stauweihers ein Wärterhaus. Es war für die Aachener ein beliebtes Ziel für sonntägliche Ausflüge, da man hier Kaffee trinken und ein Ruderboot ausleihen konnte. Heute gilt der Weiher eher als Anglerparadies.

Der Kupferbach entspringt am Fuß des Elleterbergs bei Gut Hirschpley. Seinen Namen verdankt er wahrscheinlich einer oder mehreren Kupfermühlen, die er früher in seinem Unterlauf oder zusammen mit der Wurm antrieb.

3. An der Pionierquelle

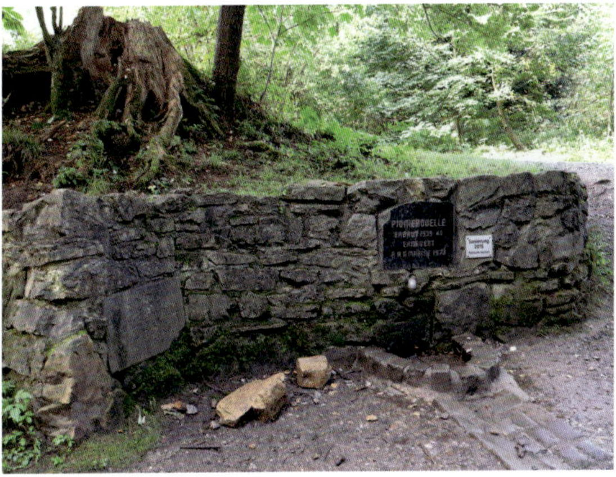

Die Pionierquelle am westlichen Ende des Brückchenwegs ist eine Schichtquelle an der Grenze der Kreide-Basistone zum darüber liegenden Aachener Sand. Das im Aachener Sand des Elleterbergs versickernde Niederschlagswasser wird über dem darunter liegenden, wasserundurchlässigen Basiston gestaut und fließt zur Seite ins Freie. Die Pionierquelle wurde 1939 von in Aachen stationierten Soldaten in einer einfachen Rinne gefasst. 1972 wurde die Fassung erneuert und überbaut.

Hinter dem Waldspielplatz an der Pionierquelle ist in der steilen Böschung einer ehemaligen Sandgrube ursprünglich fast weißer Aachener Sand angeschnitten. Seine heute eher gelbliche bis bräunliche Farbe ist durch einen dünnen Brauneisenbelag seiner Sandkörner bedingt. Humose Beimengungen bewirken auch graue Farben.

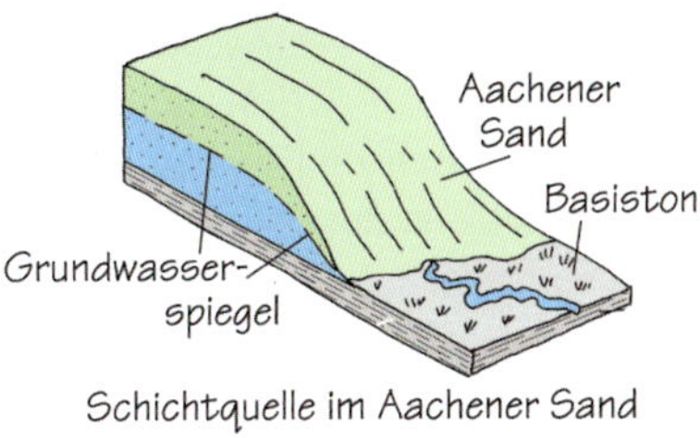

Schichtquelle im Aachener Sand

4. Der Aachener Landgraben

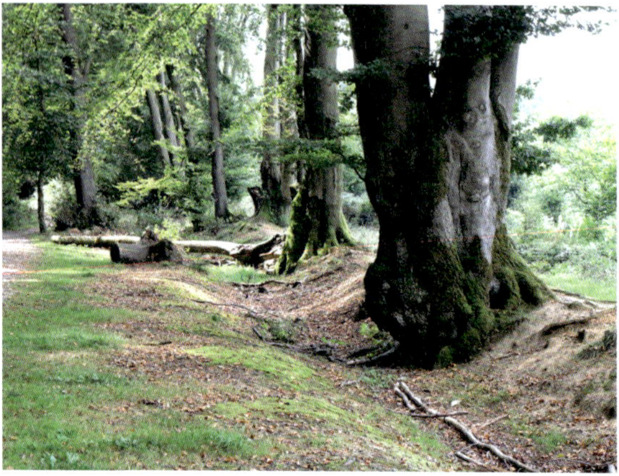

Die deutsch-belgische Grenze verläuft hier entlang des früheren Aachener Landgrabens. Dieser zeigt sich heute als ein flacher Graben mit einem dahinter liegenden, niedrigen Wall mit einer Reihe alter, stark verwachsener Hainbuchen.

Der Aachener Landgraben wurde im 15. Jahrhundert angelegt, um das damalige Aachener Reich gegen die Herzogtümer Limburg im Westen und Süden und Jülich im Nordosten und Osten zu sichern. Ursprünglich bestand die Grenzbefestigung des Aachener Landgrabens aus einem 4 Meter hohen Mittelwall zwischen zwei 4 Meter tiefen Wassergräben. Der Mittelwall selbst trug eine dichte, 10 Meter hohe, undurchdringliche Hainbuchenhecke.

Mit der Auflösung des Aachener Reichs nach dem Einmarsch der Franzosen im Jahr 1794 wurde der Aachener Landgraben sich selbst überlassen und verfiel. Heute sind seine noch erhaltenen Teilabschnitte in die Liste der Bodendenkmäler der Stadt Aachen aufgenommen.

5. Bei den Zyklopensteinen

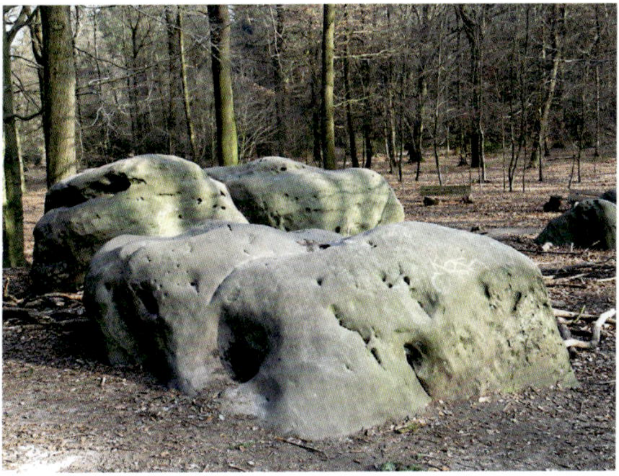

Im lichten Buchenwald liegen weit verstreut unterschiedlich große, rundliche Sandsteinblöcke. Sie werden hier als „Zyklopensteine" bezeichnet. Die Durchmesser der Einzelblöcke erreichen oft mehrere Meter. Nach ihrer Verteilung und ihren Gesteinsmerkmalen handelt es sich um durch Quarz verfestigte Sandsteinlinsen innerhalb des Aachener Sands. Korngrößenwechsel innerhalb der Blöcke zeigen noch eine ursprüngliche Schichtung an. Heute gelten die Zyklopensteine als Geologisches Naturdenkmal.

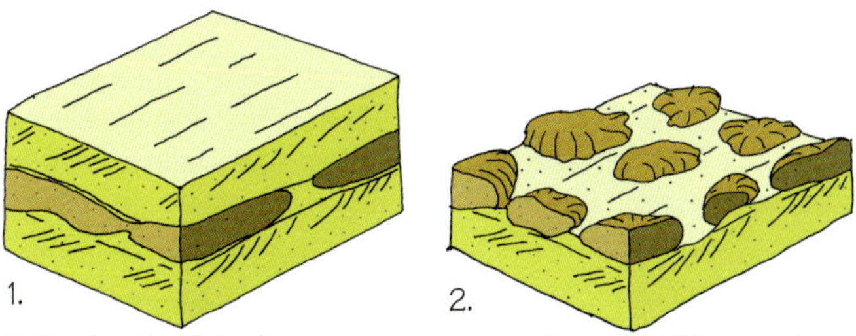

1. Verfestigte Sandsteinlinsen im lockeren Aachener Sand

2. Freispülung der Zyklopensteine

6. Die Raerener Gracht

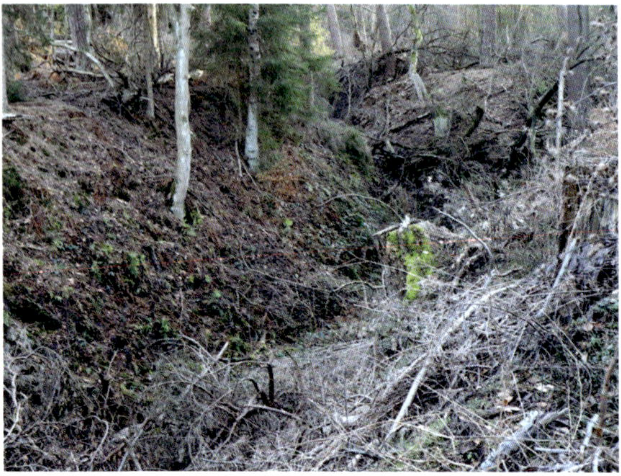

Nördlich des Tartarenkopfs wird der Weg von einem Bündel parallel verlaufender Hohlwege begleitet, die sich hier im Anstieg tief in den lockeren Aachener Sand eingeschnitten haben. Heute sind ihre steilen Böschungen stark verfallen und sie werden mit Totholz verfüllt.

Die Hohlwege sind ehemalige Karrenwege aus einer Zeit, in der die von Aachen ausgehenden großen Überlandstraßen noch nicht befestigt waren. Fuhrwerke und Viehtritt verdichteten den Wegeuntergrund, sodass der an der Oberfläche zermahlene und zertretene Sand bei starken Regenfällen ausgespült wurde.

Wurde mit zunehmender Tiefe die Sohle des Hohlwegs für einen Karren zu schmal, verlegte man die Fahrspur um nur einige Meter zur Seite, mit der Folge, dass dort eine parallele Fahrrinne entstand. So lassen sich an vielen Stellen im Aachener Sand ganze Bündel von sich verzweigenden und parallel verlaufenden Hohlwegen beobachten.

Die Hohlwege der Raerener Gracht führten von Aachen aus in Richtung Raeren und Eupen. Östlich des Hirschwegs verlief eine Münstergracht in Richtung Kornelimünster.

7. Alt-Linzenshäuschen

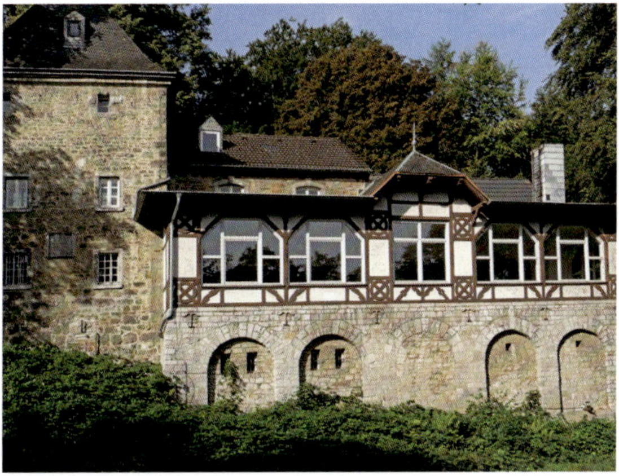

Alt-Linzenshäuschen war ursprünglich einer von acht Wachttürmen, die im 15. Jahrhundert von der Freien Reichsstadt Aachen entlang des Aachener Landgrabens errichtet worden waren. Von hier aus wurde der wichtige Weg von Aachen nach Eupen überwacht und im Ernstfall konnte die Stadt Aachen mit Rauch- oder Lichtzeichen vor Eindringlingen gewarnt werden.

Im Verlauf der Zeit erlebte der Turm mehrfache Umbauten und erhielt vor allem auch wechselnde Anbauten.

Mit dem Anschluss an das Aachener Straßenbahnnetz zu Beginn des 20. Jahrhunderts wurde Alt-Linzenshäuschen zu einem beliebten Ausflugslokal.

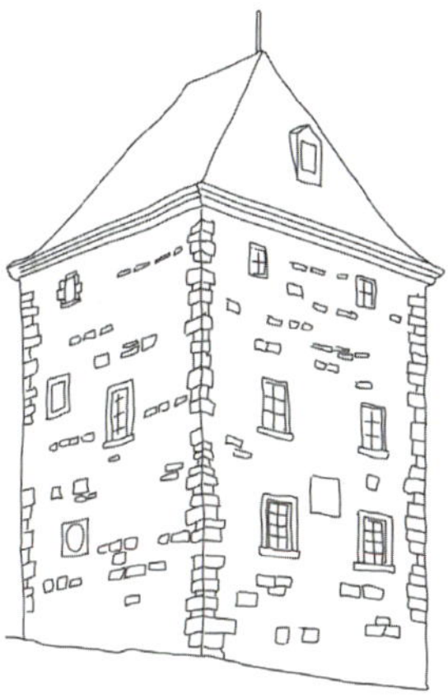

Wach- und Wohnturm
Alt-Linzenshäuschen

Schichtquellen im Aachener Sand

Ton und Tonsteine wie der Kreide-Basiston sind wasserundurchlässige Gesteine. Ihre sehr feinen Tonminerale (kleiner als 0,002 Millimeter) lassen nur ebenso winzige Porenräume zu, sodass Regenwasser wegen seiner Oberflächenspannung nicht in sie eindringen oder entweichen kann. Lockere Sande (Korngrößendurchmesser zwischen 0,002 und 2 Millimeter) weisen dagegen deutlich größere Poren auf, in die Wasser mühelos eindringen kann. Trifft im Sand versickerndes Regen- oder Schmelzwasser auf eine von Sand überdeckte wasserundurchlässige Tonschicht, staut es sich darüber und füllt die im Sand vorhandenen Poren als Grundwasser. Die Höhe, bis zu der die Sandporen vollständig mit Wasser gefüllt sind, wird als Grundwasserspiegel bezeichnet.

Endet eine Grundwasser führende Sandschicht zur Seite, dann fließt das Grundwasser auf dieser offenen Seite aus und der Grundwasserspiegel sinkt in Richtung dieses Austritts ab. Bündeln sich die unterirdischen Fließwege des Grundwassers zu einem punktuellen Austritt, dann entsteht eine Schichtquelle.

Das an den Schichtquellen austretende Grundwasser spült aber auch laufend feine Sandpartikel des Untergrunds mit aus. Auf diese Weise kommt es zu einem Nachsacken des über der Quelle liegenden Sandes zu Trockentälern und Schluchten mit steilen Hängen und Hangrutschen.

Im östlichen Aachener Kessel sind die Kreide-Deckschichten bis auf ihren Basiston bzw. dessen Unterlager bereits vollständig abgetragen. Dort trifft das Niederschlagswasser heute auf größerer Fläche unmittelbar auf einen dichten Untergrund. Das Niederschlagswasser sammelt sich dort ohne zu versickern in oberflächennahen Rinnsalen. Diese Rinnsale schließen sich zu kleinen Bächen zusammen oder fließen größeren Bächen zu. Wo diese schneller fließen können, schneiden sie Erosionsrinnen bis hin zu Kerbtälern auch in den festeren Gesteinsuntergrund ein.

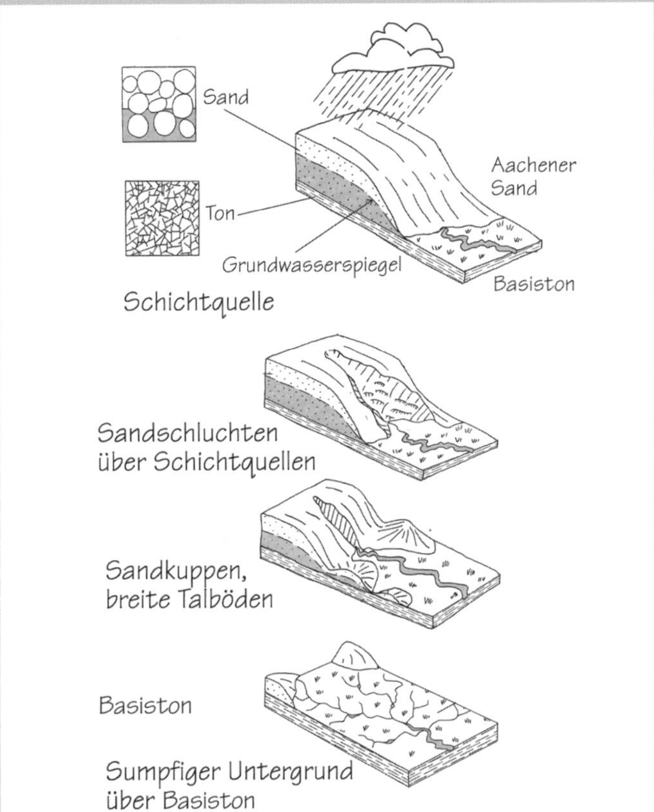

Die meisten Schichtquellen im Aachener Sand befinden sich auf der Nordseite des Burtscheider und Aachener Waldes. Der Grund dafür ist die leichte Anhebung von dessen Deckgebirge aus Kreide-Basiston und darüber liegenden Sandschichten im Süden. Auch der Beverbach und der Haarbach weiter im Osten folgen diesem Gefälle der Kreidebasis nach Norden. Sie haben allerdings den lockeren Aachener und Vaalser Sand über ihrem Quellniveau bereits weitgehend abgespült.

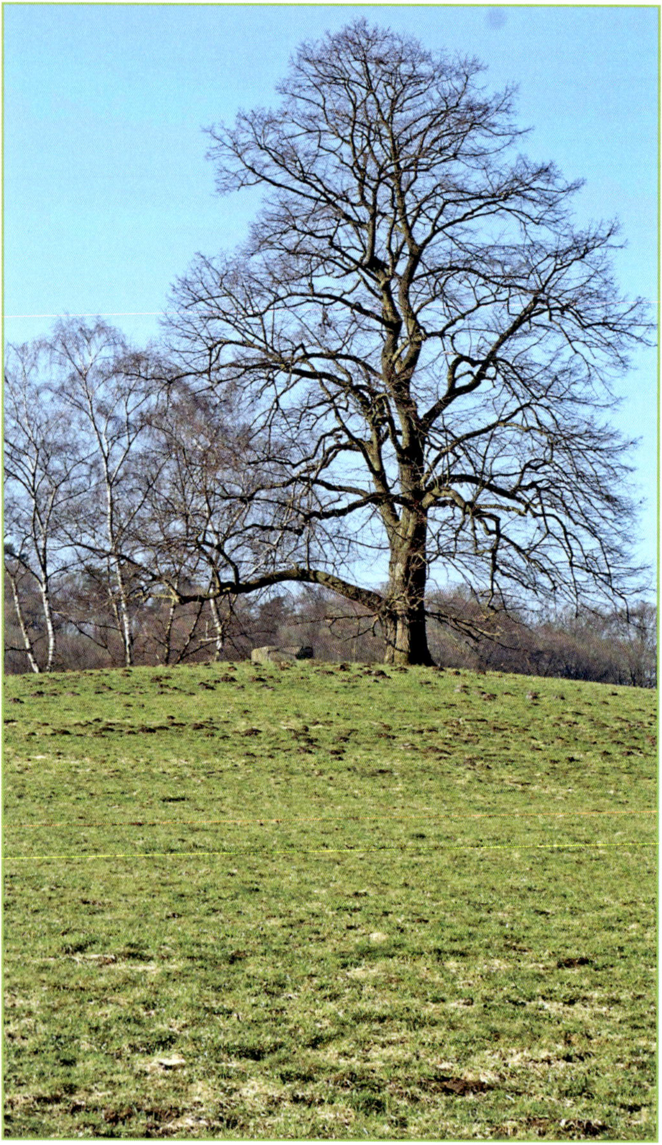

Etappe 2: Durch den Aachener Stadtwald

Start:
Bushaltestelle Linzenshäuschen, Eupener Straße, Linie 14
Parkplatz Alt-Linzenshäuschen, Eupener Straße

Ziel:
Bushaltestelle Waldschänke, Linie 2, 24
Parkplatz an der Waldschänke, Lütticher Straße

Länge der Wanderung: circa 10 Kilometer

Höhenunterschiede: 138 Meter

Dauer: 3,5 Stunden

Streckenverlauf:
Zunächst verläuft die Strecke von Alt-Linzenshäuschen zum Grindelweg und zum Stauweiher Diepenbenden. Von dort aus führt der Weg durch den Stadtwald oberhalb der Häuser von Maria Rast und weiter auf dem Merkesdellweg zur oberen Wolfsschlucht. Von der Wolfsschlucht geht es zum Merlepützweg und weiter aufwärts auf das Steineknipp-Plateau, danach weiter zum Klausberg-Plateau nach Süden und oberhalb Gut Entenpfuhl zurück zur Wegkreuzung Siebenwege. Von dort verläuft die Strecke weiter zum Schießweg. Unterhalb des Schießwegs geht es an den Sandschluchten des Goldbachtals vorbei zum Buschtunnel und von dort zur Waldschänke an der Lütticher Straße.

GPX-Daten zur Etappe 2

Bild links: In der Aachener Heide

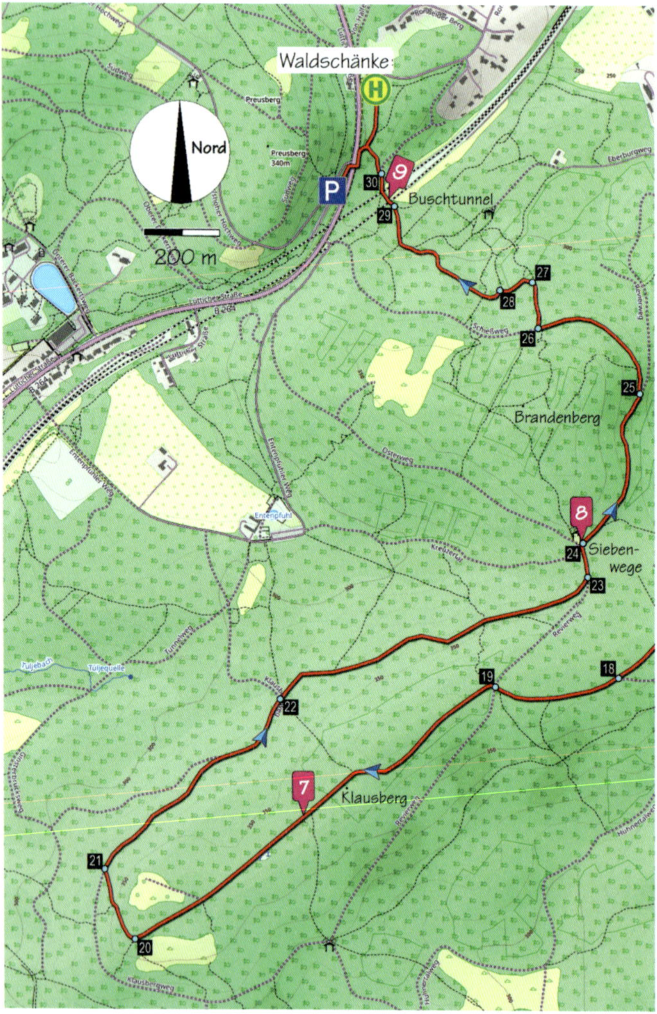
Waldschänke
Nord
200 m
Buschtunnel
Brandenberg
Sieben-
wege
Klausberg
Preusberg
Preusberg
340m
Südweg
Schießweg
Osterweg
Revierweg
Eberburgweg
Entenpfuhl
Tunnelweg
Tüljebach
Tüljequelle
Klausbergweg
B 264

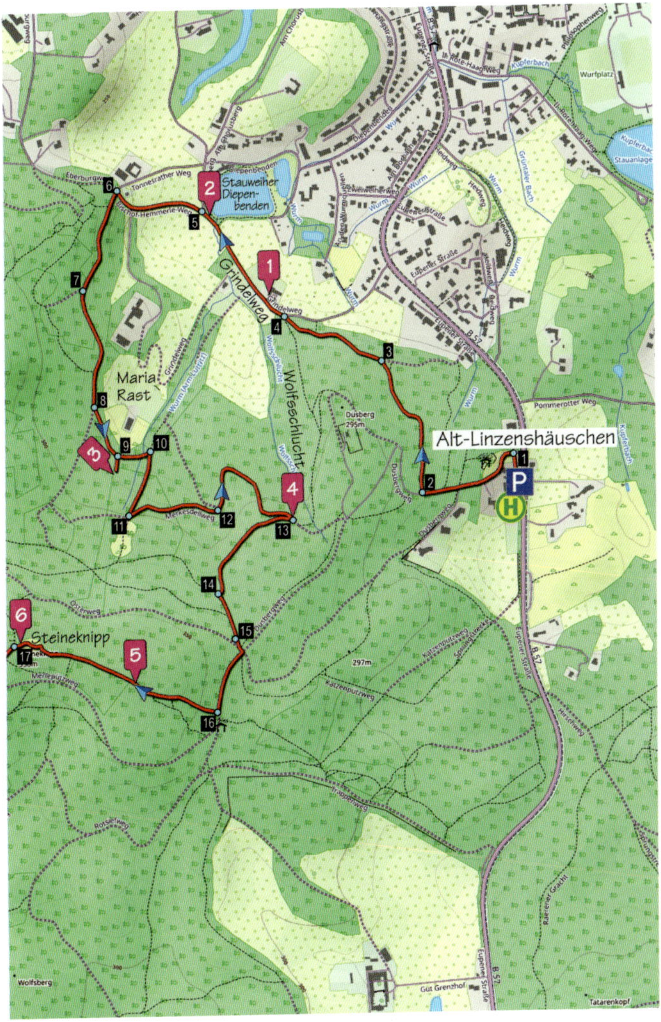

Stauweiher Diepenbenden
Grindelweg
Wolfsschlucht
Maria Rast
Alt-Linzenshäuschen
Steineknipp
Dusberg 295m
297m
Tonnesrather Weg
Eberburgweg
Merkesdellweg
Osterweg
Dusbergweg
Katzenputzweg
Trappelweg
Rotsiefweg
Pommerotter Weg
Wurfplatz
Kupferbach
Hirschweg
Raerener Gracht
Eupener Straße
B 57
Gut Grenzhof
Wolfsberg
Tatarenkopf

Wegweiser

1	Vom Parkplatz Alt-Linzenshäuschen nach links in den Düsbergweg abbiegen, diesem folgen, die Schranke passieren und weiter aufwärtsgehen.
2	150 Meter hinter der Schranke vor der Rechtskurve des Düsbergwegs rechts in einen absteigenden breiten Waldweg einbiegen.
3	Sich links halten.
4	Links in den Grindelweg abbiegen und diesem bis zur Stauanlage Diepenbenden folgen.
5	Nach links auf dem Bischof-Hemmerle-Weg aufwärtsgehen.
6	Gegenüber der Einmündung des Tönnesrather Wegs links in einen breiten geschotterten Waldweg einbiegen.
7	Sich links halten.
8	Nach links dem Pfad am Zaun entlang weiter folgen.
9	Nach circa 100 Metern einen Abstecher nach rechts zur Sandsteinklippe auf dem Berghang machen.
10	Nach Queren der Talsohle rechts auf einem schmalen ausgetretenen Pfad bergauf gehen.
11	Nach links einem breiten Waldweg (Merkesdellweg) folgen.
12	Dem Merkesdellweg weiter folgen.
13	Scharf rechts auf einen Waldweg (Wanderweg 2) einbiegen.
14	Auf einem breiteren Weg weiter geradeaus gehen.
15	Nach links auf dem Osterweg bis zur Wegkreuzung gehen und dort rechts dem Teerweg folgen.
16	Circa 30 Meter vor der Schutzhütte rechts auf einem steilen Fußpfad zum Steineknipp aufsteigen.
17	An der Weggabelung nach links (Infotafel des Pelzerturms) weitergehen.
18	Auf dem Teerweg des Merlepützweges circa 300 Meter weiter geradeaus gehen.
19	Auf der Wegkreuzung geradeaus den Revierweg queren und diesem in Richtung Klausberg und weiter bis zum Ende des Klausberg-Plateaus folgen.
20	Rechts in einen absteigenden Fußpfad einbiegen.

21	Nach rechts dem Klausbergweg folgen.
22	Auf dem Klausbergweg weiter geradeaus gehen.
23	Nach links auf dem Revierweg zur Schutzhütte „Siebenwege" gehen.
24	Auf dem geteerten Weg (Revierweg) rechts vor der Infotafel hinuntergehen.
25	Links in den Schießweg abbiegen.
26	Vor dem Wegweiser (Wanderung 4) rechts steil abwärtsgehen.
27	Vor zwei über dem Weg geradeaus liegenden Baumstämmen links abbiegen.
28	Links im Rechtsbogen um die Schlucht weitergehen.
29	Sich links halten.
30	Hinter dem Buschtunnel sich links halten, die Lütticher Straße queren und zum Parkplatz zurückgehen.

Der Untergrund

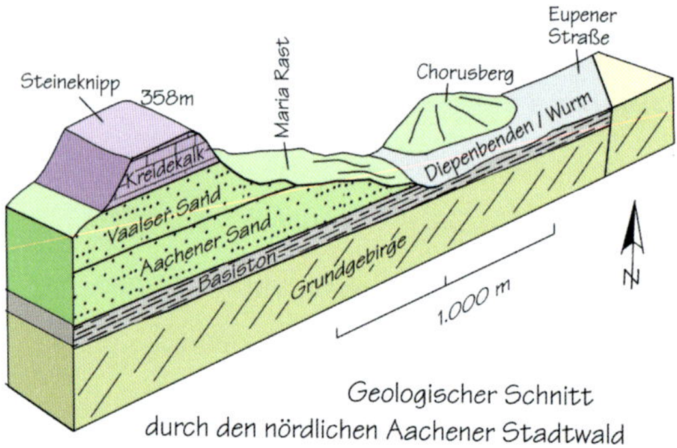

Geologischer Schnitt
durch den nördlichen Aachener Stadtwald

Auch im Aachener Stadtwald gilt die vertikale Gliederung des geologischen Untergrunds in Gesteine der Karbon-Zeit unten und darüber flach liegenden Deckschichten der Oberkreide-Zeit. Der alte Sockel tritt hier allerdings nirgends mehr an die Oberfläche. Dafür sind über dem Kreide-Basiston und dem Aachener und Vaalser Sand auch jüngere Kalksteine der Oberkreide-Zeit (Vylener Kalk) erhalten geblieben. Sie schützen den darunter liegenden unverfestigten Sand vor der Abspülung.

Wo diese Deckschicht allerdings fehlt, bildeten sich die für den Aachener Stadtwald typischen tiefen Taleinschnitte und Sandschluchten. In seinem nördlichen Vorfeld zur Stadt hin sind nur noch niedrige Hügel und Kuppen aus Aachener Sand erhalten („Aachener Heide").

1. Gut Grindel am Grindelweg

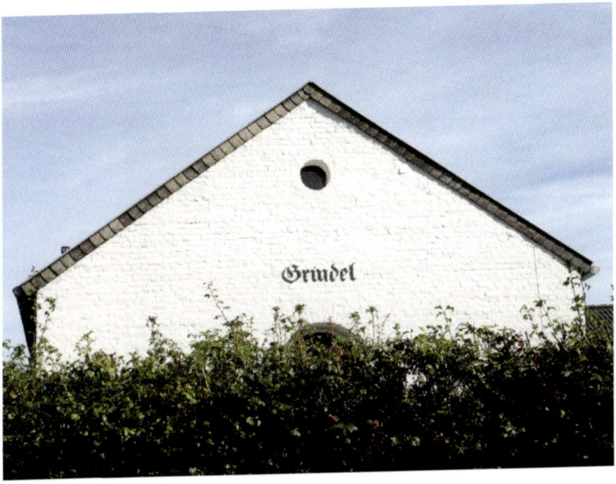

Hier am Gut Grindel verlief im ausgehenden Mittelalter der sogenannte Kleine (Innere) Landgraben. Dieser bildete hier im Südwesten der Stadt die Grenze zwischen der „Aachener Heide" und dem eigentlichen Aachener Wald („Öcher Bösch"). Als Grindel bezeichnete man Durchlässe in den dichten Hecken des Landgrabens, die nachts durch Balken oder Schranken abgesperrt waren. Durch sie konnte der Viehtrieb in den Wald kontrolliert werden. Und nur hier konnten Fuhrwerke die Hecken queren, wodurch der Wald vor Holzdieben geschützt wurde.

Heute ist der Verlauf des Inneren Landgrabens nur noch in wenigen kurzen Abschnitten an seinem Wall und darauf erhaltenen Hainbuchen zu erkennen.

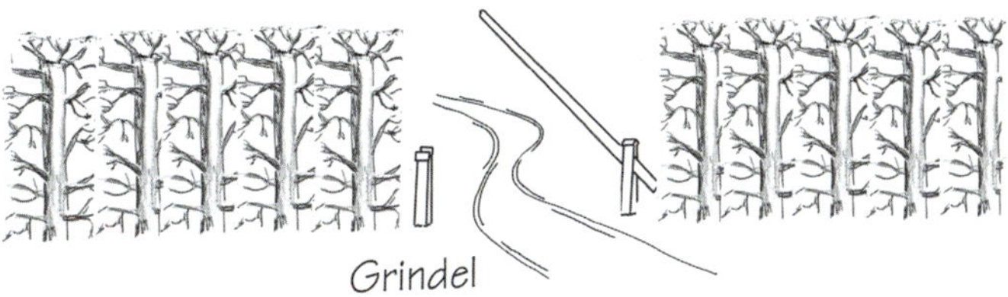

2. Der Stauweiher Diepenbenden

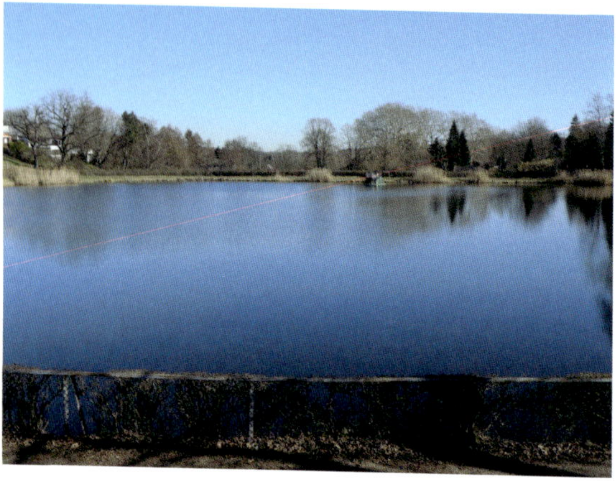

Der Stauweiher Diepenbenden wurde um das Jahr 1930 erbaut, um den Wasserzufluss der Wurm nach Burtscheid zu verstetigen. Der Talboden des Diepenbenden („tiefliegende Wiesen") reicht zwischen den Sandhügeln und Sandkuppen der Aachener Heide bis auf den darunter liegenden wasserundurchlässigen Kreide-Basiston. Deshalb tritt hier das ringsum im Aachener Sand versickernde Niederschlagswasser in einem Feuchtgebiet zutage. Die Straßenbezeichnung „Zu den Wurmquellen" weist darauf hin.

Darüber hinaus hat die vom Diepenbenden aus in Richtung Burtscheid abfließende Wurm zwei weitere Quellbäche. Der eine ist am Heidweg jenseits der Eupener Straße als Rinne gefasst und fließt von dort in Richtung Diepenbenden. Der andere geht aus dem Zusammenfluss zweier Rinnsale aus dem Merkesdelltal und aus der Wolfsschlucht im Aachener Wald hervor. Aus ihm speist sich der Stauweiher Diepenbenden.

Bereits im 16. und 17. Jahrhundert hatte es hier im oberen Wurmtal zwei Kupfermühlen gegeben, die Faulenbroichmühle und die Guedensmühle. Letztere war zuletzt Kornmühle und wurde erst 1923/24 für den Bau der Stauanlage Diepenbenden abgerissen.

3. Sandsteinklippen im Aachener Sand

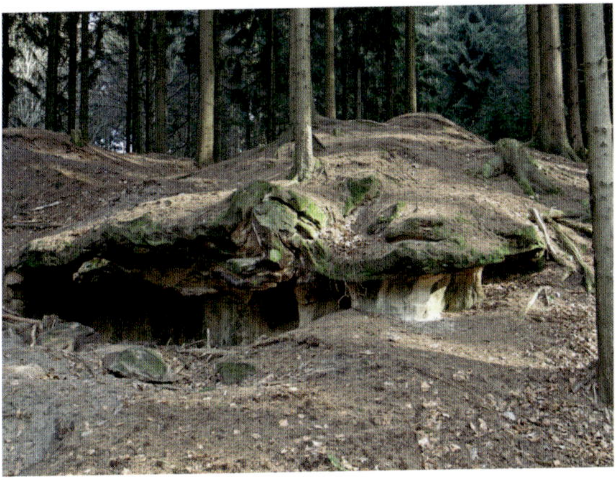

Etwa 100 Meter rechts oberhalb des Wegs ist die Klippe einer flach liegenden Sandsteinbank im Aachener Sand zu sehen. Ähnlich wie bei den Zyklopensteinen im Burtscheider Wald ist auch hier ein sehr feinkörniger, heller Quarzsand durch in seinen Poren neu kristallisierten Quarz oder durch Eisenoxid-Ausfällungen zu einem Sandstein verfestigt. Wo die durch Einzelkörner nur unvollständig miteinander verbunden sind, ist dieser Sandstein mürbe und er zerfällt zu lockerem Sand. Schichtungsmerkmale wie eine flache Schrägschichtung sind auf diese Weise gut erkennbar herauspräpariert. An der Oberfläche verwittert dieser Sandstein mit Brauneisenfarben und Brauneisenkrusten.

Solche festen Sandsteinbänke waren im Mittelalter in Aachen als Naturwerksteine sehr geschätzt. Beispiele finden sich in den Mauern der Taufkapelle am Fischmarkt und im Mauerwerk des Kleinmarschiertors.

4. Die Wolfsschlucht im Aachener Sand

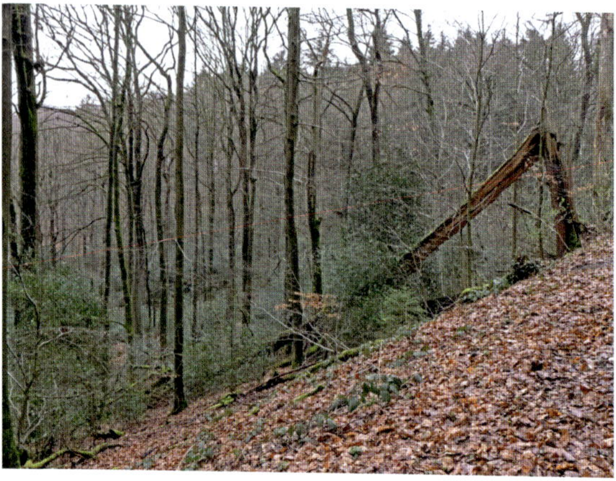

Typisch für den Nordrand des Aachener Stadtwaldes sind nach Norden geöffnete steilwandige Schluchten im unverfestigten Aachener und Vaalser Sand. Sie sind nur zum Teil das Ergebnis von Oberflächenerosion durch fließendes Wasser. Langfristig beteiligt ist auch eine unterirdische Ausspülung feinster Sandpartikel durch Sickerwasser. Der Sandverlust führt zu einem Nachsacken des Talbodens und einer Versteilung der Hänge. Bodenabrisse oder schräg stehende Bäume sind Anzeichen dafür.

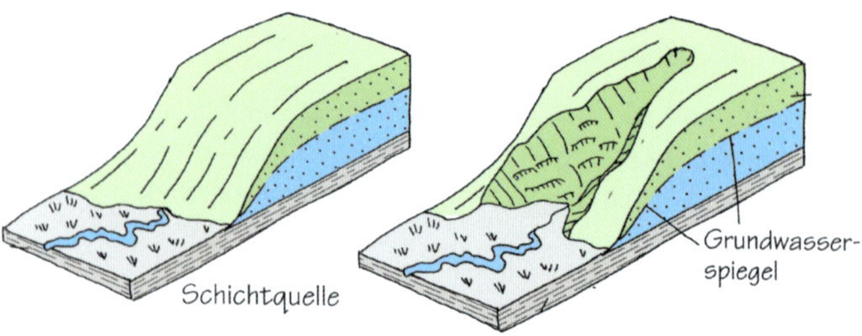

Schluchtenbildung im Aachener Sand

5. Auf dem Steineknipp

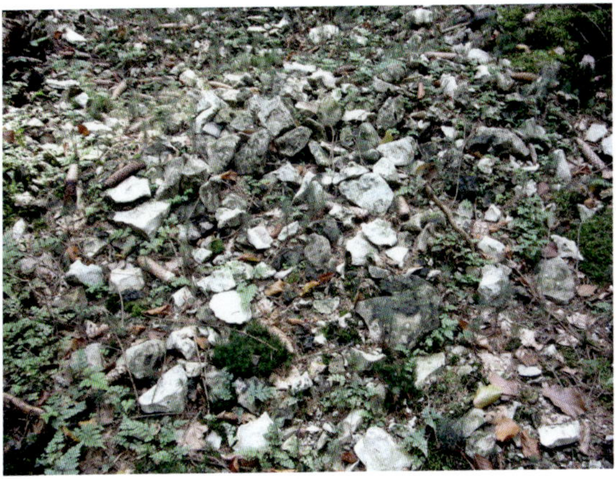

Unmittelbar vor Erreichen der Hochfläche des Steineknipp-Plateaus häufen sich kleine Bruchstücke von weißen, durch Kieselsäure (SiO_2) verfestigten („verkieselten") Kalkstein- und Feuersteinscherben. Auch auf der Hochfläche finden sich Stücke davon im Wurzelwerk umgestürzter Bäume. Es handelt sich um die Verwitterungsreste einer ursprünglich mehr als 100 Meter dicken Platte aus Feuerstein führenden Kreide-Kalksteinen, die hier früher den lockeren Aachener und Vaalser Sand überdeckte. Die Kalksteine sind in langer Zeit durch Niederschlagswasser größtenteils aufgelöst. Nur die unlöslichen Feuersteine und durch Verwitterungslösungen verkieselte Kalksteinstücke sind geblieben. Sie bedecken heute als ein nur wenige Meter dicker Schuttpanzer („Feuerstein-Eluvium") die Plateaus des Steineknipps, des Klausbergs und des Brandbergs.

6. Der Pelzerturm

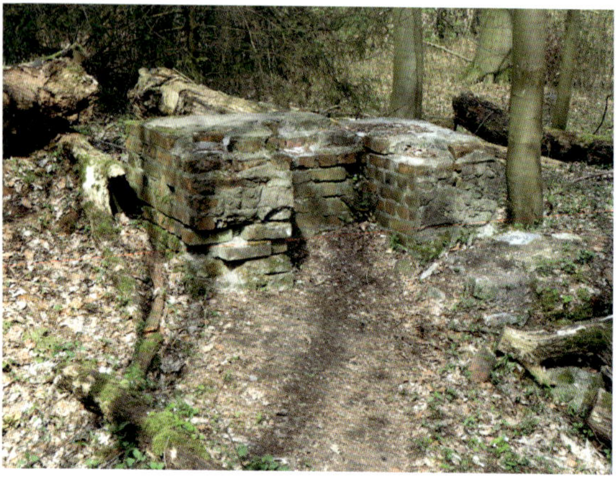

Der Höhenzug des Steineknipps ist mit 358 Metern über dem Meeresspiegel Aachens höchster Berg. Am Ende des Plateaus zeigen wenige Mauerreste den Standort eines hier 1899 erbauten und nach dem Aachener Oberbürgermeister Pelzer benannten Aussichtsturms.

Von hier reichte der Blick weit über den Aachener Talkessel bis zum Hohen Venn. Vor dem Zweiten Weltkrieg waren der Pelzerturm und seine Außengastronomie für die Aachener Bevölkerung ein beliebtes Ausflugsziel.

Zeitweilig bestand hier eine Außenstelle des Aachener Metereologischen Observatoriums. 1945 wurde der Turm von den Alliierten gesprengt.

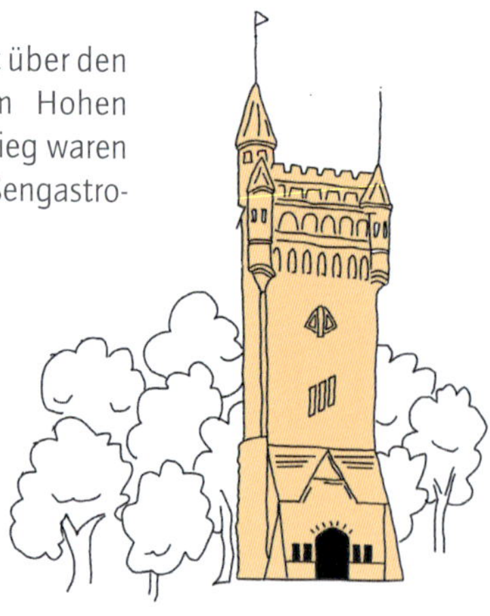

Der Pelzerturm

7. Ein bronzezeitliches Hügelgrab

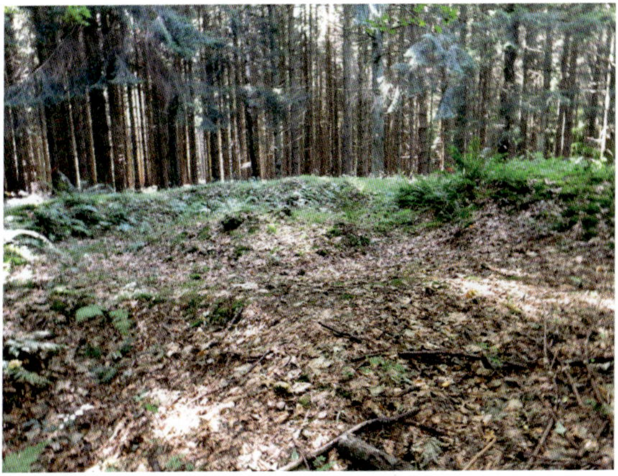

Auf der linken Seite einer langen Schneise des Klausbergs ist ein kreisförmiges Hügelgrab heute stark von Moos und Unkraut überwachsen. Es wurde schon zu Beginn des vorigen Jahrhunderts freigelegt. Zu erkennen sind ein niedriger Steinring von 7,5 Metern Durchmesser und ein zentraler, etwas höherer Steinhügel aus unbehauenen, verkieselten Kalksteinbrocken aus der unmittelbaren Umgebung.

Nach seinen Bestattungsmerkmalen wird das Grab der frühen bis mittleren Bronzezeit (zwischen 1800 und 1000 vor Christus) zugeordnet.

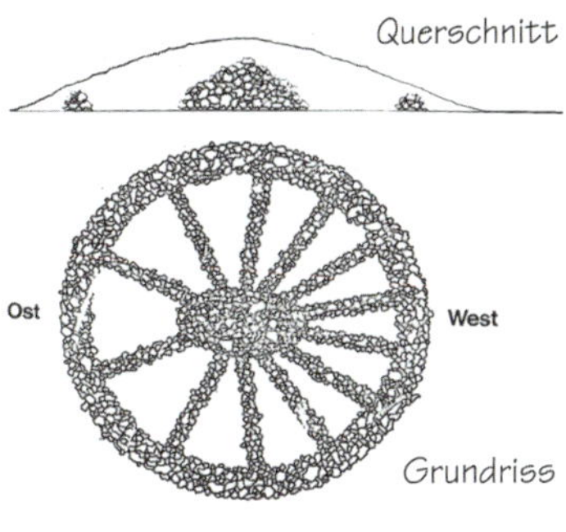

Bronzezeitliches Hügelgrab auf dem Klausberg

8. Der Aachener Stadtwald

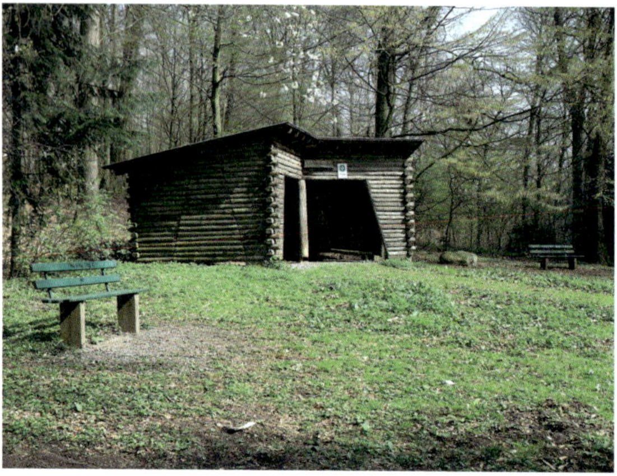

Bis in das 19. Jahrhundert hinein lieferte der Aachener Stadtwald den Aachener Bürgern Holz zum Heizen und Bauholz. Erst in preußischer Zeit (1882) fasste der Rat der Stadt einen sogenannten Wohlfahrtsbeschluss, durch den die jahrhundertealte Niederwaldwirtschaft von einer Hochwaldwirtschaft abgelöst werden sollte. Der Wald sollte jetzt vorrangig der Erholung der Stadtbevölkerung dienen. Spazierwege wurden eingerichtet und mit Bänken und Schutzhütten ausgestattet.

Laut Ratsbeschluss von 1993 gelten für den Aachener Wald die „Grundsätze einer naturgemäßen Waldwirtschaft". Dazu gehört die Schaffung naturnaher, artenreicher, stufig aufgebauter Mischwälder, der Verzicht auf Kahlschläge und Vorrang von Naturverjüngung des Waldes vor Neupflanzungen sowie auch eine Erhöhung des Totholzanteils im Wald.

Heute gilt der Aachener Wald sowohl für die Aachener Bürger als auch für Touristen als einzigartiger Erlebnisraum. Täglich nutzen Tausende Wanderer, Reiter, Jogger, Nordic-Walker, Mountainbiker, Hundebesitzer, aber auch Vegetations- und Tierkundler, Schulen und andere den Wald als Erholungsraum.

9. Der Ronheider Buschtunnel

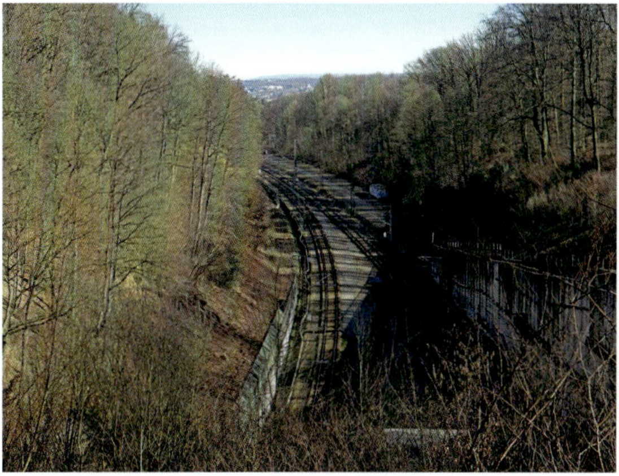

Der Ronheider Buschtunnel durchbricht hier von Aachen her den Westrand des Aachener Kessels. Schon seit 1843 besteht durch diesen Tunnel eine grenzüberschreitende Zugverbindung von Aachen nach Herbesthal in Belgien und weiter nach Lüttich. Mit 2,65 Prozent Steigung vom Talboden des Aachener Kessels hierher ist sie eine der steilsten Eisenbahnstrecken Europas. In den ersten Jahren mussten die Züge noch mit einer dampfbetriebenen Seilwinde den Ronheider Berg hinaufgezogen werden. Später wurden sie mit Schiebeloks bergauf gedrückt.

Zwischen 2005 und 2007 wurde der Tunnel gründlich erneuert. In den bei der Verbreiterung freigelegten Böschungen aus Aachener Sand fanden sich viele Bruchstücke von fossilem Driftholz. Auch in benachbarten belgischen Sandgruben werden immer wieder gut erhaltene Pflanzenfossilien - Hölzer, Blätter, Früchte und Samen - gefunden.

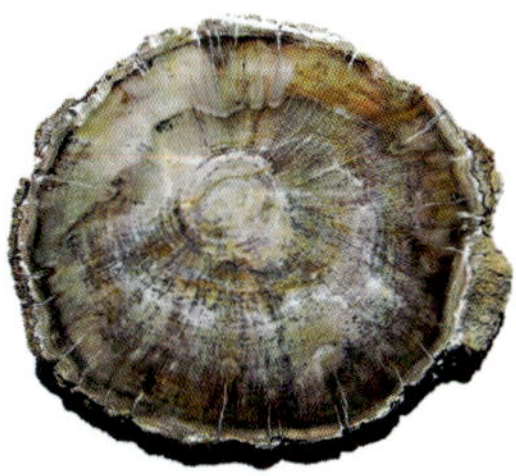

Querschnitt durch einen verkieselten Holzstamm im Aachener Sand

Die Aachener Bäche

Der Aachener Kessel verdankt seine heutige Form der Erosionstätigkeit der Wurm und ihren Zuflüssen, dem Wildbach und dem Haarener Bach.

In mittelalterlicher und spätmittelalterlicher Zeit verhalfen diese Bäche dann der Stadt Aachen und Burtscheid zu ihrer wirtschaftlichen Blüte.

Die Wurm versorgte Burtscheid. Aus dem Burtscheider Wald münden der Kupferbach, der Gillesbach und der Beverbach in sie ein, aus dem Aachener Stadtwald von Westen her der Predigerbach und der Goldbach.

Der Stadt Aachen stand das Wasser der Pau und Paunelle und des Kannegießerbachs aus dem Aachener Stadtwald und des Johannisbachs aus dem Preuswald zur Verfügung. Auch die Wasserkraft des Wildbachs im Vorfeld des Schneebergs und in der Soers wurde von Aachen aus genutzt. Alle diese Bäche haben ihren Ursprung in Schichtquellen nahe der Basis der Kreidedeckschichten (Aachener Sand) über dem devon- und karbonzeitlichen Grundgebirge.

Die Nutzung des Bachwassers war vielseitig. Es diente sowohl als Trink- und Brauchwasser als auch zum Antrieb von Korn-, Öl-, Kupfer-, Schleif- und Pulvermühlen. Später erlangte das kalkarme („weiche") Wasser aus dem Kreidesand eine besondere Bedeutung für das Walken und Spülen von Stoffen. Bis in das 19. Jahrhundert hinein stellten die Bäche somit eine wesentliche Grundlage für die bedeutende Aachener und Burtscheider Tuchindustrie und Metallverarbeitung, z. B. der Nadelfabrikation, dar.

Mit der zunehmenden Umstellung der Energiegewinnung auf Steinkohle und Braunkohle und der Wasserbeschaffung aus außerhalb des Aachener Kessels liegenden Grundwasservorkommen und Stauanlagen verloren die Aachener Bäche an Attraktivität. Die Mühlen verschwanden und die Bäche wurden zunehmend reguliert und in unterirdischen Kanälen durch die Stadt geführt.

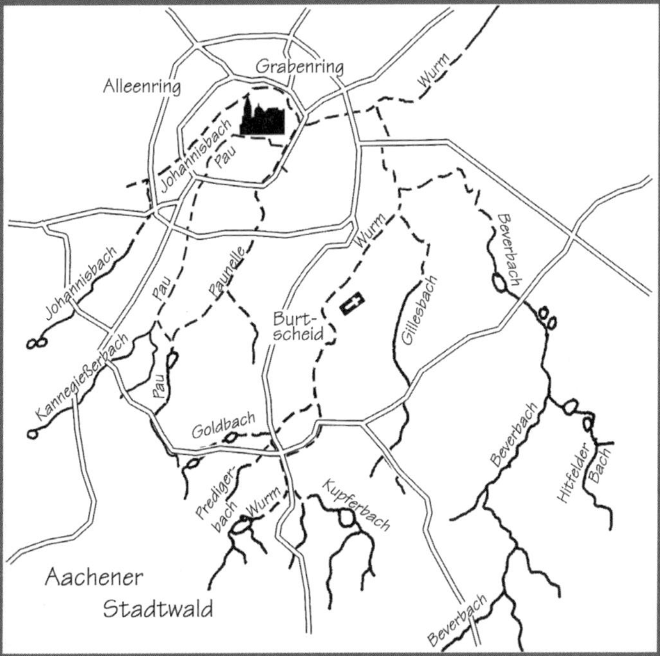

Heute besteht die Tendenz, die Innenstadtbäche wieder sichtbar und für die Aachener Bevölkerung erlebbar zu machen. So verläuft heute bereits ein offenes Bachgerinne des Johannisbachs entlang des Lindenplatzes und der Straße Annuntiatenbach. Und auch für den Paubach gibt es Pläne zu einer streckenweisen Offenlegung im Stadtzentrum.

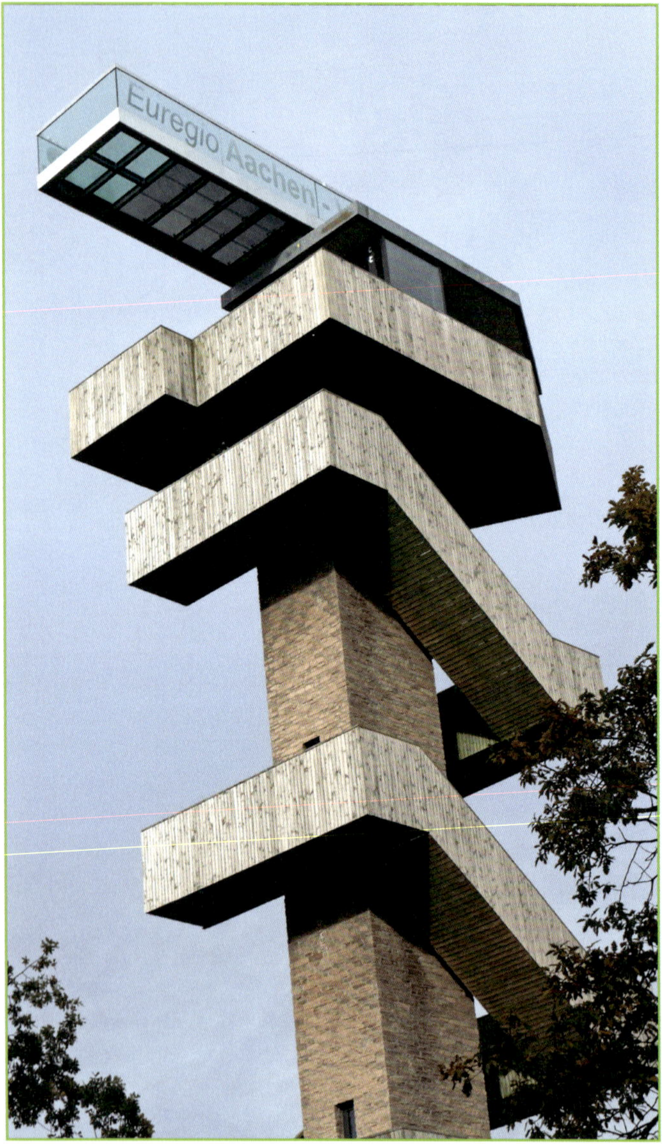
Euregio Aachen

Etappe 3: Durch den Preuswald zum Dreiländereck

Start:
Bushaltestelle Waldschänke, Lütticher Straße, Linie 2, 24
Parkplatz Waldschänke, Lütticher Straße

Ziel:
Bushaltestelle Vaals Grenze, Vaalser Straße, Linien 25, 33, 35, 55
Parkplatz Vaals Grenzübergang, Vaalser Straße

Länge der Wanderung: circa 8,5 Kilometer

Höhenunterschiede: 150 Meter

Dauer: 3,5 Stunden

Streckenverlauf:
Die Strecke verläuft zunächst von der Waldschänke aus aufwärts zur Kronprinzenrast am Funkturm Karlshöhe. Danach geht es weiter auf dem Karlshöher Hochweg und Moresneter Bittweg bis zur deutsch-belgischen Grenze, von dort entlang des Aachener Landgrabens hinunter ins Dorbachtal und weiter entlang des Geusenwegs zum Türmchen Beek. Es folgt ein Anstieg zum Dreiländereck und nach Queren des Plateaus der Abstieg in Richtung Vaalserquartier und Vaals. Durch das Vaalserquartier geht es zurück zum Parkplatz am Grenzübergang.

Der Name „Preuswald" (in Belgien „Bois de Preus") bezieht sich übrigens nicht auf die zeitweilige Zugehörigkeit Aachens zu Preußen, sondern leitet sich von dem mittelhochdeutschen Wort „breise" ab, das so viel wie „Einfassung" oder „Grenze" bedeutet.

GPX-Daten zur Etappe 3

Bild links: Skywalk Wilhelminaturm

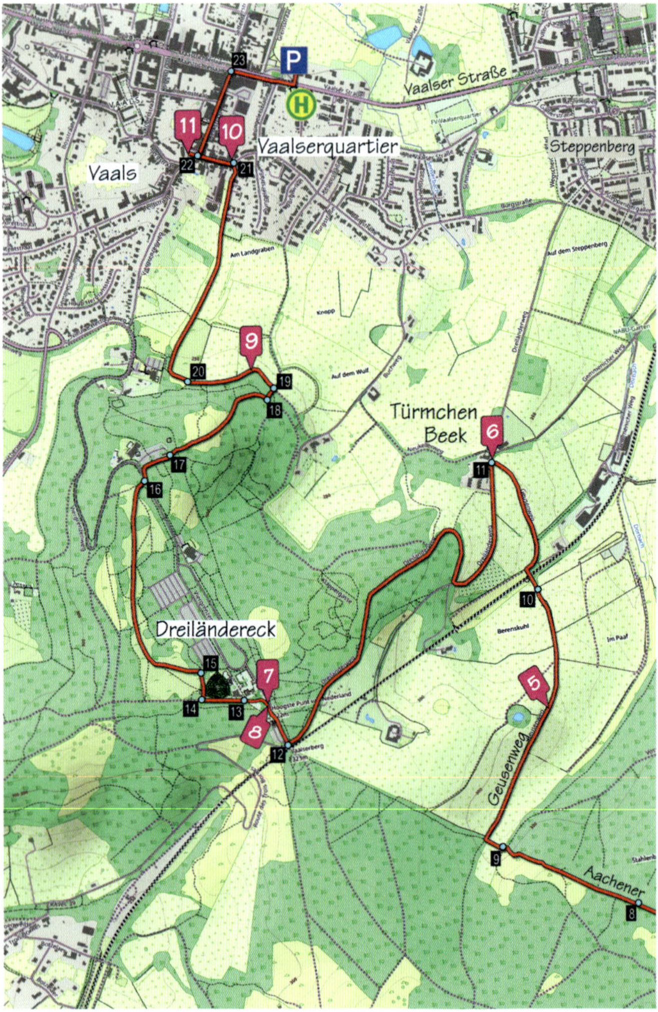
Vaalser Straße
Vaalserquartier
Vaals
Steppenberg
Türmchen Beek
Dreiländereck
Geuserweg
Aachener
P
H
1
2
3
4
5
6
7
8
9
10
11
12
13
14
15
16
17
18
19
20
21
22
23

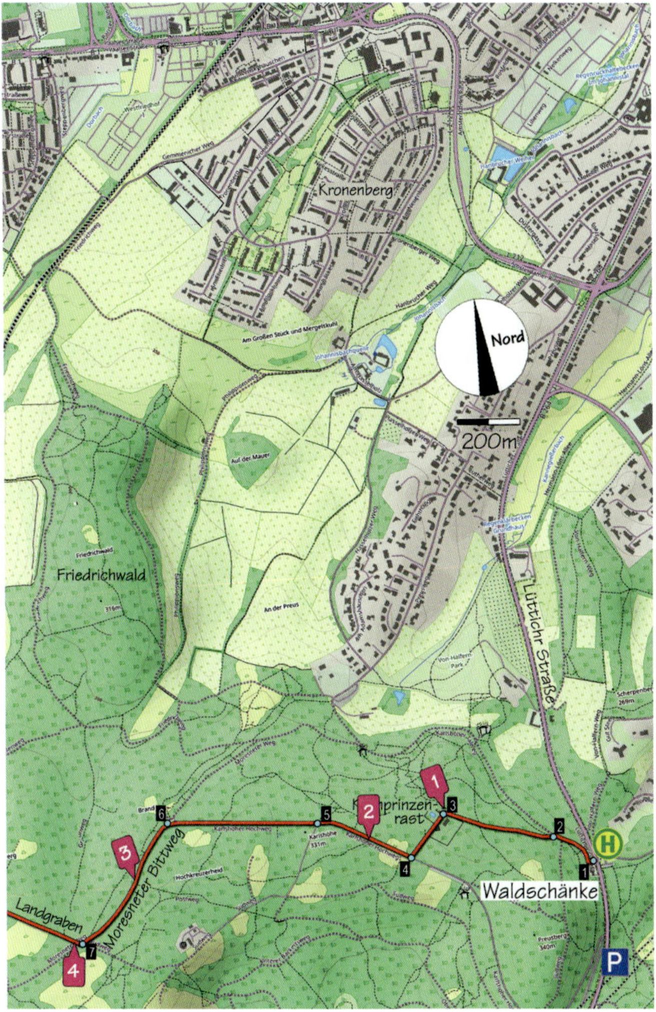
Kronenberg
Nord
200m
Friedrichwald
Lüttichr Straße
rast
Waldschänke
Moresneter Bittweg
Landgraben

Wegweiser

1	Vor der Waldschänke auf dem Karlshöher Talweg in Richtung Adamshäuschen gehen.
2	Nach etwa 100 Metern den zweiten Weg nach links aufwärts wählen und diesem bis auf die Höhe zum Funkturm Karlshöhe folgen.
3	Am Funkturm vorbei bis zu einem breiten Querweg (Karlshöher Hochweg) gehen.
4	Auf dem Karlshöher Hochweg nach rechts in Richtung Moresneter Bittweg gehen.
5	Geradeaus weitergehen.
6	Auf dem Moresneter Bittweg nach links bis zur deutsch-belgischen Grenze gehen.
7	Auf einer Wegkreuzung unmittelbar vor der deutsch-belgischen Grenze nach rechts abbiegen und dem parallel zur Grenze verlaufenden Aachener Landgraben folgen.
8	Dem Aachener Landgraben weiter geradeaus bis ins Dorbachtal hinunter folgen.
9	Das Trockental des Dorbachs queren und auf der anderen Seite nach rechts in einen schmalen Fußweg, den Geusenweg, abbiegen. Diesem Fußweg circa 850 Meter bis zu seinem Ende folgen.
10	Auf der Fahrstraße über die Eisenbahnüberführung und nach rechts weiter bis zum Türmchen Beek gehen.
11	Nach links abbiegen und der Fahrstraße in Richtung Dreiländereck aufwärts folgen.
12	Rechts abbiegen und am Dreiländerpunkt vorbei in Richtung Irrgarten gehen.
13	Links am Irrgarten vorbeigehen.
14	Hinter dem Irrgarten rechts abbiegen und bis zum Waldrand kurz vor den Parkplätzen gehen.
15	Nach links auf einem Fußpfad über die Wiesen des Dreiländer-Plateaus in Richtung Wilhelmina-Turm gehen.
16	Die Straße queren und auf einem Fußweg vorbei an einem Fliegerdenkmal in Richtung Parkplatzende gehen.
17	Den Aachener Landgraben (mit Adlerstein) queren und einem Forstweg geradeaus abwärts folgen.

18	An einem Wegweiserpfahl bzw. vor einer Informationstafel nach links in Richtung Waldrand gehen und dort den Aachener Landgraben queren.
19	Am Waldrand nach links aufwärts in Richtung des Hochhauses „Residenz Bellevue" gehen.
20	Noch vor dem Hochhaus an einer Weggabelung den Weg nach rechts abwärts wählen und entlang der deutsch-niederländischen Grenze bis zu den Häusern von Vaalserquartier gehen.
21	Am Grenzübergang Alte Vaalser Straße/Akenerstraat nach links auf der Akenerstraat bis zur Kerkstraat gehen.
22	Der Kerkstraat nach rechts bis zur Hauptstraße Maastrichtlaan folgen.
23	Auf der Maastrichtlaan nach rechts über die Grenze zur Bushaltestelle bzw. zum Parkplatz auf der gegenüberliegenden Seite gehen.

Der Untergrund

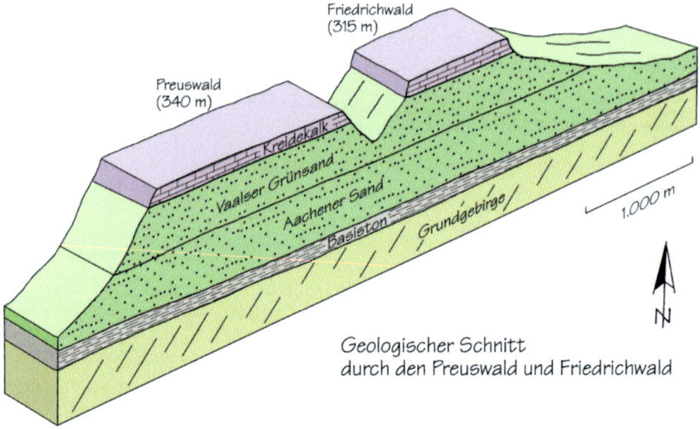

Geologischer Schnitt
durch den Preuswald und Friedrichwald

Der geologische Schnitt durch den Preuswald gleicht den Profilen des Aachener Stadtwaldes und des Burtscheider Waldes. Über einem alten Sockel aus tektonisch verstellten Devon- und Karbon-Gesteinen folgen flach liegender Aachener Sand und Vaalser Sand. Eine ursprünglich darüber gelegene, dicke Kreide-Kalksteindecke wurde schon während des frühen Tertiärs durch eine tiefgreifende Verwitterung weitgehend aufgelöst und ist heute nur noch mit einer Schicht aus unlöslichen Verwitterungsresten („Feuerstein-eluvium") und darunter wenigen Metern Kalkstein plateaubildend erhalten.

Die Heraushebung des Grundgebirgssockels und des Kreidedeckgebirges während des mittleren und jüngeren Quartärs seit circa 800.000 Jahren fiel hier am heutigen Westrand des Aachener Kessels deutlich geringer aus als im Aachener Stadtwald und im Burtscheider Wald. Die Hochfläche des Preuswaldes liegt tiefer als die des Steineknipps und des Brandenbergs und ist deshalb auch weniger von Kerbtälern zerteilt als im Stadtwald.

1. Die Kronprinzenrast auf dem Preuswald-Plateau

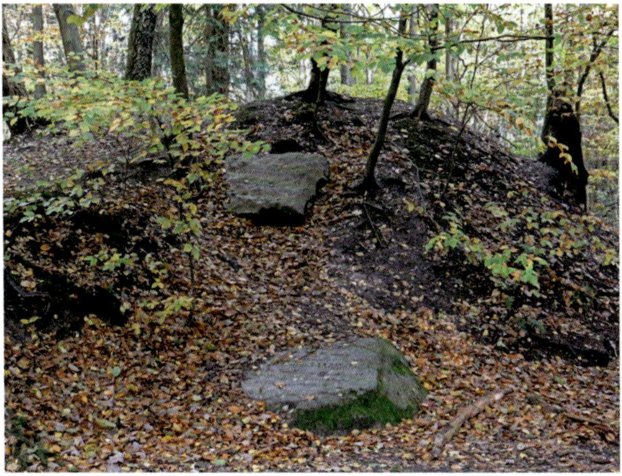

Vor einem kleinen künstlichen Hügel auf der Karlshöhe ist in einen Sandsteinblock die Ortsbezeichnung „Kronprinzenrast" eingemeißelt. Ein zweiter Sandsteinblock gibt Auskunft über einen Besuch des preußischen Kronprinzen Friedrich Wilhelm. Insgesamt sechsmal besuchte der Kronprinz Aachen. Die Aachener widmeten ihm deshalb 1911 ein Reiterstandbild auf dem Kaiserplatz.

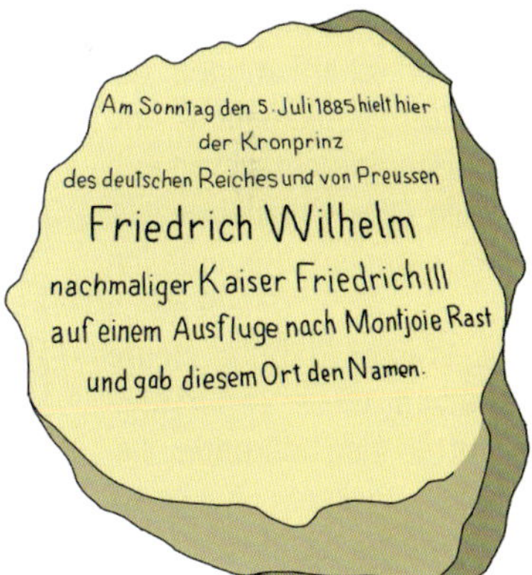

Unter anderem förderte er die Gründung der im Jahr 1870 eröffneten Königlich Rheinisch-Westfälischen Polytechnischen Schule, der späteren RWTH.

2. Das Preuswald-Plateau

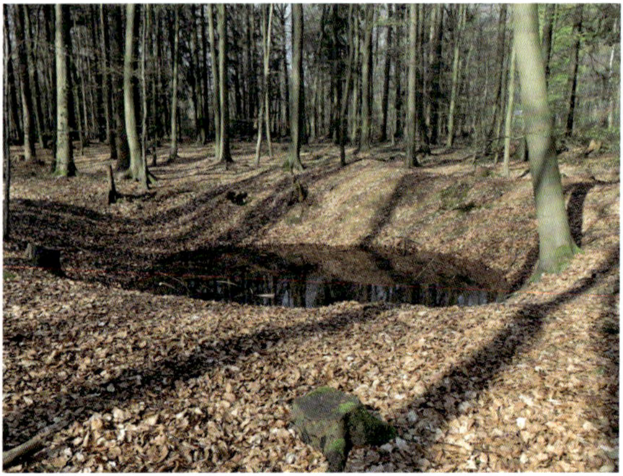

Die Hochfläche des Preuswaldes ist durchgehend mit einem noch nicht sehr alten Buchenbestand bewaldet. Im Gegensatz zu ihren Rändern und Kanten gibt sie auf den ersten Blick wenig von ihrem Untergrund preis. Doch lassen sich beim genauen Hinsehen flache, an Dolinen erinnernde Gruben mit kleinen und großen Brocken von scharfkantigen, verkieselten Kalksteinen und Feuersteinbruchstücken entdecken („Feuersteineluvium"). Nach starken Regenfällen sind sie auch gelegentlich mit Wasser gefüllt. Heute schützen diese Feuersteinschotter den darunter liegenden lockeren Aachener und Vaalser Sand vor seiner Abspülung.

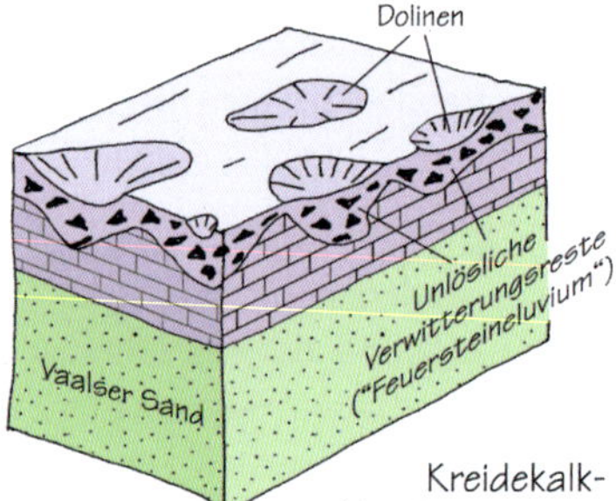

Kreidekalk-Verwitterung auf dem Preuswald-Plateau

3. Der Moresneter Bittweg

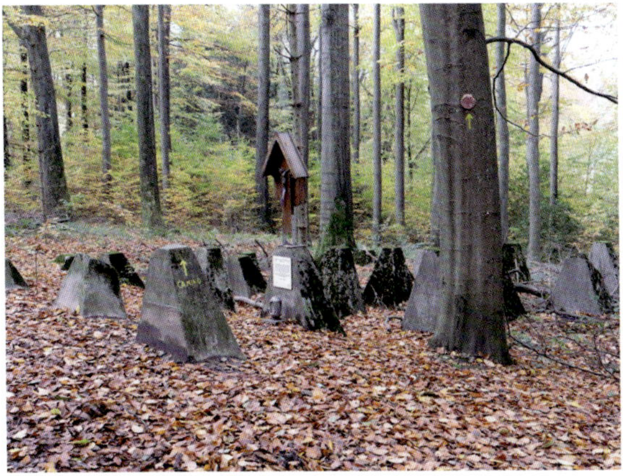

Der Moresneter Bittweg ist eine mehrere Kilometer lange Prozessionsstraße vom Preusweg in Aachen zum Marienwallfahrtsort Moresnet-Chapelle auf der belgischen Seite des Preuswaldes. Seit Ende des 18. Jahrhunderts entwickelte sich hier eine rege Pilgertätigkeit, die auch heute noch anhält. Der Moresneter Bittweg gilt auch als Teilstrecke des Jakobwegs nach Santiago de Compostella.

Kurz vor der deutsch-belgischen Grenze quert hier eine als Panzersperre gedachte Höckerlinie des ehemaligen Westwalls den Moresneter Bittweg. Sie ist hier nur ein Ausschnitt einer über 600 Kilometer langen Verteidigungslinie aus Panzersperren und Bunkern, die nach 1936, also kurz vor dem Zweiten Weltkrieg, entlang der deutschen Westgrenze angelegt wurde.

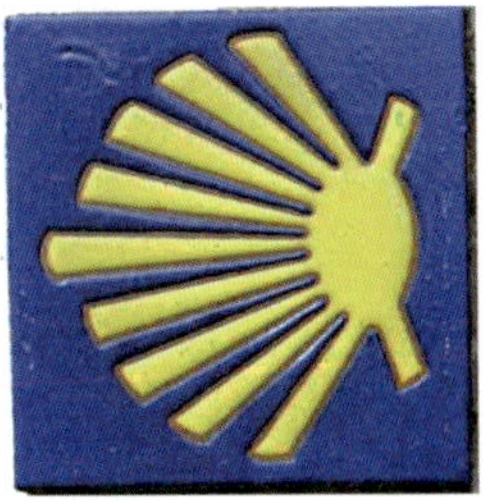

Der Jakobsweg

4. Der Aachener Landgraben

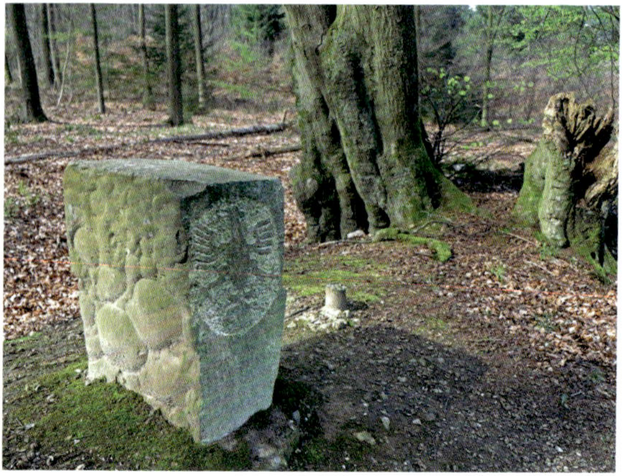

Entlang der deutsch-belgischen Grenze verlaufen ein flacher Graben und niedriger Wall, besetzt mit alten Hainbuchen. Graben und Wall markierten im ausgehenden Mittelalter als Äußerer Aachener Landgraben die Grenze der Freien Reichsstadt Aachen gegen das Herzogtum Limburg. Die Grenze war seit Anfang des 17. Jahrhunderts durch sogenannte Adlersteine mit einem eingemeißelten Adler, dem Aachener Wappentier, markiert. Die Adler wurden von den Steinmetzen an Ort und Stelle in die Steine gemeißelt.

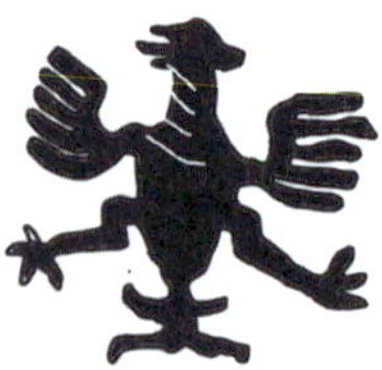

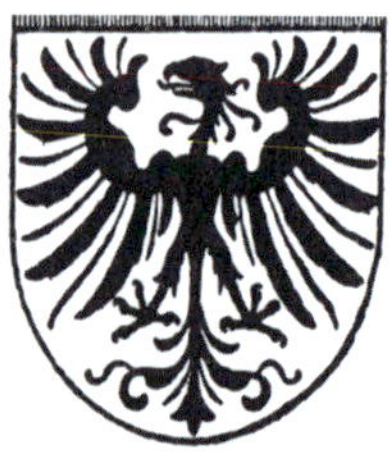

Adlerstein und heutiges Aachener Stadtwappen

5. Der Geusenweg

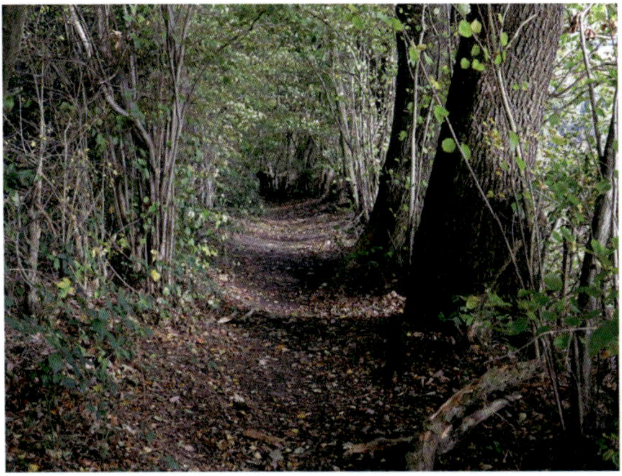

Dieser versteckte schmale Pfad zwischen dichten Sträuchern war ursprünglich ein alter Verbindungsweg zwischen den belgischen Dörfern jenseits des Preuswaldes und Vaals. Seinen Namen erhielt er im 17. Jahrhundert. Ursprünglich war es ein Spottname (französisch „gueux" für Bettler) der spanischen Besatzer für den niederländischen Widerstand. Die Niederländer machten aber einen Ehrennamen daraus und bezeichneten sich als Geusen.

Als in der zweiten Hälfte des 17. Jahrhunderts und im 18. Jahrhundert in den Generalstaaten der Niederlande bereits Religionsfreiheit bestand und auf der spanisch gebliebenen belgischen Seite protestantische Gottesdienste noch verboten waren, benutzten die belgischen Protestanten den Geusenweg, um ihren Gottesdienst in Vaals zu besuchen. Um 1750 soll es in Vaals zwar nur zwölf Häuser, aber vier protestantische Kirchen gegeben haben.

6. Türmchen Beek

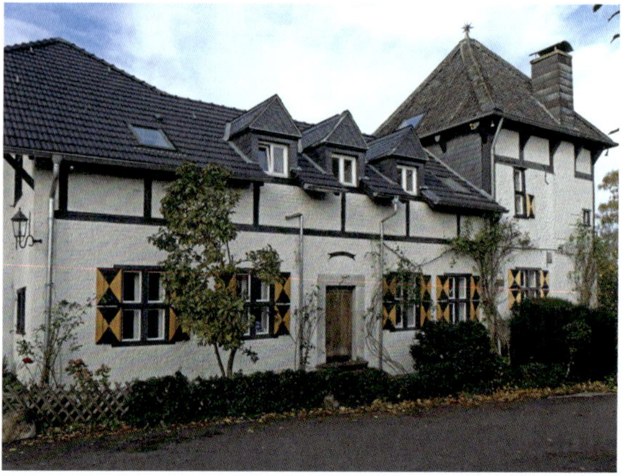

Türmchen Beek war ursprünglich ein Wachtturm am Inneren Landgraben des ehemaligen Aachener Reichs. Dieser Innere Landgraben diente dem Schutz vor Landstreichern, Räubern und Holzdieben sowie vor Anwohnern, die ihr Vieh unberechtigt in den Wald treiben wollten. Er war ähnlich mit Buchenhecken und Graben aufgebaut wie der Äußere Landgraben. In dem Turm wohnte ein Förster. Er übte die Forstaufsicht aus. Von dem Turm aus konnten auch per Rauchsignal und Lichtzeichen Nachrichten an den Langen Turm in der Aachener Innenstadt gesendet werden.

Vom Parkplatz vor dem Restaurant-Hotel Dreiländereck blickt man in ein nach Norden geöffnetes Trockental mit Streuobstwiesen. Hier hat der Senserbach seinen Ursprung.

100 Meter weiter in Richtung Steppenberg hat man nach rechts eine freie Aussicht über das Dorbach-Tal mit Gut Reinartzkehl und dahinter auf das bewaldete Friedrichwald-Plateau als Zeugenberg vor dem eigentlichen Preuswald.

7. Das Dreiländereck

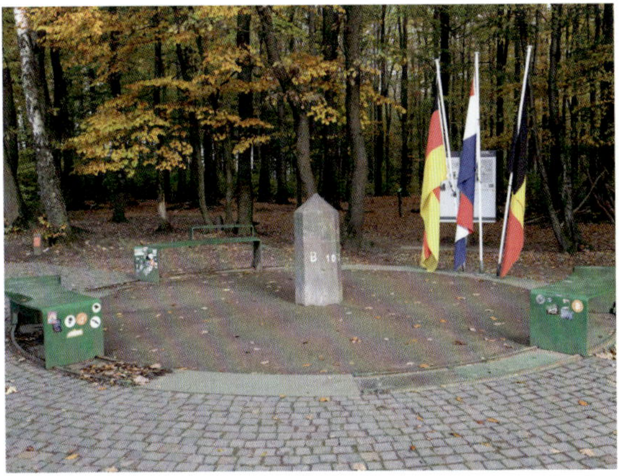

Hier am Nordende des Preuswald-Plateaus treffen die Grenzen Deutschlands, der Niederlande und Belgiens an einem Dreiländerpunkt zusammen. Eine parkähnliche Landschaft, Aussichtstürme, Restaurants, Spielplätze und ein Labyrinth sind eine touristische Attraktion ersten Ranges.

Das Dreiländerlabyrinth liegt im niederländischen Sektor des Dreiländerecks. Im Grundriss seiner eng stehenden Hecken lässt sich bei genauem Hinsehen der niederländische und der belgische Löwe und ein deutscher Adler erkennen.

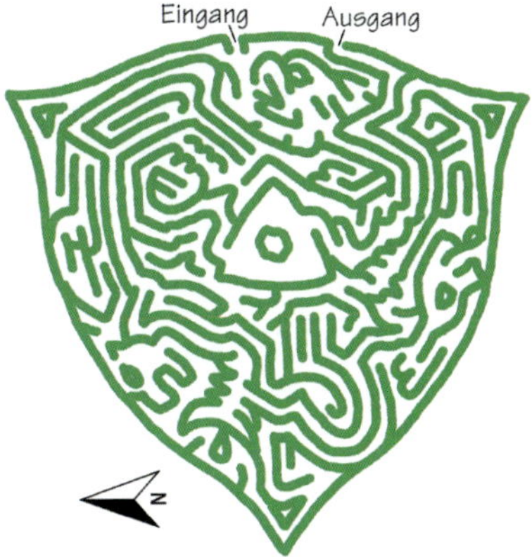

Das Dreiländereck-Labyrinth (Grundriss)

8. Ein Vierländereck

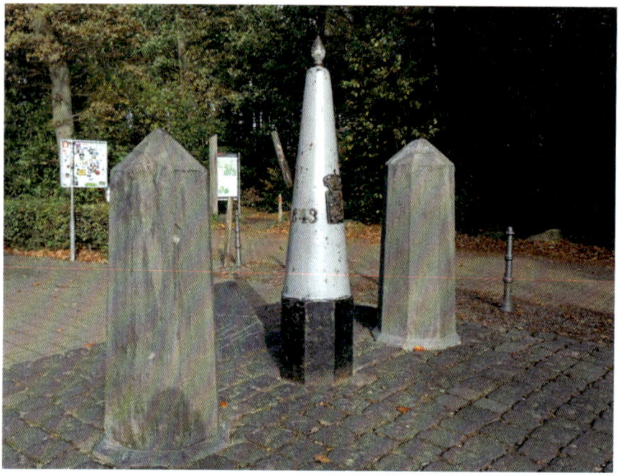

Zwischen 1816 und 1919 war das Dreiländereck über hundert Jahre lang ein Vierländereck. Auf dem Wiener Kongress (1815) hatten sich die Königreiche Preußen und Nederland nicht auf die Zugehörigkeit der damals sehr einträglichen Galmei-Grube Altenberg (Vieille Montagne) in Kelmis einigen können. Deshalb stellten sie ein schmales Dreieck zwischen dem heutigen Dreiländereck im Norden und Kelmis im Süden unter der Bezeichnung Neutral-Moresnet unter eine eigenständige Verwaltung und deutsche und niederländische (später belgische) Aufsicht.

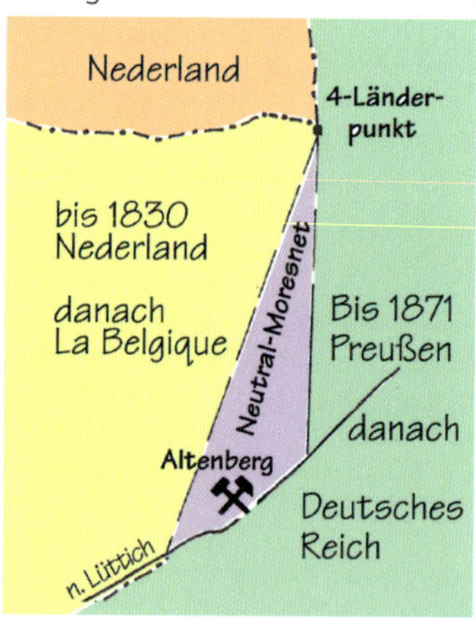

Nach 1900 wurde Neutral-Moresnet international bekannt durch eine Gruppe von Esperanto-Anhängern, die in Moresnet einen ersten Esperanto-Staat ausrufen wollten.

9. Aussicht auf Vaals

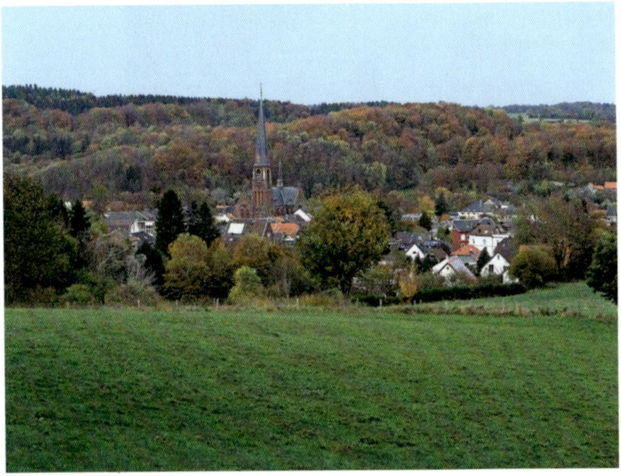

Von einer Hinweistafel aus gesehen, erblickt man die St.-Paulus-Kirche in der Kerkstraat. Jenseits des Senserbachtals liegt der Wachtelberg und dahinter der bewaldete Schneeberg.

Weiterhin erkennt man vom Standort aus links die Häuser von Orsbach und im Hintergrund Simpelveld und die Anhöhe Frouwenheide. Nach rechts geht der Blick entlang der Schichtstufe des Schneebergs bis Laurensberg und dahinter zur bewaldeten Kuppe des Vetschauer Bergs. Weiter rechts sind die RWTH-Institute Melaten und das Universitätsklinikum ein Blickfang. Noch weiter rechts ist die Hörn mit ihren Wohnsiedlungen und dahinter der Lousberg. Ganz hinten rechts, zwischen Schneeberg und Lousberg, sind die Bergehalden des ehemaligen Aachener Steinkohlenreviers.

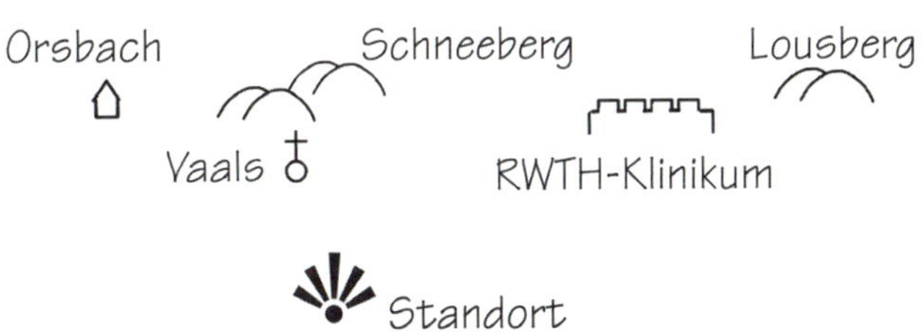

10. Das Grenzhäuschen „Kleng Wach"

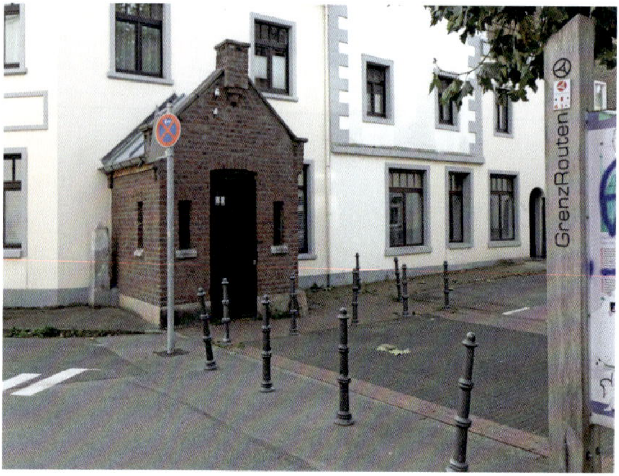

„Kleng Wach" (Kleine Wache) ist ein ehemaliges Grenzhäuschen, das zwischen 1880 und 1900 am niederländisch-deutschen Grenzübergang Akenstraat (Vaals)/Alte Vaalser Straße (Vaalserquartier) errichtet wurde. Außer in Kriegszeiten bestand hier bis 1972 eine Zoll- und Kontrollstation für Fußgänger.

Heute ist in dem Wachhäuschen das wohl kleinste Museum der Niederlande mit interessanten Fotos und Karten eingerichtet. An der Westseite des Zollhäuschens befindet sich ein Adlerstein aus Aachener Blaustein.

Der Name Vaalserquartier geht auf das frühe 14. Jahrhundert zurück. Damals war das Gebiet des Aachener Reichs außerhalb der Tore der Stadtmauer in sieben sogenannte Quartiere eingeteilt: Vaalser, Orsbacher, Berger, Soerser, Würselener, Weidener und Haarener Quartier.

11. Die Hervormde Kerk in Vaals

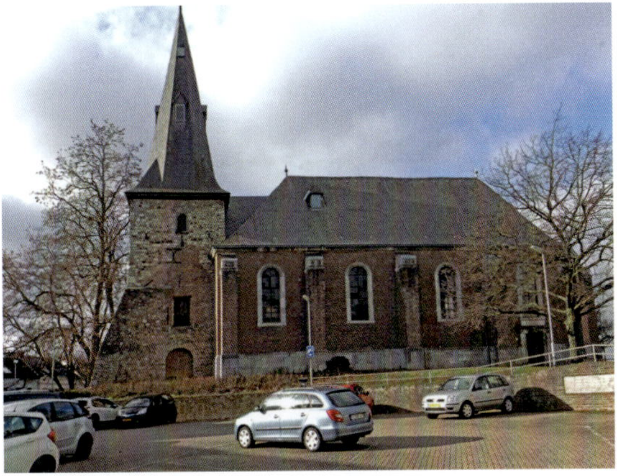

Die Reformierte (Hervormde) Kirche in der Kerkstraat in Vaals ist die älteste protestantische Kirche Südlimburgs. Sie wurde 1672 an die Nordseite eines älteren Glockenturms aus Naturstein angebaut, um den zahlreichen Reformierten, die in Aachen und Umgebung ihren Glauben nicht ausüben durften, als eigenes Gotteshaus zu dienen. Der Turm war ursprünglich ein Verteidigungsturm aus dem 13. Jahrhundert.

Seit dem 14. Jahrhundert hatte der Turm einer älteren katholischen St.-Paulus-Kirche, die auf dem Gelände des heutigen Parkplatzes stand, als Kirchturm gedient. Diese ältere St.-Paulus-Kirche wurde im 16. und frühen 17. Jahrhundert vor dem Bau der reformierten Kirche von Katholiken und Protestanten gemeinsam genutzt. 1892/93 wurde die endgültig baufällig gewordene St.-Paulus-Kirche abgerissen und nur 150 Meter weiter nördlich in historisierender Bauweise wiederaufgebaut.

Kreide-Kalksteine und Kreide-Feuersteine

Marine Kalksteine entstehen aus Kalkschlamm mit oder ohne Kalkskelette von Meerestieren. Im Verlauf langer geologischer Zeiten verdichtet sich der Kalkschlamm durch Kompaktion und Kristallwachstum zu festem Kalkstein. „Kreide-Kalksteine" sind in der jüngeren Kreide-Zeit (zwischen 45 und 65 Millionen Jahren vor heute) entstandene Kalksteine. Weil sie oft weiß und leicht zerreiblich sind, verwendete man sie früher auch als Tafelkreide. Entstanden ist diese „Schreibkreide" aus einem marinen Kalkschlamm, der aus winzigen Kalkplättchen besteht, die von mikroskopisch kleinen, planktonisch lebenden Kalkalgen produziert wurden, sogenannten Coccolithen. Die Kreidefelsen der südenglischen Küste, Dänemarks und der Insel Rügen veranschaulichen, in welch riesigen Mengen dieser Coccolithen-Schlamm im warmen Oberkreide-Meer zwischen England und Osteuropa abgelagert wurde.

In den Kreide-Kalksteinen können parallel zur Bankung unregelmäßig traubig-nierige oder linsig-plattenförmige Feuersteinknollen auftreten. Sie entstanden im Zuge der Verfestigung der Kalkschlämme zu Kalksteinen und bestehen aus nicht- oder nur krypto-(„versteckt"-)kristallinem Quarz (Opal), der an die Stelle des ursprünglich vorhandenen Kalks ausgefällt wurde. Der Quarz (SiO_2) stammt aus der Auflösung von Schwammnadeln und Kieselalgen, die innerhalb der Kalk- und Mergelschichten und auch im darunter liegenden Vaalser und Aachener Sand reichlich vorhanden waren. Die zunehmende Sedimentauflast zwang das durch die Auflösung dieser Kieselskelette mit Kieselsäure angereicherte Porenwasser zum Aufstieg. Über Poren und Klüfte gelangte es bis in einen Bereich, in dem wegen veränderter chemischer Lösungsbedingungen Kalk gelöst und gleichzeitig Quarz an seiner Stelle als Feuerstein ausgefällt werden konnte. Das war z. B. der Fall, wenn sich organische Substanz im noch unverfestigten Kalkschlamm zersetzte. Oft sind in den Kernen der neu entstandenen Feuersteinknollen noch die Umrisse von verkieselten Schalen von Seeigeln, Muscheln oder Foraminiferen zu erkennen.

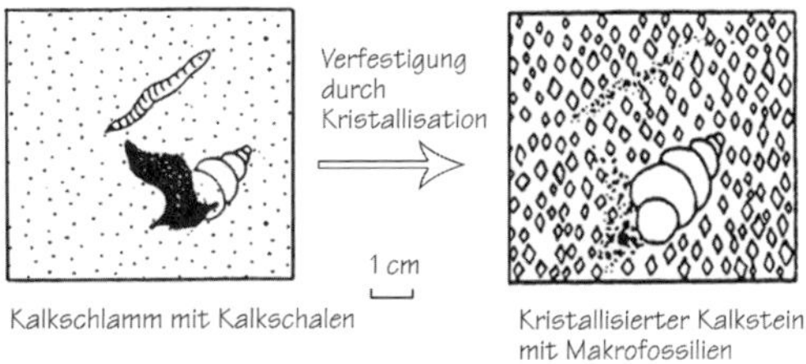

Vom Kalkschlamm zum Kalkstein

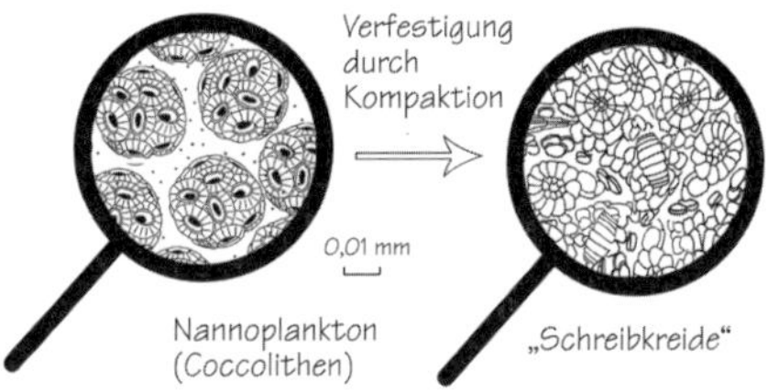

Vom Coccolithen-Schlamm zum Kreide-Kalkstein

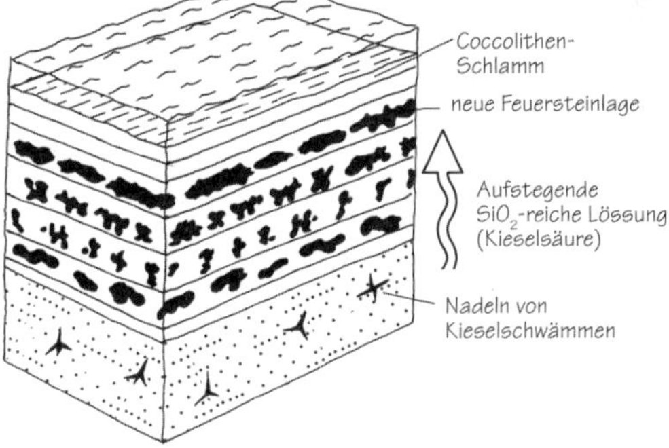

Feuersteinbildung in Kreide-Kalksteinen

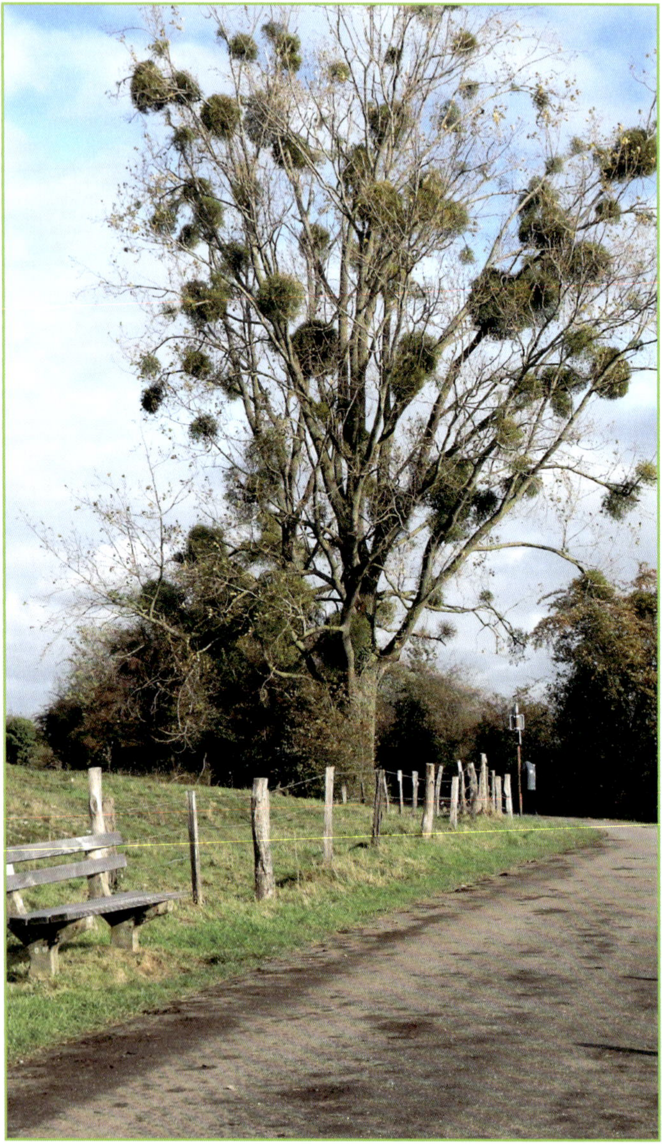

Etappe 4: Über den Schneeberg

Start:
Bushaltestelle Vaals Grenze, Vaalser Straße, Linien 25, 33, 35, 55
Parkplatz Vaals Grenzübergang, Vaalser Straße

Ziel:
Bushaltestelle Roermonder Straße, Haus Linde, Linien 7, 17, 43, 47 ...
Parkplätze entlang der Roermonder Straße gegenüber der Bushaltestelle

Länge der Wanderung: 10 Kilometer

Höhenunterschiede: 61 Meter

Dauer: 3 Stunden

Streckenverlauf:
Vom Grenzübergang Vaals geht es über den Wachtelkopf zum Schneebergweg und von dort in Richtung Lemiers. Im bewaldeten Schneeberghang führt der Weg aufwärts und dann unterhalb der Schichtstufe des Schneeberg-Plateaus in Richtung Orsbach. Vor Orsbach geht es über die Felder zurück auf die Höhe des Schneebergs und weiter zum Herzogsweg, dann hinunter nach Seffent zu den Siebenquellen. Von dort geht es zurück zum Herzogsweg in Richtung Laurensberg. Auf der Laurensberger Höhe führt der Weg entlang der Laurentiusstraße zur Roermonder Straße.

GPX-Daten zur Etappe 4

Bild links: Der Herzogsweg

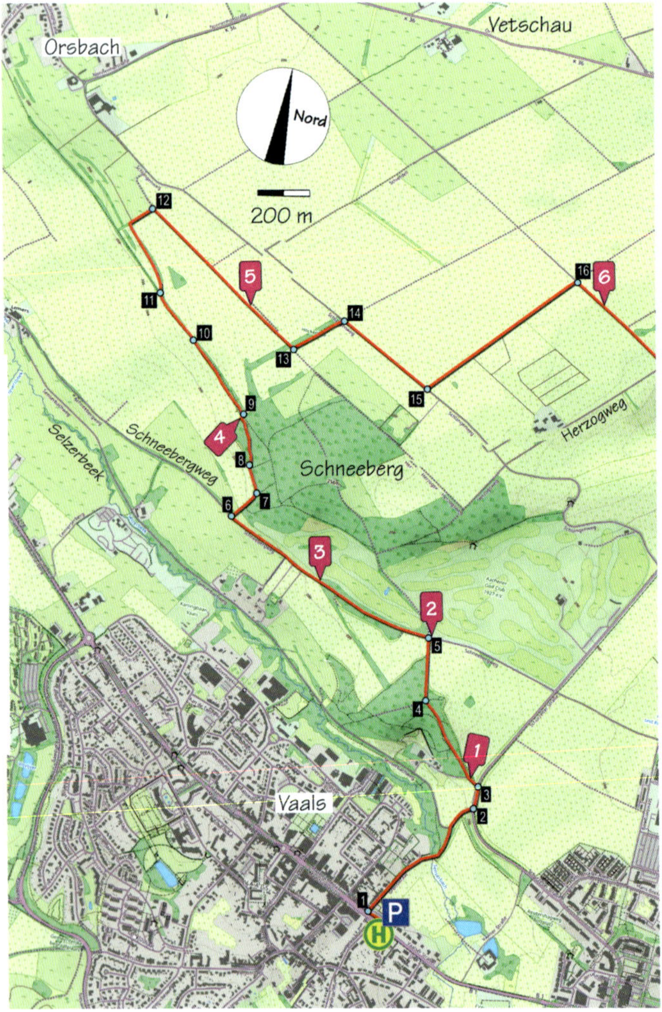
Orsbach
Vetschau
Nord
200 m
Schneeberg
Schneebergweg
Selzerbeek
Herzogweg
Vaals
1
2
3
4
5
6
7
8
9
10
11
12
13
14
15
16
P
H

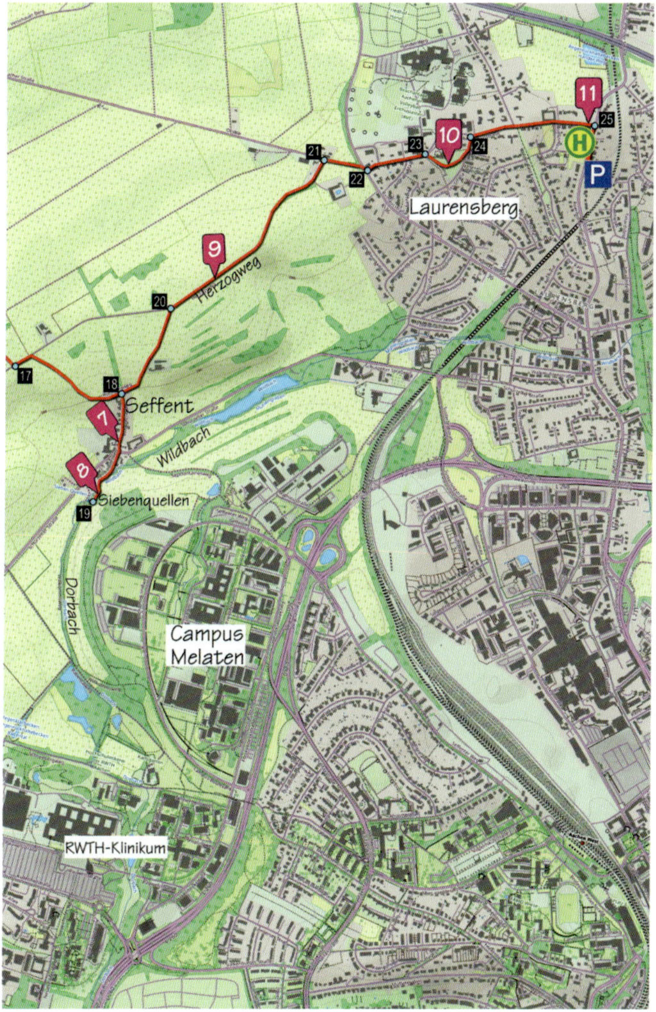
11
25
10
23
24
21
22
Laurensberg
9
Herzogweg
20
17
18
Seffent
7
Wildbach
8
Siebenquellen
19
Dorbach
Campus
Melaten
RWTH-Klinikum

Wegweiser

1	Vom Parkplatz vor dem Grenzübergang Vaals nach rechts die Grensstraat hinunter zur Brücke über den Senserbach (niederländisch: Selzerbeek) gehen und weiter über den Senserbachweg aufwärts zur Schurzelter Straße.
2	Auf der Schurzelter Straße 75 Meter in Richtung Seffent bis zu einem von links einmündenden Wirtschaftsweg gehen.
3	Links in den Wirtschaftsweg einbiegen und nach wenigen Metern rechts einem Fußweg geradeaus aufwärts bis auf die Kuppe des Wachtelkopfes folgen.
4	Weiter geradeaus in Richtung Schneeberg bis zum Schneebergweg gehen.
5	Dem Schneebergweg nach links in Richtung Lemiers folgen. Zunächst abwärts durch ein Wäldchen und dann an einer langen Betonmauer aus dem Zweiten Weltkrieg vorbeigehen.
6	Am Abzweig eines Ackerwegs nach rechts einem Fußpfad aufwärts folgen.
7	Im Wald am Wegweiser des Grenzlandwegs auf einem schmalen Fußpfad entlang einer Buchenallee des Aachener Landgrabens nach links gehen.
8	Am Ende der Buchenallee einem sehr schmalen Pfad durch Buschwerk aufwärts folgen.
9	Am Ende des Fußpfads wieder auf den Grenzlandweg nach links abbiegen und auf stets gleicher Höhe zwischen Buschhecken weitergehen. Dabei gibt es nach links immer wieder freie Ausblicke über das Senserbachtal hinweg zum Vijlener Wald.
10	Am Ende der Buschreihe dem Fußweg weiter geradeaus folgen.
11	Vor einem weiteren Wegweiser des Grenzlandwegs auf dem Feldweg halb rechts bis auf die Hochfläche gehen.
12	Dem Wiesenweg nach rechts an einem einzelnen Windrad vorbei bis zu einer Höckerlinie des ehemaligen Westwalls folgen.
13	Unmittelbar hinter der Höckerlinie auf einem breiten Wiesenweg parallel zu dieser nach links gehen.
14	Auf dem geteerten Schlangenweg nach rechts aufwärtsgehen.
15	Auf den nächsten Teerweg nach links abbiegen und bis zu einer Kreuzung mit einem weiteren Teerweg gehen.
16	Nach rechts abbiegen und bis zum Herzogsweg gehen.

17	Auf den Herzogsweg nach links einbiegen und dann einer schmalen Straße nach rechts abwärts in Richtung Seffent folgen.
18	Nach rechts abwärts zur Schurzelter Straße gehen, diese queren und einem Fußweg zum Wildbach und weiter zu den Seffenter Quellen folgen.
19	Nach Besichtigung der zwei Quellgründe der Seffenter Quellen auf gleichem Weg wieder zurück zur Schurzelter Straße und aufwärts zum Wegepunkt 18 gehen. Dort einer schmalen Straße nach rechts aufwärts zum Herzogweg folgen.
20	Auf dem Herzogsweg nach rechts in Richtung Laurensberg gehen.
21	Auf der Orsbacher Straße nach rechts in Richtung Laurentiusstraße abbiegen.
22	Jenseits der großen Straßenkreuzung auf der Laurentiusstraße in Richtung der Kirche St. Laurentius gehen.
23	Die Kirche rechts durch ein Friedhofsgelände umgehen und auf der anderen Seite wieder zur Laurentiusstraße gehen.
24	Nach rechts auf die Laurentiusstraße abbiegen und immer geradeaus zur Roermonder Straße gehen.
25	Auf der Roermonder Straße nach rechts zur Bushaltestelle und zu den Parkplätzen abbiegen.

Der Untergrund

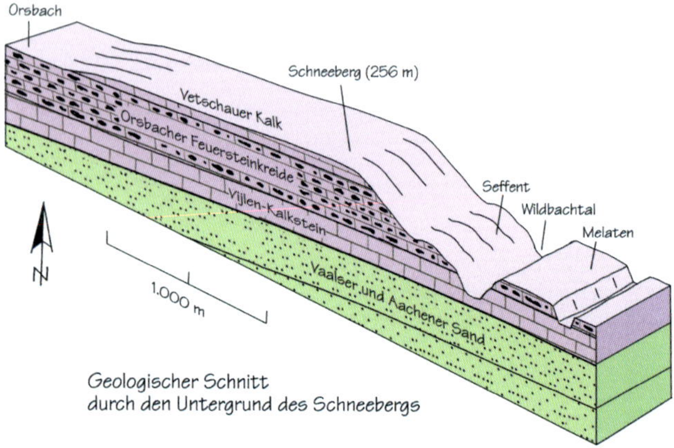

Geologischer Schnitt durch den Untergrund des Schneebergs

Nach Westen wird der Aachener Kessel von dem breiten Rücken des Schneebergs begrenzt. Er ist mit einer Höhe von 265 Metern über dem Meeresspiegel weniger stark herausgehoben als die Hochfläche des Preuswalds. Seine Kreide-Deckschichten umfassen deshalb auch jüngere Schichtglieder.

Der Schichtstufentrauf und die leicht gegen Nordwesten abfallende Plateaufläche des Schneeberg besteht aus abtragsresistenten Kreide-Kalksteinen des Vetschauer Kalks. Sie bilden den Schichtstufentrauf des eigentlichen Schneebergs. Darunter liegen mächtigere Feuersteine führende Orsbacher Kalksteine und darunter Kreide-Mergelsteine ohne Feuersteine (Vijlen-Kalksteine).

Die unter diesen drei Kalkschichten zu erwartenden lockeren Kreidesande (Aachener Sand und Vaalser Sand) werden im Gebiet des Schneebergs und um Melaten höchstens in sehr tiefen Baugruben erreicht.

1. Vaals

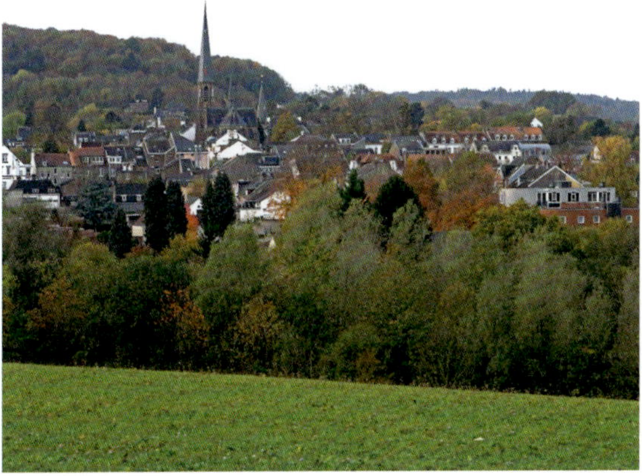

Die Geschichte des heutigen Grenzstädtchens Vaals reicht zurück bis in die Römerzeit, als hier eine Heerstraße von Aachen nach Maastricht dem Tal des Senserbachs (niederländisch: Selzerbeek) folgte. Vom späten Mittelalter bis in die napoleonische Zeit gehörte Vaals zum Herzogtum Limburg. Zu Beginn des 17. Jahrhunderts öffnete Vaals seine Grenze für viele Aachener Gewerbetreibende, besonders Tuchmacher und Nadelfabrikanten, die wegen des strengen Zunftrechts der Stadt Aachen und wegen ihres protestantischen Glaubens Aachen verließen.

Einer von ihnen war der Tuchmacher Johann Arnold von Clermont (1728-1795). Er entstammte einer traditionsreichen protestantischen Aachener Tuchmacherfamilie und entwickelte in Vaals eine rege Bautätigkeit. Neben Webereien und Tuchfärbereien baute er hier auch zahlreiche repräsentative Wohn- und Geschäftshäuser, jeweils im Stil seiner Zeit. Ihm gehörte das Kasteel Vaalsbroek und er ließ Schloss Blumenthal neu errichten.

Heute ist Vaals mit seinen zahlreichen unter Denkmalschutz stehenden Gebäuden und vielen Herrenhäusern, historischen Kirchen, Mühlen und Fachwerkhäusern seiner Umgebung ein Magnet vor allem für niederländische Touristen.

2. Die Via Regia

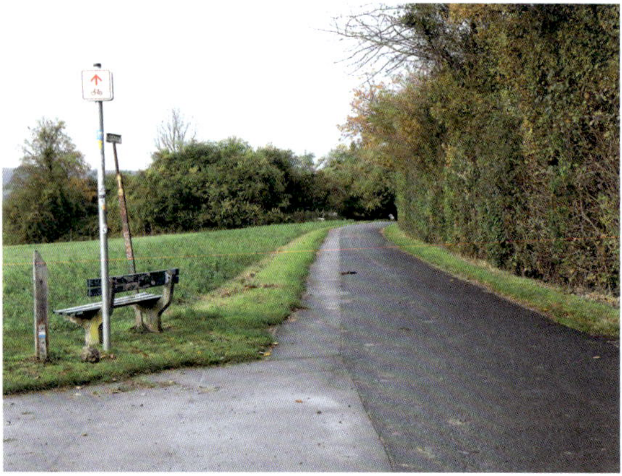

Der heutige Schneebergweg war im Mittelalter und in der frühen Neuzeit Teil der Via Regia, einer wichtigen Handels-, Heer- und Pilgerstraße, die Frankfurt am Main über Aachen mit der niederländischen Küste verband. Als Königliche Straße stand sie unter besonderem Schutz.

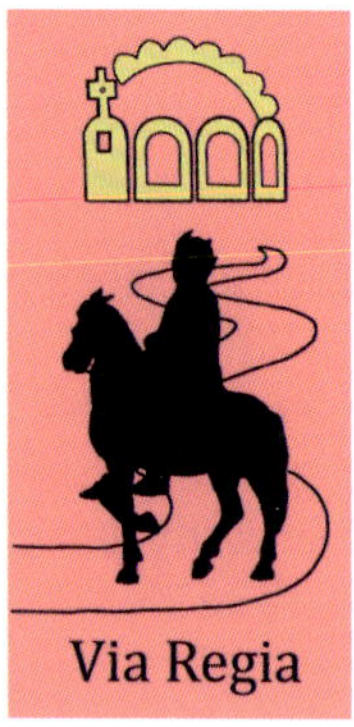

Die Via Regia von Aachen nach Maastricht begann am Aachener Königstor am oberen Ende der heutigen Königsstraße und verlief von dort über den Königshügel (Hexenberg, Melatener Straße) nach Westen.

An dieser Via Regia lag, weit außerhalb der mittelalterlichen Stadt, eine Leprastation, das heutige Gut Melaten. An der viel befahrenen Via Regia konnten die Leprakranken außer Spenden von Aachener Bürgern auch reichliche Gaben von vorbeiziehenden Pilgern erwarten.

3. Panzermauer statt Höckerlinie

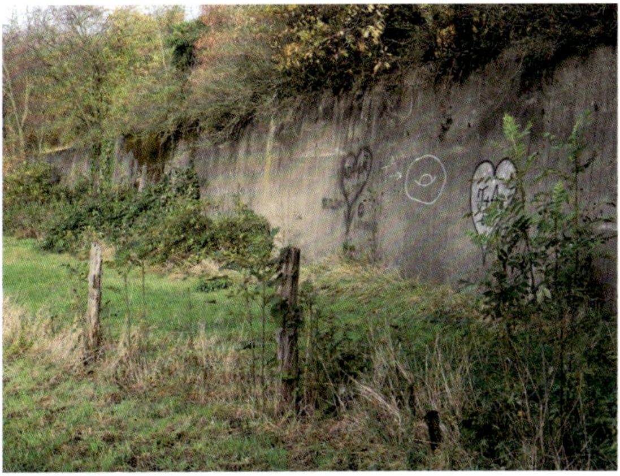

Um das Deutsche Reich gegen Westen zu schützen, entstand zwischen 1938 und 1939 entlang seiner Westgrenze der Westwall. In die Steilhänge des Schneebergs und des Wachtelkopfs wurden fest in den Hang eingebundene Panzermauern eingebaut.

Über die Höhe des Schneebergs setzt sich die Panzersperre dann als heute teils von Büschen überwucherte, teils mit Erde überdeckte Höckerlinie in Richtung Vetschau fort.

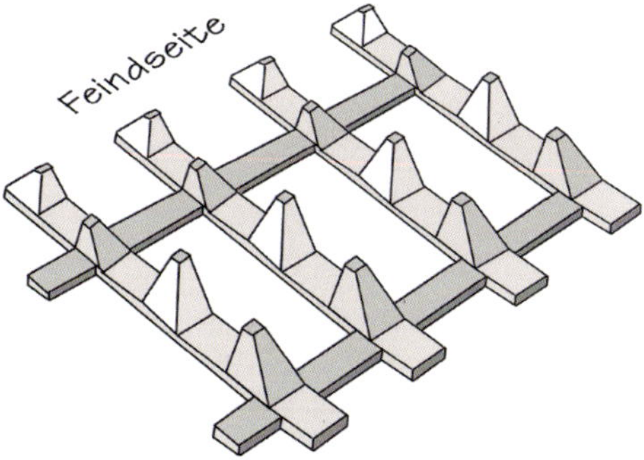

Bauschema „Höckerlinie“: Panzersperre aus Beton

4. Orsbacher Feuersteinkreide

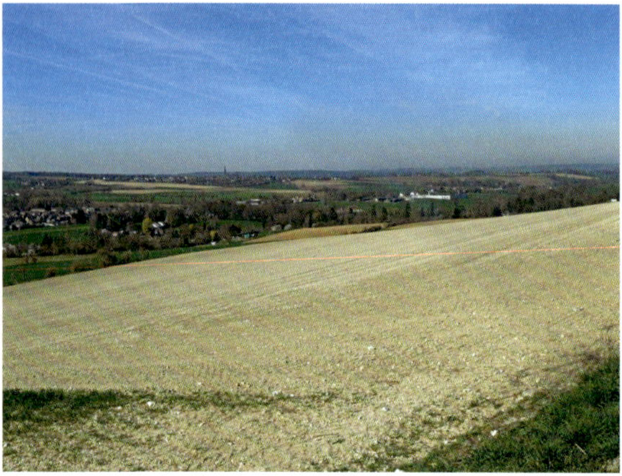

Wenn die Felder frisch gepflügt sind, überzieht hier eine fast geschlossene Decke aus weißen und hellgrauen feinkörnig-mürben Kalk- und Kalkmergelstücken den Hang. Deshalb der Name „Schneeberg". Auch Knollen und Bruchstücke von grauen und schwarzen Feuersteinen liegen dazwischen. Oft erkennt man in den Kalkbrocken Schalenstücke von Ammoniten, Muscheln, Schnecken, Belemniten oder Seeigeln der Oberkreide-Zeit.

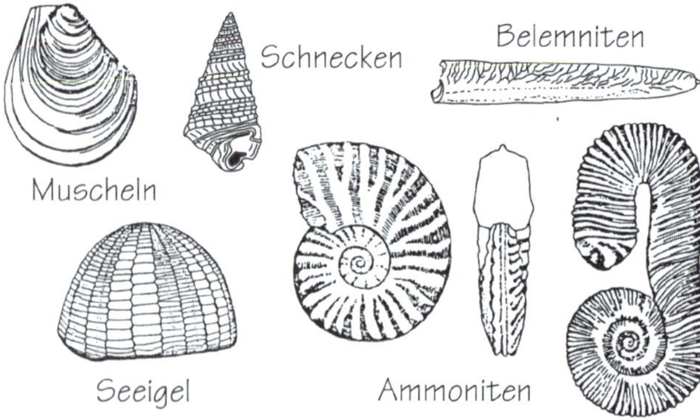

5. Das Schneeberg-Plateau

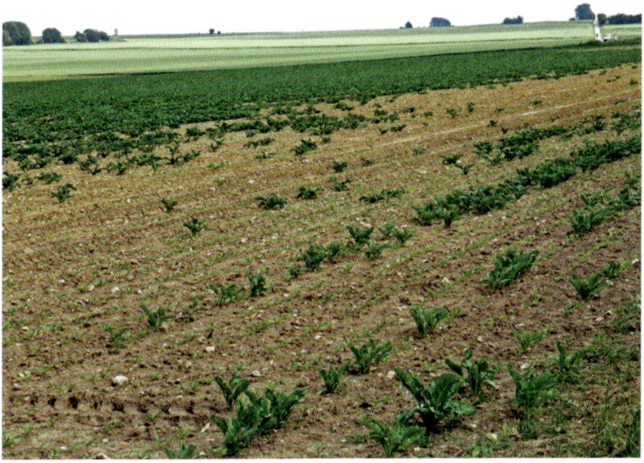

Das aus harten, verwitterungsbeständigen Kalksteinen (Vetschauer Kalkstein) gebildete, nach Südosten ansteigende Plateau des Schneebergs ist wegen seines mit Löss überwehten Untergrunds fruchtbares Ackerland. Wo die Ackerfläche lössfrei geblieben ist, ist sie außer mit Brocken des sehr harten, leicht gelblichen Vetschauer Kalksteins auch mit Scherben von dessen bräunlichen Feuersteinen übersät.

An vielen Stellen sind die Kalksteine aber auch mehrere Meter tief entkalkt. Ihre unlöslichen tonigen Rückstände wurden bis in das 20. Jahrhundert hinein in kleinen Gruben als Walkerde für die Aachener Tuchindustrie abgegraben.

Auf der Hochfläche des Schneebergs wurden zahlreiche altsteinzeitliche Artefakte (Klingen, Kratzer u. a.) gefunden. Auch später hat der nie sehr dicht bewaldete Schneeberg immer wieder durchziehenden Jägern als Lagerplatz gedient.

6. Blick vom Schneeberg nach Westen

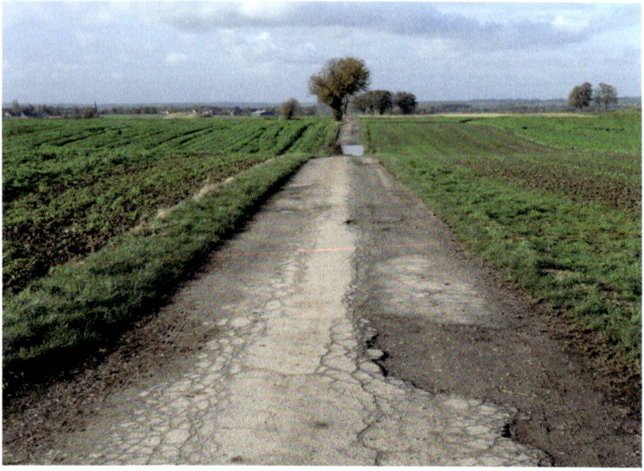

Von der Höhe des Schneeberg-Plateaus hat man einen 360°-Rundumblick über den Westrand des Aachener Kessels.

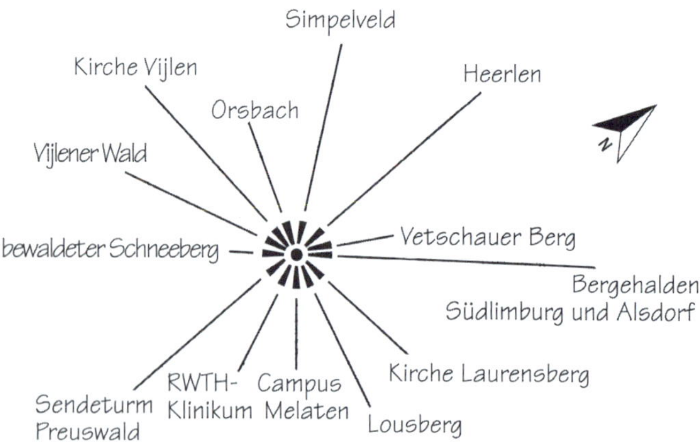

7. Seffent – Septem Fontes – Sieben Quellen

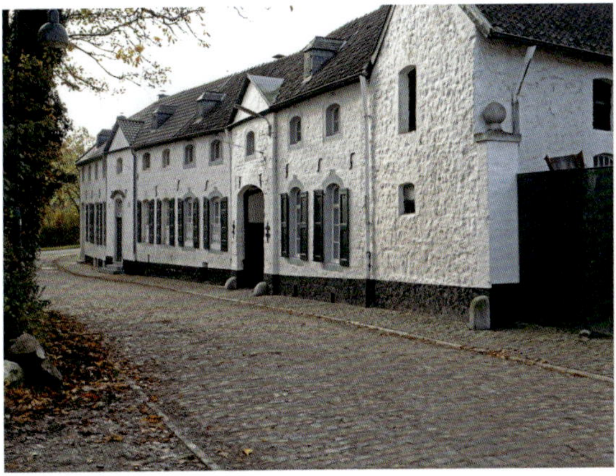

Die Häusergruppe Seffent liegt im engen Tal des Wildbachs zwischen dem Schneeberg und der Anhöhe des Wilkesbergs (Campus Melaten).

Der Name Seffent wird vom lateinischen „septem fontes" (Sieben Quellen) abgeleitet. Seffent und Sieben Quellen werden heute synonym benutzt.

Seffent wurde bereits 896 als Königsgut urkundlich erwähnt. Später wurde es Eigengut des Aachener Stadtadels. Die Außenmauern der Burg und auch die seiner aus dem 16. Jahrhundert stammenden Wohnhäuser, Scheunen und Stallungen sind aus hellen Vetschauer Kalksteinen erbaut, heute aber meistens weiß gekälkt.

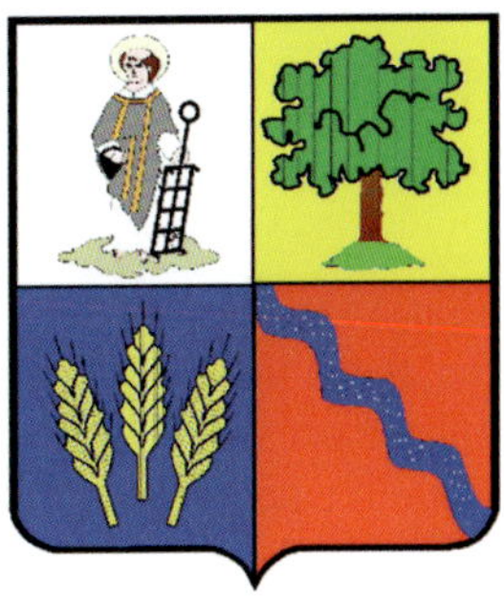

Wappen Seffent

Die Seffenter Quellen liegen in Kreide-Kalksteinen auf der gegenüberliegenden Talseite des Wildbachs.

8. Die Seffenter Quellen

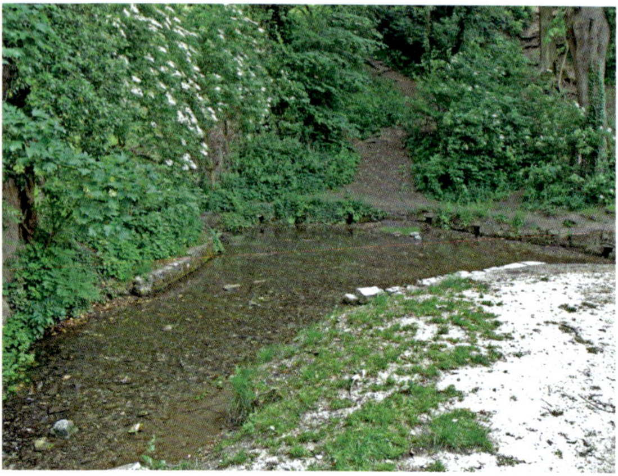

In zwei hintereinanderliegenden, mit Bruchsteinen eingefassten Quelltöpfen tritt das Quellwasser der Seffenter Quellen auf breiter Front zutage. Außerdem ergänzt der nur spärlich Wasser führende Dorbach die von hier aus zum Wildbach abfließende Wassermenge.

Mit einer Schüttung von 60 bis 80 Litern pro Sekunde, das sind 4.300 Kubikmeter Wasser pro Tag, gelten die Seffenter Quellen als die ergiebigsten Quellen in der weiteren Umgebung. Die Austrittstemperatur des Quellwassers liegt konstant bei 9 °C.

Zusammen mit dem Dorbach sind die Seffenter Quellen der Ursprung des Wildbachs. Dessen Name leitet sich ab von seiner starken, jahreszeitlich allerdings sehr unregelmäßigen Wasserführung.

Hinter den Sieben Quellen steht der Wilkensberg unter Naturschutz. Auf seinem steil nach Süden und Südwesten geneigten Hang hat sich auf einer dünnen, leicht zu erwärmenden Bodenschicht über Kreidegesteinen ein Halbtrockenrasen entwickelt, auf dem Enziane und Orchideen gedeihen.

9. Ausblick auf den Aachener Kessel

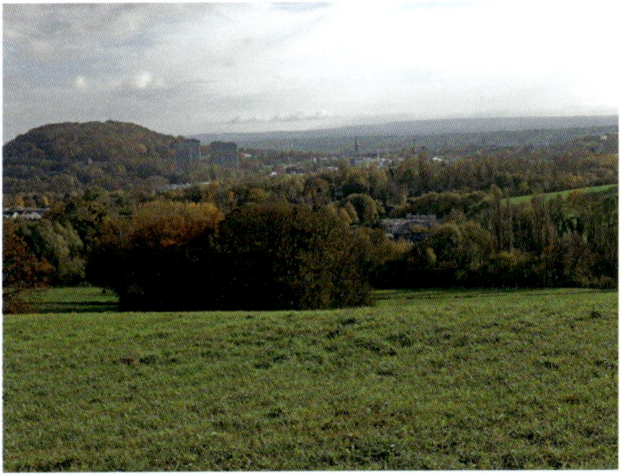

Bevor der Herzogsweg zwischen Seffent und Laurensberg die Schneeberghöhe quert, reicht der Blick nach Süden und Osten weit über den Aachener Kessel: Im Süden die Institute des Campus Melaten und das RWTH-Klinikum und dahinter der Preuswald mit seinen Funktürmen. Weiter nach Osten die Wohngebiete der Hörn und des Königshügels. Im Osten dann die Innenstadt mit Dom und Rathaus. Links daneben die Heiligkreuzkirche und links dahinter der Anstieg nach Brand mit seinen Wohngebieten. Dann der bewaldete Lousberg mit den Studentenhochhäusern.

Nordöstlich des Lousbergs überblickt man von hier aus auch die breite Soers. Dort rechts Haaren und dahinter der Haarberg. Ein Stück weiter links, vor der Dampfsäule des Kraftwerks Weisweiler, der Ravelsberg. Weiter nach links die bewaldeten Taleingänge des Meisbachs und der Wurm. Im Vordergrund Wohnhäuser in Laurensberg.

10. Die Kirche St. Laurentius in Laurensberg

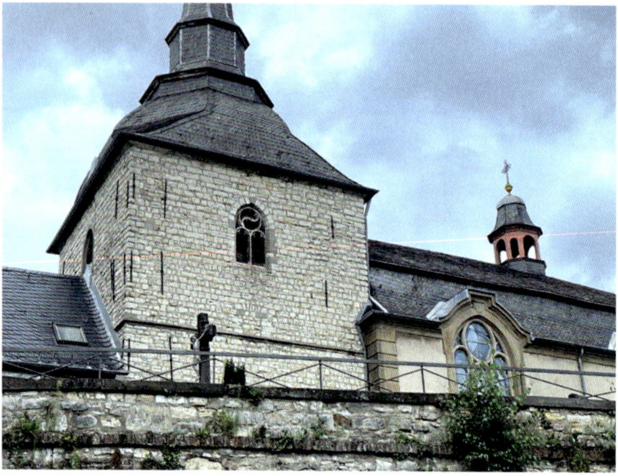

Die hoch gelegene Kirche von Laurensberg war bereits im 9. Jahrhundert als Pfarrkirche für ein oder mehrere Königsgüter der karolingischen Pfalz in Aachen gegründet worden. Der eckige Kalksteinturm entstand 1482. Das Kirchenschiff wurde erst 1912 auf alten Fundamenten in Anlehnung an historische Stilformen erneuert.

Ganz in der Nähe des Kirchbergs verlief eine alte römische Heerstraße von Aachen über Heerlen nach Xanten. Bei Fundamentarbeiten für die Kirche fand man ein allseitig verziertes Bruchstück einer Jupitersäule, einen sogenannten Viergötterstein.

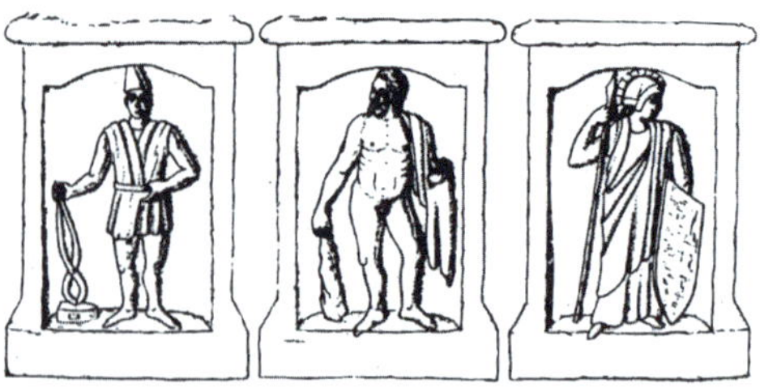

Drei Seiten des Laurensberger Viergöttersteins

11. Haus Hirsch

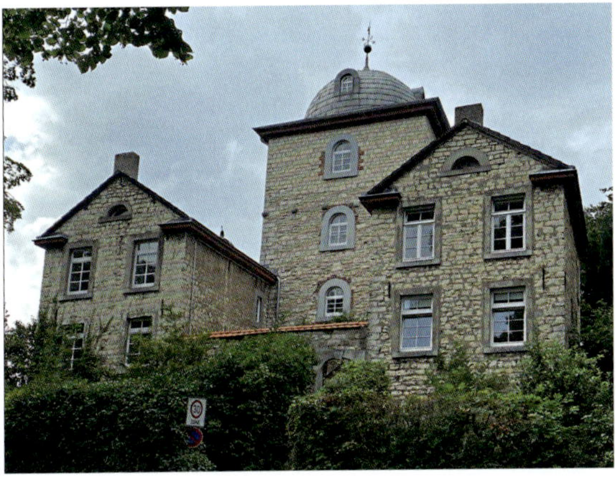

Das vor der Einmündung der Laurentiusstraße in die Roermonder Straße gelegene Haus Hirsch (auch Burg Hirsch) ist aus einem der alten Wachttürme hervorgegangen, die in Verbindung mit dem Aachener Landgraben die Grenzen des Aachener Reichs schützten. Der quadratische Mittelturm war im 15. Jahrhundert ein Wohnturm. Er wurde erst im 19. Jahrhundert aufgestockt. Die beiden Seitenflügel und die abschließende Mauer mit Blausteintor stammen aus dem 17. Jahrhundert.

Wie die meisten anderen Wachttürme des Aachener Reichs liegt auch Haus Hirsch auf einer Anhöhe, sodass Nachrichten über verdächtige Bewegungen von Fremden oder einem Kriegsvolk per Rauch- oder Lichtsignal an den Langen Turm auf der Aachener Stadtmauer gesendet werden konnten.

Kreidefossilien

In der Regel sind von Tieren und Pflanzen vergangener Erdzeitalter nur ihre Hartteile (Schalen, Skelette und Zähne) oder Abdrücke erhalten geblieben. Diese zu finden, ist heute nicht leicht. Sandgruben und Steinbrüche sind in der Regel verfüllt, und Baugruben und Straßenböschungen liegen heute höchstens für kurze Zeit offen. Um Genaueres über Kreidefossilien im Aachener Kessel zu erfahren, ist man auf Sammlungen und die Berichte früherer Geologen und Paläontologen angewiesen.

Bereits in der Mitte des 19. Jahrhunderts beschrieb der Aachener Geologe Matthias Hubert Debey außergewöhnlich gut erhaltene Baumblätter und -früchte aus den Kreide-Basistonen des Wingertsbergs im heutigen Kurpark. Der gleiche Forscher berichtete 1881 in einer wissenschaftlichen Monographie über große Blattabdrücke von Laubbäumen aus einer Grube im Aachener Sand an der Alten Vaalser Straße. Auch heute noch sind in den Sandgruben des südlichen Aachener Waldes mit etwas Glück verkieselte Baumhölzer zu finden. Sonst wurden aus dem Aachener Sand vor allem Funde von dickschaligen Muscheln, Schnecken und Ammoniten oder Seeigeln der Oberkreide-Zeit gemeldet.

Auch der darüber folgende Vaalser Sand lieferte wie der Aachener Sand als küstennaher Meeressand gut erhaltene, große Schalenfossilien. Daneben wurden aus ihm aber auch häufig mikroskopisch kleine gekammerte Gehäuse von Einzellern, z. B. Foraminiferen, beschrieben.

Vor allem aber die über dem Aachener Sand und Vaalser Sand folgenden Kreide-Kalksteine haben eine Vielzahl von für die späte Kreide-Zeit typischen Makrofossilien geliefert. In der geologischen Literatur des 19. und 20. Jahrhunderts finden sich lange Listen mit den lateinischen Namen von Seeigeln, Ammoniten, Belemniten, Muscheln, Schnecken, Brachiopoden und Bryozoen. Auch heute noch sind auf den frisch gepflügten Äckern des Schneebergs Bruch-

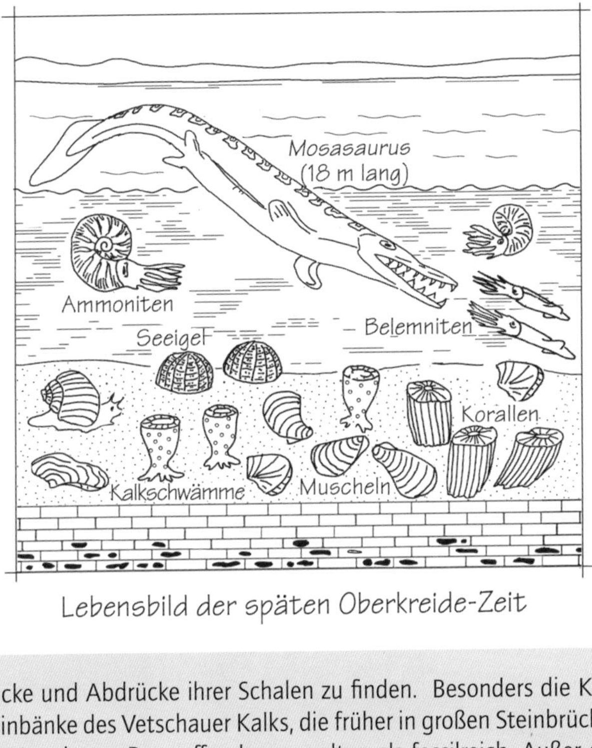

Lebensbild der späten Oberkreide-Zeit

stücke und Abdrücke ihrer Schalen zu finden. Besonders die Kalksteinbänke des Vetschauer Kalks, die früher in großen Steinbrüchen am Vetschauer Berg offen lagen, galten als fossilreich. Außer den schon genannten Schalenfossilien fand man hier auch Haifischzähne und Zähne des riesigen Meeresreptils „Mosasaurus".

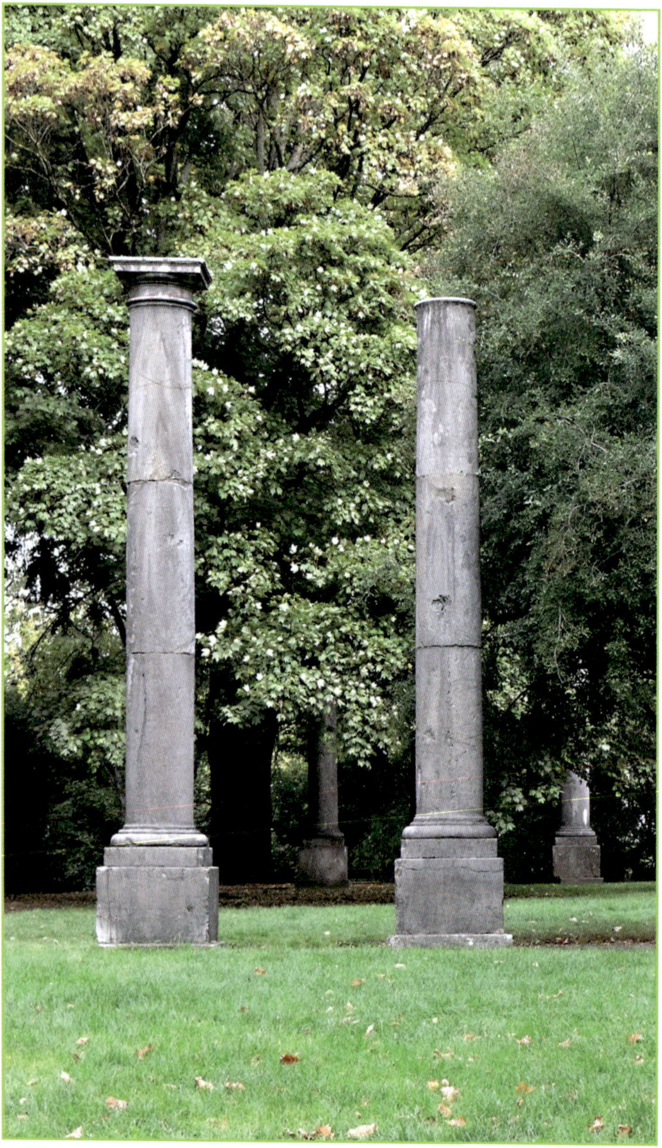

Etappe 5: Von Laurensberg zum Lousberg

Start:
Bushaltestelle Haus Linde, Roermonder Straße, Ecke Laurentiusstraße, Linien 7, 17, 43, 47 ...
Parkmöglichkeit: Roermonder Straße, Laurentiusstraße

Ziel:
Bushaltestelle Ponttor, Linien 1, 1E, 3A, 3B ...
Parkmöglichkeit am Ende der Kupferstraße

Länge der Wanderung: circa 8,5 Kilometer

Höhenunterschiede: 127 Meter

Dauer: circa 3 Stunden

Streckenverlauf:
Die Strecke führt zunächst von Laurensberg über eine Fußgänger-Autobahnbrücke nach Richterich und auf der Behrensberger Höhe zum Gut Ferber, von dort abwärts in die Soers und auf dem Sonnenweg zur Soerser Mühle. Danach geht es den Wildbach aufwärts zur Stockheider Mühle und weiter entlang des Strüverwegs zum ehemaligen Raphaelskloster am Fuß des Lousbergs. Hinter dem Kloster im Müschpark führt die Strecke aufwärts auf das Lousberg-Plateau zum Aussichtspunkt Zwölf Apostel, von dort über das Lousberg-Plateau nach Südwesten zum Aussichtspunkt am Tranchot-Obelisken. Anschließend geht es bergab über die Belvedere-Terrasse zum Parkplatz am Ende der Kupferstraße und auf der Kupferstraße abwärts zur Ludwigsallee und weiter zum Ponttor.

GPX-Daten zur Etappe 5

Bild links: Lousberg, Belvedere

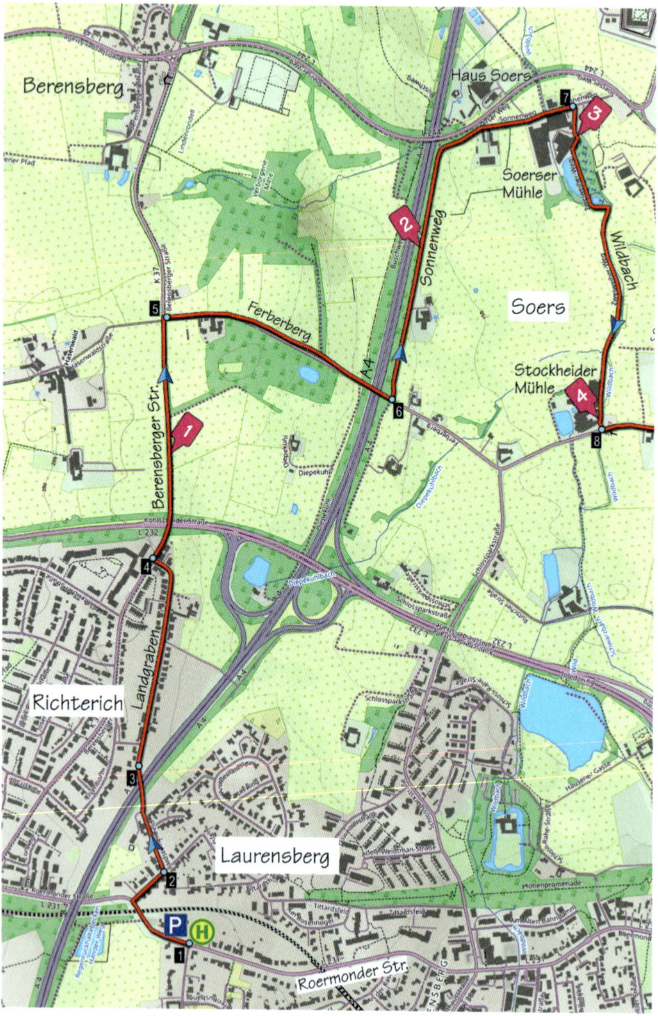
Berensberg
Haus Soers
Soerser Mühle
Sonnenweg
Wildbach
Soers
Ferberberg
A4
Stockheider Mühle
Berensberger Str.
Richterich
Landgraben
Laurensberg
Roermonder Str.

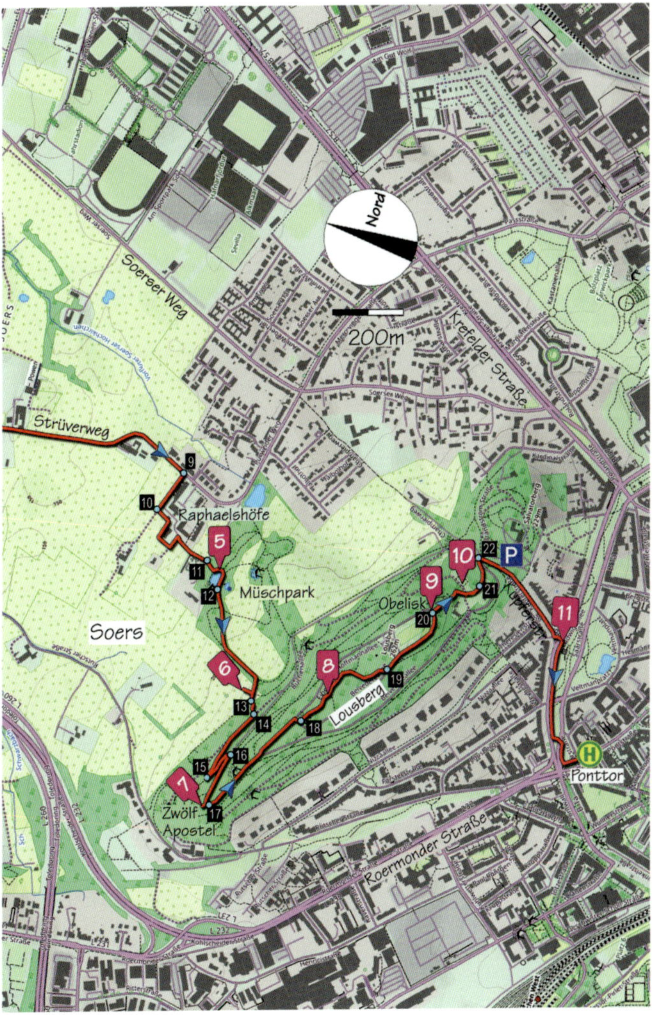
Nord
200m
Soerser Weg
Krefelder Straße
Strüverweg
Raphaelshöfe
Müschpark
Soers
Obelisk
Lousberg
Kupferstr.
Zwölf Apostel
Roermonder Straße
Ponttor
5
6
7
8
9
10
11
9
10
11
12
13
14
15
16
17
18
19
20
21
22
P

Wegweiser

1	Von der Bushaltestelle Haus Linde an der Roermonder Straße in Richtung Richterich gehen und hinter der Eisenbahnbrücke zunächst rechts in die Straße Tittardsfeld und dann gleich wieder links in die Straße Beulardsteiner Feld einbiegen.
2	Auf der Straße Beulardsteiner Feld geradeaus über eine schmale Fußgängerbrücke über die Autobahn A4 gehen.
3	Jenseits der Autobahn einem Fußweg und dann einer Straße mit der Bezeichnung Landgraben bis zur Behrensberger Straße folgen.
4	Von der Einmündung des Landgrabens in die Berensberger Straße nach rechts über die Brücke über die Autoschnellstraße von Aachen nach Kohlscheid in Richtung Behrensberg gehen.
5	Hinter Gut Ferber nach rechts in die Straße Ferberberg abbiegen und auf einem links die Straße begleitenden Fahrradweg in Richtung Soers bis hinter die Autobahnunterführung gehen.
6	Hinter der Autobahn nach links in den Sonnenweg abbiegen und diesem bis zu den Gebäuden der ehemaligen Soerser Mühle folgen.
7	Links der Soerser Mühle auf einem Fußweg zwischen einem Sumpfgebiet und einem noch intakten Mühlenteich bis zu einem Wehr des Wildbachs gehen und dem Wildbach von dort bis zur ehemaligen Stockheider Mühle (heute „Altes Tuchwerk") am Strüverweg folgen.
8	Der Straße Strüverweg nach links circa 120 Meter an Gärten und gepflegten Höfen vorbei bis zum ehemaligen Kloster St. Raphael folgen.
9	Vor der Einfahrt und den Gebäuden von St. Raphael nach rechts in eine Zufahrt zum Haus Strüverweg 43 abbiegen.
10	Unmittelbar hinter einem alten Tor einem Fußweg nach links folgen und hinter den Gebäuden des ehemaligen Klosters in Richtung Müschpark gehen.
11	Die Fahrstraße queren und geradeaus um einen Teich gehen.
12	Dem breiten Fußweg bis zum Ende einer großen Wiese aufwärts folgen und oben nach rechts zum Aussichtspunkt Lousberg-Terrasse gehen.
13	Unmittelbar rechts von drei weißen Bänken oberhalb des Aussichtspunktes auf einer Treppe bis zu einem breiten Querweg aufsteigen.
14	Auf dem breiten Querweg circa 80 Meter nach rechts gehen und dann einem Fußpfad hangaufwärts folgen.
15	Scharf links bis zu einem weiteren Querweg aufwärtsgehen.

16	Auf dem geteerten Fahrweg nach rechts bis zum Aussichtspunkt Zwölf Apostel gehen.
17	Dem nach einer Spitzkehre weiter ansteigenden Fahrweg bis auf die Höhe des Lousberg-Plateaus folgen.
18	In der Gabelung einer von der Kupferstraße auf das Lousberg-Plateau führenden Fahrstraße (Belvedere-Allee) einen sich mehrfach verzweigenden Fußweg zwischen den beiden Teerstraßen wählen und durch ein Eibenwäldchen mit zahlreichen Kalksteinhalden gehen.
19	Wieder auf der Fahrstraße rechts des Eibenwäldchens, nach links in Richtung Aussichtsplattform am Ostende des Lousberg-Plateaus gehen.
20	Rechts neben dem Obelisken auf dem Lousberg-Plateau auf einer steilen Steintreppe abwärtsgehen.
21	Links neben dem Couven-Pavillon weiter zum Parkplatz am Ende der Kupferstraße hinuntergehen.
22	Auf der Kupferstraße nach rechts abwärts bis zur Ludwigsallee gehen und dort nach rechts in Richtung Bushaltestelle Ponttor abbiegen.

Der Untergrund

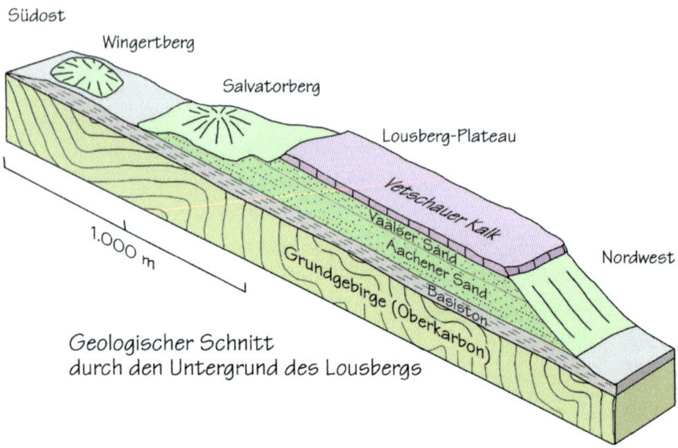

Der Lousberg ist ein Erosionsrest der früheren Oberkreide-Bedeckung des Aachener Kessels. Sein leicht nach Nordwesten abfallendes Hochplateau wird von einer dünnen Platte Feuersteine führender Kreide-Kalksteine (Vetschauer Kalk) gebildet. Darunter liegt lockerer Vaalser und Aachener Sand. Weil im Bereich des Salvatorbergs und des noch flacheren Wingertbergs im Aachener Kurpark die schützende Kalksteinplatte fehlt, sind dort auch die lockeren Sandschichten zum Teil schon abgetragen.

Auch in der Soers ist von dem Kreide-Deckgebirge nur noch eine dünne Schicht Kreide-Basiston erhalten. Der ursprünglich darüber folgende Sand und Kalk wurde hier von einem Vorläuferbach des heutigen Wildbachs abgeräumt.

1. Blick auf den Lousberg

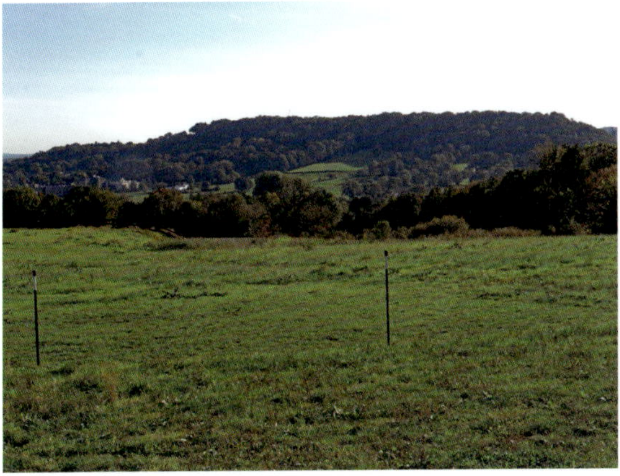

Anders als die Geologen erzählen die Aachener gerne folgende Geschichte über die Entstehung des Lousbergs:

Der Teufel war beim Dombau böse überlistet worden. Um sich zu rächen, schleppte er zwei Säcke Dünensand von der Nordsee in Richtung Aachen. Er wollte den Dom, die Stadt und alle Aachener mit Sand zuschütten.

In der Soers begegnete ihm eine Aachener Marktfrau, die sofort den Pferdefuß des Teufels erkannte. Als dieser sie fragte, wie weit es noch bis Aachen sei, zeigte sie auf ihre alten Schuhe und meinte, er könne ja daran, dass sie schon so abgelaufen seien, ermessen, wie weit der Weg noch sei.

Der Teufel sah ein, dass er einen so weiten Weg nicht mehr bewältigen konnte. Voller Wut und Erschöpfung warf er beide Säcke ab und zog davon. Die Berge aus Sand sind heute der Lousberg und der Salvatorberg.

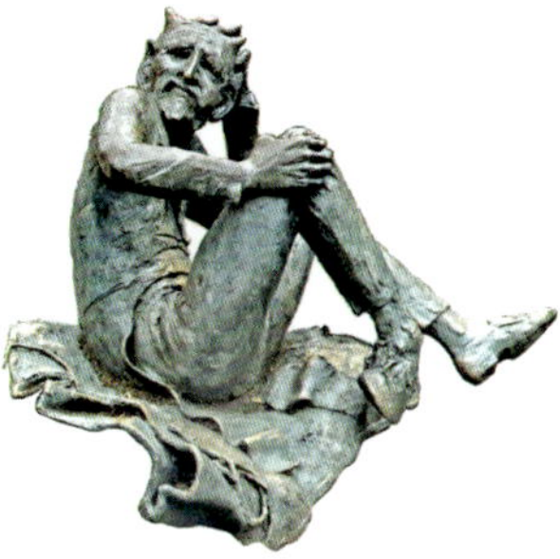

2. Blick auf die Soers

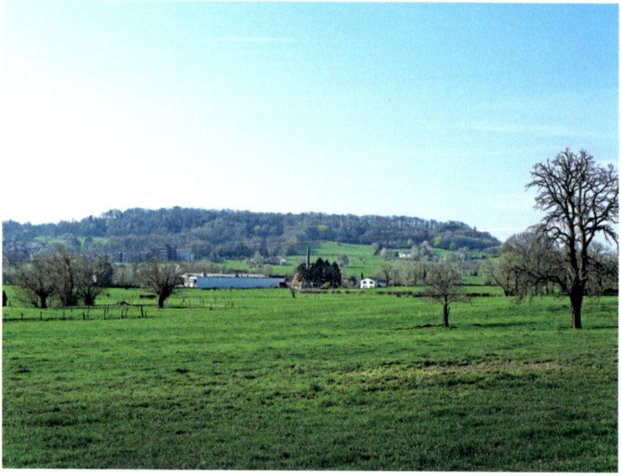

Die breite Senke der Soers entstand im Zusammenhang mit der Heraushebung des nördlichen Eifelvorlandes im Verlauf der letzten 800.000 Jahre. In diesem Zeitraum wurde ihre ursprüngliche Oberkreide- und Tertiär-Bedeckung durch einen Ur-Wildbach fast vollständig ausgeräumt. Vor 15.000 bis 12.000 Jahren, am Ende der letzten großen Kaltzeit (Weichsel-Kaltzeit), wurde die breite Senke der Soers von Löss überweht.

Seit dem frühen Mittelalter versorgten hier erste Pfalzgüter und Bauernhöfe die mittelalterliche Stadt Aachen mit landwirtschaftlichen Erzeugnissen. Teiche für die Fischzucht wurden angelegt. Später wurde der Wildbach dann zum Antrieb von Wassermühlen – anfangs Mahlmühlen, später Kupfermühlen und schließlich Walk- und Tuchmühlen – genutzt. An seinen Ufern wurden Kopfweiden zum Körbeflechten angepflanzt. Weißdornhecken begrenzten die ausgedehnten Wiesen. Einige der von Hausgärten und hofnahen Streuobstwiesen umgebenen Höfe wandelten sich im 19. Jahrhundert baulich zu Herrenhäusern des Aachener Industrieadels um.

3. Die Soerser Mühle

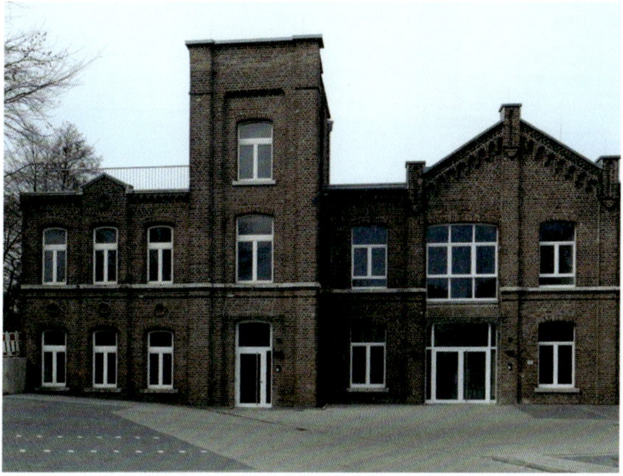

Die Soers verdankt ihren Namen dem Soerser Haus, einer mittelalterlichen Burganlage jenseits des heutigen Sonnenwegs und der Autostraße Soerser Weg in Richtung Berensberg.

Die Soerser Mühle war im 17. Jahrhundert eine Kupfermühle. Danach war sie Walkmühle. Im 19. und 20. Jahrhundert wechselte die Nutzung zwischen Nadelschleif- und Poliermühle, Tuchfärberei und der Herstellung von Spinnereibedarf. Auch heute ist sie ein attraktiver Gewerbestandort.

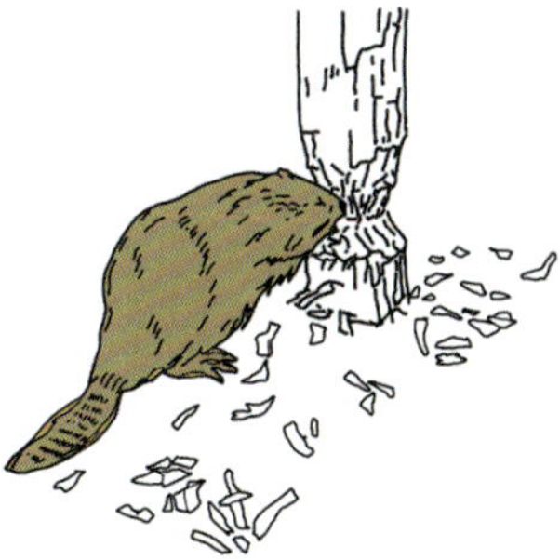

Linker Hand des roten Ziegelgebäudes aus dem 19. Jahrhundert verläuft ein sogenannter Zwei-Weiher-Weg zwischen einem wieder instand gesetzten Fisch- und Mühlenteich rechts und einem morastigen und verwilderten Auewald links auf einem schmalen Damm. In dem eingezäunten Sumpfwald links ist heute der Biber aktiv. Am Ende des Dammwegs trifft man auf eine historisch bedeutende Wasserschleuse, durch die der Zufluss des Wildbachwassers zur Mühle geregelt wurde.

4. Die Stockheider Mühle

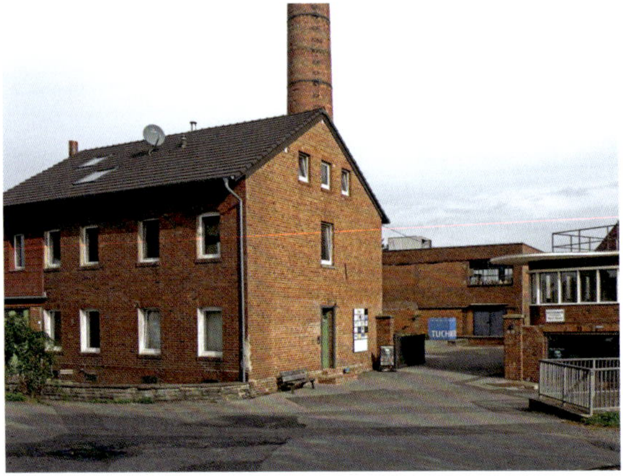

Die Stockheider Mühle wurde vom Ende des 18. bis in die Mitte des 20. Jahrhunderts zunächst als Walkmühle und später als Färberei betrieben. Heute sind die Gebäude im Besitz des Vereins „Tuchwerk Aachen", dessen Ziel es ist, die Erinnerung an die Aachener Textilgeschichte wachzuhalten. Dazu betreibt der Verein hier ein begehbares Depot historischer Textilmaschinen und ein umfangreiches Archiv zur Aachener Textilindustrie. In einem Teil der Mühlengebäude sind außerdem Ateliers an Aachener Künstler vermietet und das Aachener Theater nutzt ebenfalls einige Räume.

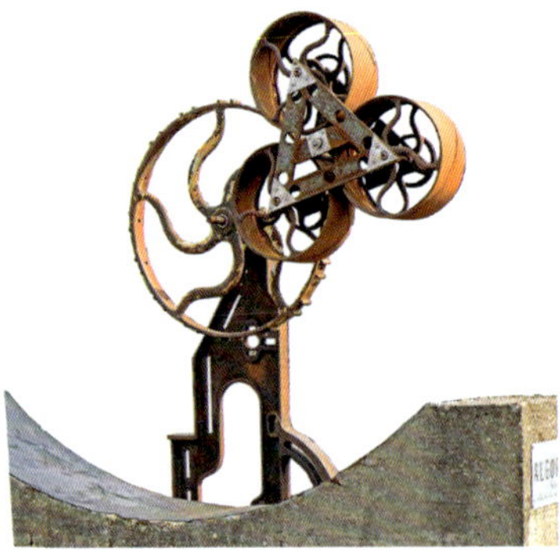

Dem Wildbach aufwärts folgen die Speckheuer Follmühle als frühere Kupfermühle, Walkmühle, Wollspüle und Färberei und am Westrand der Soers die Rahemühle, in der bis zum Ende des vergangenen Jahrhunderts Getreide gemahlen wurde.

5. Der Müschpark

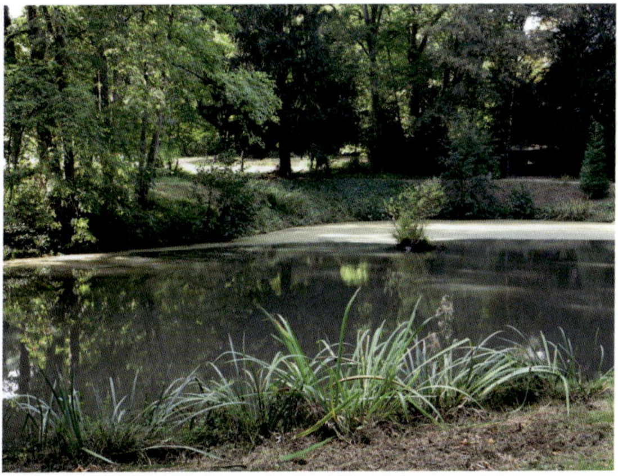

Auf dem Grundstück eines ehemaligen Gutes Müsch am nördlichen Fuß des Lousbergs wurde im 19. Jahrhundert eine Tuchfabrik betrieben. Später entstand ein Kloster St. Raphael an ihrer Stelle, danach ein Altenheim und in jüngster Zeit eine moderne Wohnresidenz.

Hinter diesen neuen „Raphaelshöfen" liegt im Anstieg zum Lousberg der Müsch-Park. Am Fuß des Hangs nehmen zwei Teiche das Wasser einer Schichtquelle aus dem Aachener und Vaalser Sand auf.

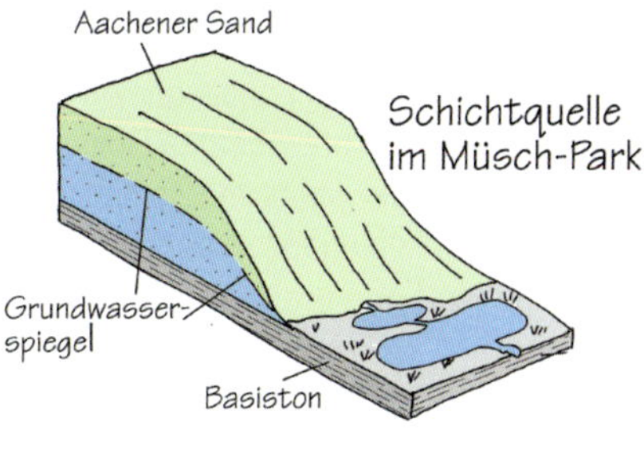

Im Mittelalter gingen aus solchen Schichtquellen am Nordhang des Lousbergs kleine Bäche hervor, die auf ihrem Weg in Richtung Wildbach zu ganzen Ketten hintereinanderliegender kleiner Fischteiche angestaut wurden. Fischteiche waren für die Fischzucht wichtig, um an Freitagen oder in der Fastenzeit den Fischbedarf in der Stadt Aachen zu decken.

6. Aussicht über die Soers

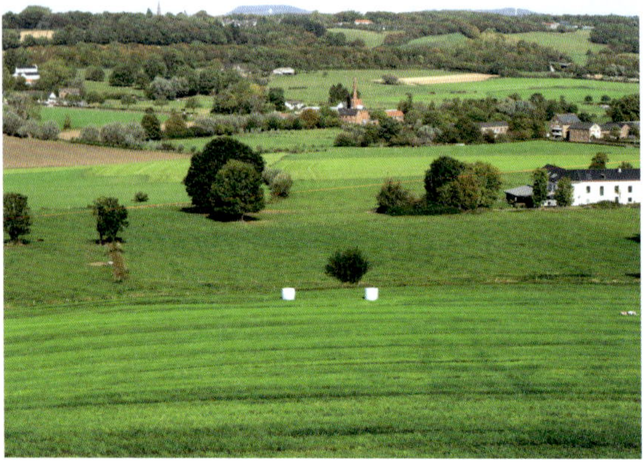

Von einer Tribüne mit Hängematten hat man einen weiten Blick über die mittlere Soers zwischen dem Strüverweg (rechts) und der Autoschnellstraße vor Laurensberg (links). Im vorderen Abhang werden die Felder und Wiesen von Aachener Sand unterlagert. In größeren Abständen erkennt man einzelne Quellnischen, trockene Rinnen und kleine Tälchen. Dahinter schließt der breite Talboden des Wildbachs an mit Gehöften, Feldern, Gärten und Industriebrachen. In Bachnähe überwiegen wegen gelegentlicher Überschwemmungen Wiesen und Weiden.

Jenseits des Wildbachs und der Autobahn dahinter steigt das Gelände steil zur Behrensberger Hochfläche an. Dort ist der Grundgebirgssockel der Soers mit seinen gefalteten Oberkarbon-Schichten mit Steinkohlenflözen entlang einer tektonischen Verwerfung (Richtericher Sprung) um etwa 50 Meter herausgehoben. Seine ursprünglichen kreidezeitlichen Deckschichten sind dort abgetragen.

Über der von Löss bedeckten Berensberger Hochfläche sind die Bergehalden der Alsdorfer Steinkohlengruben zu erkennen.

7. Aussichtspunkt Zwölf Apostel

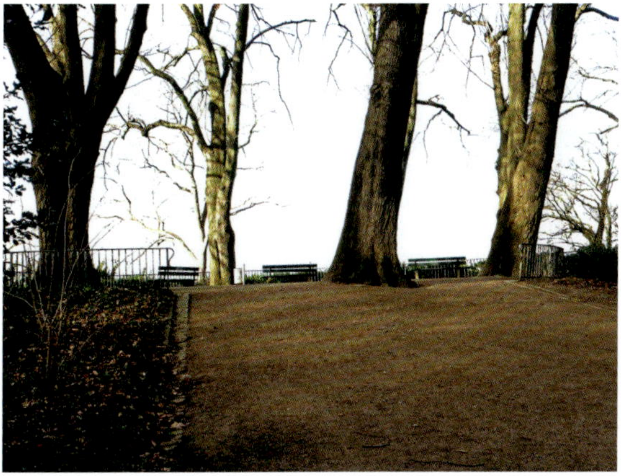

Bis zum Ende des 18. Jahrhunderts war der Lousberg eine teils beackerte, teils beweidete kahle Anhöhe vor den Toren der Stadt Aachen. Hier feierten die Aachener ihre Feste. Hier brachten sie sich vor dem großen Aachener Brand 1656 in Sicherheit. Von hier aus konnte ihre Stadt aber auch bei feindlichen Belagerungen beschossen werden.

In napoleonischer Zeit (1807) beschloss der Rat der Stadt Aachen eine Bepflanzung des Lousbergs nach Plänen des Düsseldorfer Gartenbauarchitekten Maximilian F. Weyhe. Tausende junge Bäume, hauptsächlich Linden, Eschen, Feldahorn, Waldkirschen und Zitterpappeln, aber auch Ulmen, Stechpalmen, Wacholder und Ebereschen wurden auf dem Lousberg gepflanzt. So entstand die heutige ausgedehnte Parkanlage mit einem vielfach verzweigten Wegenetz und abwechslungsreichem Baumbestand. Im Rahmen der Bepflanzung des Lousbergs wurde an seinem nordwestlichen Ende ein Kreuz aufgestellt, das von zwölf Lindenbäumen umgeben war. Das Kreuz ist nicht mehr vorhanden. Von den Lindenbäumen sind aber noch acht markante Exemplare erhalten.

Der Platz bietet eine breite Aussicht auf den Nordwestrand des Aachener Kessels der Laurensberger Höhe bis zum Schneeberg und Wachtelberg.

8. Im Eibenwäldchen

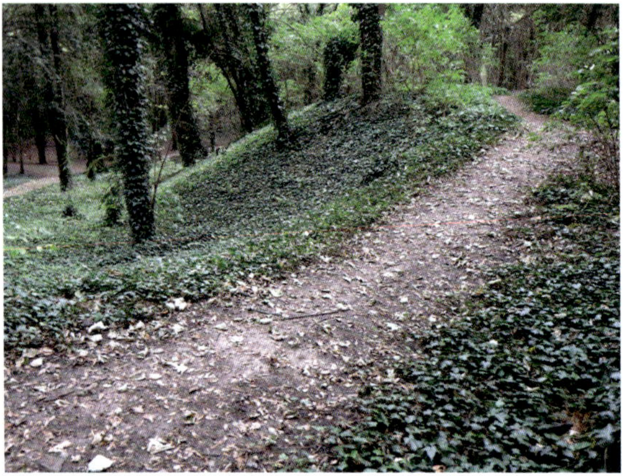

Vor dem ehemaligen Wasserturm auf dem Lousberg-Plateau (heute Drehcafé) trifft man in einem Eibenwäldchen auf ein durch Gruben und Erdhügel stark gegliedertes Gelände. Die Hügel bestehen hauptsächlich aus weißen und hellgrauen Kalksteinscherben und dazwischen einzelnen Feuersteinsplittern. Es handelt sich um die Abraumhalden eines ehemaligen Feuersteintagebaus, in dem während der Jungsteinzeit vor mehr als 4.500 Jahren Feuersteine abgebaut wurde.

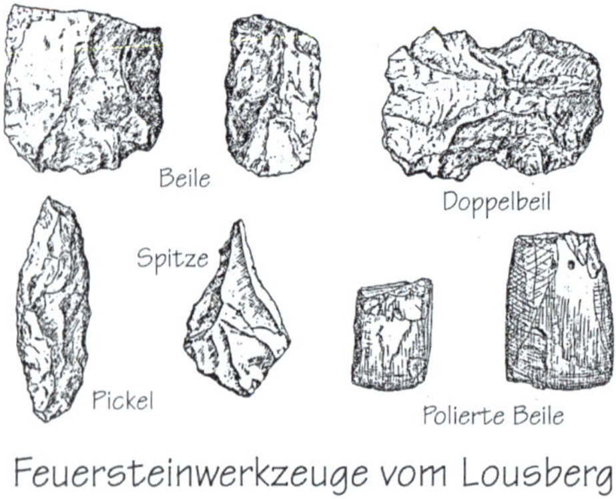

Feuersteinwerkzeuge vom Lousberg

9. Der Obelisk

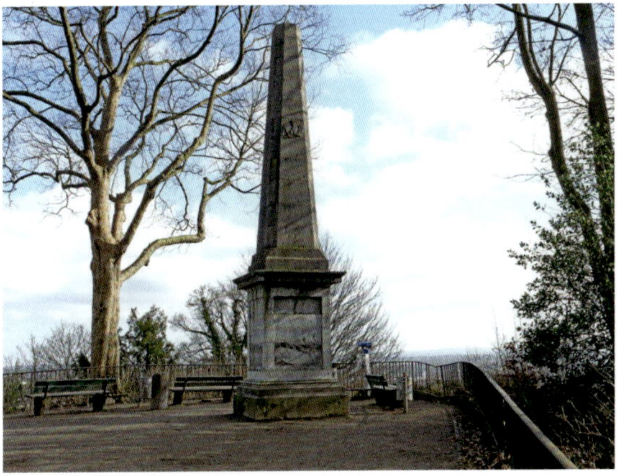

Die Südostspitze des Lousberg-Plateaus ist mit 264 Metern über dem Meeresspiegel seine höchste Stelle. Hier erinnert ein Obelisk aus Aachener Blaustein aus dem Jahr 1807 an den französischen Vermessungsoffizier Jean Joseph Tranchot (1752-1815). Dieser erhielt zu Beginn des 19. Jahrhunderts von Napoleon den Auftrag, eine erste genaue topographische Vermessung der damals neu an Frankreich angegliederten linksrheinischen Départements im Maßstab 1:20.000 durchzuführen. An der Stelle des heutigen Obelisken stand ursprünglich ein hölzerner Turm, der nach einer genauen astronomischen Standortbestimmung durch Tranchot im Jahre 1803 als Ausgangspunkt für das gesamte trigonometrische Messnetz der neufranzösischen Gebiete galt. Als der steinerne Obelisk im Jahr 1807 an der gleichen Stelle errichtet wurde, schloss man außer einer Kupferplatte mit geodätischen Daten auch eine Kassette mit Gold- und Silbermünzen sowie Bronzemedaillen mit ein. Nur zwei Tage nach Napoleons Abdankung am 2. April 1814 wurde der Obelisk von vermutlich Mecklenburger Soldaten umgestürzt und es wurden die Schätze gestohlen. Der preußische Generalmajor von Müffling, der nach 1814 die französischen Vermessungsarbeiten fortsetzte und vollendete, ließ den stark beschädigten Obelisken reparieren und an gleicher Stelle wieder aufstellen. Seither zeigt dieser auf seiner Rückseite einen preußischen Adler.

10. Die Blausteinsäulen des Belvedere

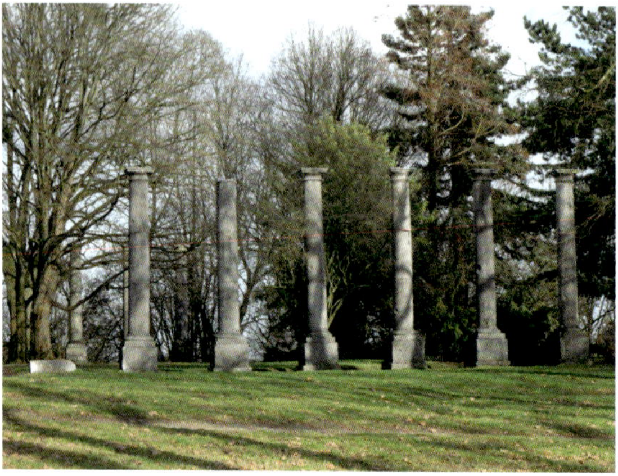

Etwa 30 Meter unterhalb des Obelisken sind auf einer breiten Terrasse zwei Reihen von je sechs hohen Steinsäulen aus Aachener Blaustein aufgestellt. Sie gehörten zu einem hier zu Beginn des 19. Jahrhunderts errichteten Gartenrestaurant „Belvedere", das für die Aachener Bürger und ihre Kurgäste lange Zeit zu einem gesellschaftlichen Treffpunkt und ein beliebtes Ausflugsziel wurde. Das erste Belvedere-Restaurant von 1810 brannte 1836 aus. Daraufhin entstand an derselben Stelle ein größeres und schöneres Gebäude mit den repräsentativen Säulenreihen. Dieses zweite Belvedere-Restaurant wurde im Zweiten Weltkrieg zerstört.

Auf der Stadtseite des Belvedere-Plateaus steht der sogenannte Kerstinsche Pavillon, nach seinem Erbauer auch Couven-Pavillon genannt. Ursprünglich stand der Bau um die Mitte des 18. Jahrhunderts als Gartenhaus auf dem Privatgrundstück einer Aachener Patrizierfamilie am Annuntiatenbach. In den Jahren 1905 bis 1907 wurde er, um dort Platz zu schaffen, aus der Innenstadt hierher transloziert.

Heute ist hier die Lousberg-Gesellschaft, ein Bürgerverein zur Erhaltung und Pflege des Parkdenkmals Lousberg, beheimatet.

11. Das Ehrenmal Marienburg

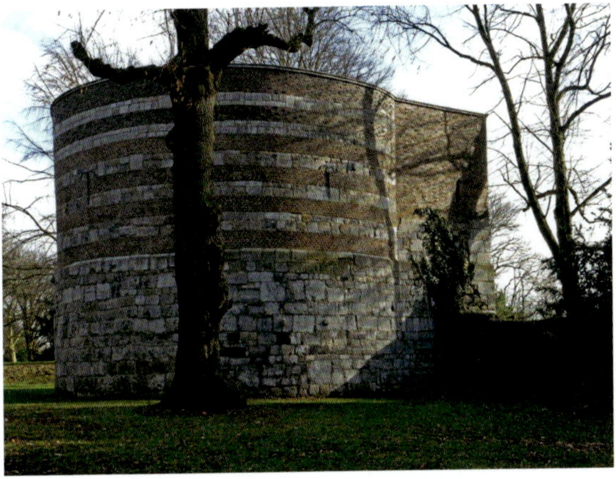

Im Mittelalter bestand hier, auf der vom Lousberg her besonders gefährdeten Seite der Stadt Aachen, ein Wachtturm, der sogenannte Breuerturm. Dieser Wachtturm wurde 1512 durch eine mächtige, zur Feindseite halbkreisförmige Bastion ersetzt, die genug Platz für die damals üblich gewordenen schweren Geschütze bot und deren 4 Meter dicke Wände besseren Schutz gegen feindliche Kanonenangriffe boten. Der Name Marienburg (auch Marienturm) erinnert an die Grundsteinlegung der neuen Bastion am Vorabend des Festes Maria Himmelfahrt am 14. August 1512.

1933 wurde die Marienburg zu einem Ehrenmal für die Opfer des Ersten Weltkriegs ausgebaut. Während des Zweiten Weltkriegs wurde sie schwer beschädigt, zwischen 1950 und 1955 aber wieder in ihren ursprünglichen Zustand versetzt.

Feuerstein-Bergbau auf dem Lousberg

Erste Hinweise auf einen steinzeitlichen Feuersteinabbau auf dem Lousberg gab der Aachener Geologe Ignaz Beissel schon 1877, als er bei der Umgestaltung des Berges zu einem Park zwischen Kalkschutt, Verwitterungslehm und Feuersteinsplittern auch zahlreiche zum Bearbeiten größerer Feuersteine hergerichtete Stücke von Hirschgeweihen fand. 1930 berichtete der Aachener Gymnasialprofessor und Heimatforscher Josef Liese über das Vorkommen großer Mengen von Feuersteinabfällen aus der Steinbearbeitung auf dem Lousberg-Plateau und seinen Steilhängen und auch über Funde von Steingeräten. Liese erkannte, dass es sich hier um eine mit dem jungsteinzeitlichen Feuersteinbergwerk Rijkholt bei St. Gertruid (Südlimburg) vergleichbare Lagerstätte handelte.

Grabungen zwischen 1979 und 1996 belegen, dass es sich bei dem jungsteinzeitlichen Abbau dieser Feuersteine im Gegensatz zu Rijkholt um einen reinen Tagebaubetrieb gehandelt hat. So setzte die Feuersteingewinnung am seitlichen Ausbiss der Kalksteinplatte des Lousberg-Plateaus an. Im Laufe der Zeit wurden große Teile der Platte bis auf eine nur geringmächtige, feuersteinfreie Basisschicht abgetragen. Die ursprüngliche Dicke der die Hochfläche des Lousbergs bildenden Kalksteinplatte aus Vetschauer Kalk wird auf annähernd 6 Meter geschätzt. Von diesen 6 Metern enthielten aber nur die oberen 4,5 Meter abbauwürdige Feuersteinlagen.

Der typische Lousberg-Feuerstein war ursprünglich dunkelgrau. Infolge einer sekundären Durchdringung mit Eisenoxid besitzt er heute aber meist eine schokoladenbraune bis braun-violette Farbe, an der er leicht wiederzuerkennen ist. Beilklingen vom Lousberg sind heute in vielen Museen und privaten Sammlungen des Rheinlandes zu finden. Auch in den nördlichen Niederlanden, in Belgien, im Trierer Land und weit nach Hessen hinein sind Funde von Werkzeugen aus Lousberg-Feuerstein bekannt.

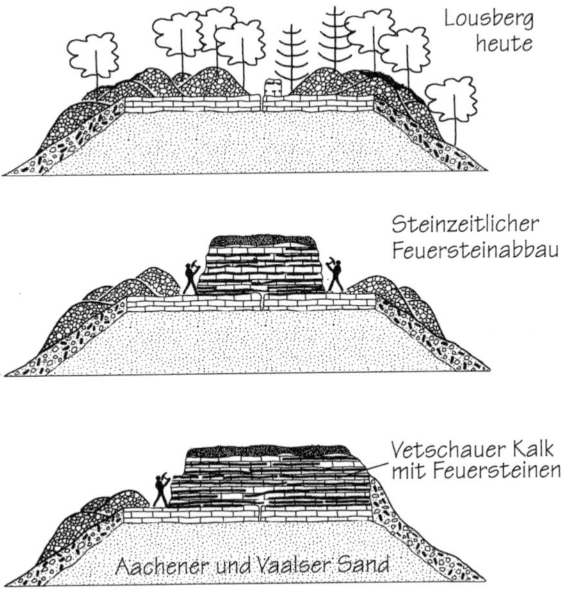

Jungsteinzeitlicher Feuerstein-Tagebau auf dem Lousberg

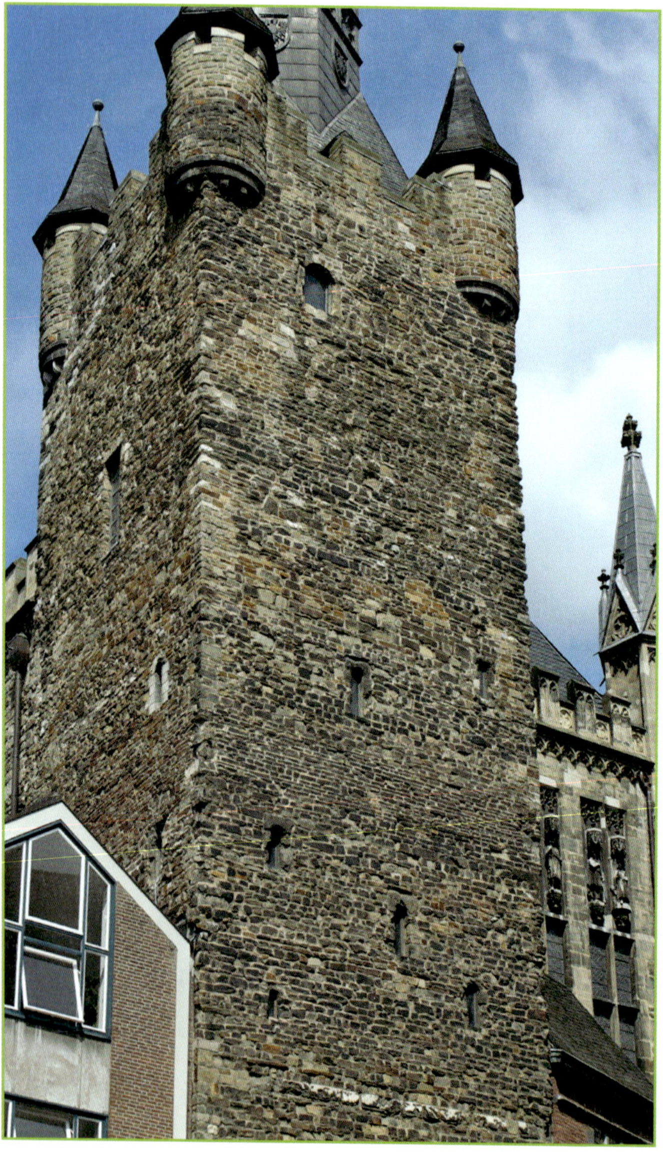

Etappe 6: Quer durch die Aachener Innenstadt

Start:
Bushaltestelle Ponttor, Linien 1, 1E, 3A, 3B ...

Ziel:
Bushaltestelle Hauptbahnhof, Linien 3A, 3B, 11, 13A ...

Länge der Wanderung: circa 3 Kilometer

Höhenunterschiede: 19 Meter

Dauer: 1 Stunde

Streckenverlauf:
Die Streckenwanderung startet am Ponttor und erschließt zunächst den nordwestlichen Teil der Aachener Innenstadt: Pontstraße, Barbarossamauer, Hochschulviertel. Nach der Talsenke des Johannisbachs geht es aufwärts zum Marktrücken mit Karlsbrunnen und Rathaus. Der Weg führt weiter über den Katschhof zum Dom und zur Aachener Thermalwasser-Quelllinie. Am Elisenbrunnen ist die Talsenke des Paubachs erreicht und es geht über die Theaterstraße und einige ihrer Seitenstraßen zum Hauptbahnhof.

GPX-Daten zur Etappe 6

Bild links: Der Granusturm

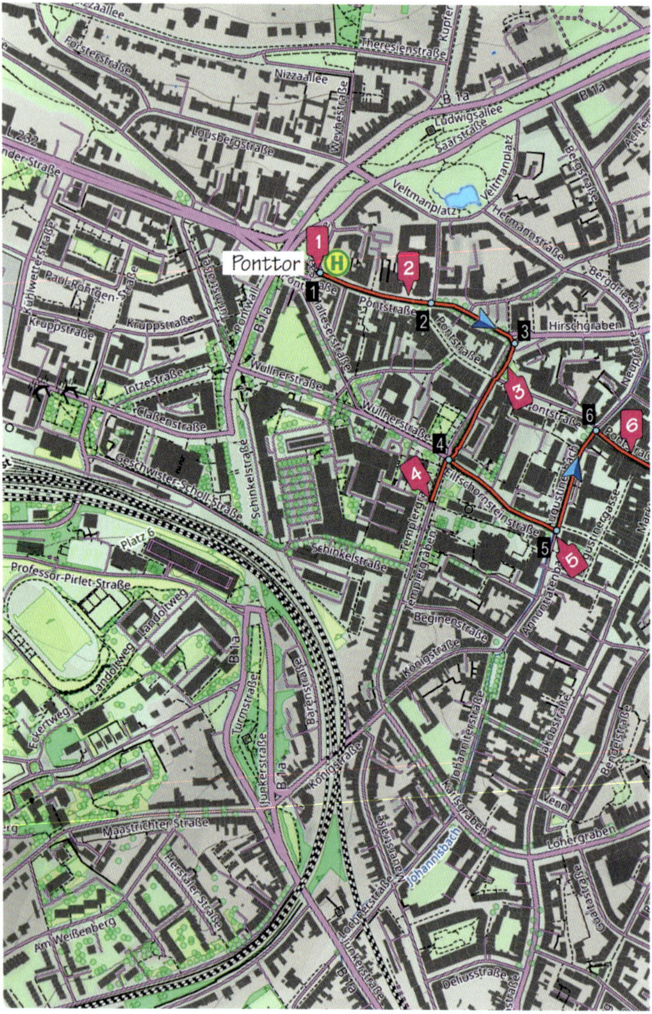
Ponttor
1
2
3
4
5
6
Nizzaallee
Försterstraße
Theresienstraße
Kupfer
Weyhestraße
B 1a
Ludwigsallee
Saarstraße
Lousbergstraße
L 232
Veltmanplatz
Hermannstraße
Bergstraße
Bergdriesch
Hirschgraben
Pontstraße
Pontwall
Turmstraße
Kühlwetterstraße
Paul-Röntgen-Straße
Kruppstraße
Intzestraße
Claßenstraße
Wüllnerstraße
Geschwister-Scholl-Straße
Schinkelstraße
Templergraben
Eilfschornsteinstraße
Augustinerbach
Augustinergasse
Annuntiatenbach
Neupforte
Platz 6
Professor-Pirlet-Straße
Landoltweg
Beginenstraße
Königstraße
Johanniterstraße
Jakobstraße
Benediktstraße
Bärenstraße
Eckertweg
Junkerstraße
Karlsgraben
Venn
Löhergraben
Maastrichter Straße
Herstaller Straße
Johannisbach
Lochnerstraße
Am Weißenberg
Deliusstraße
Mariahilfstraße

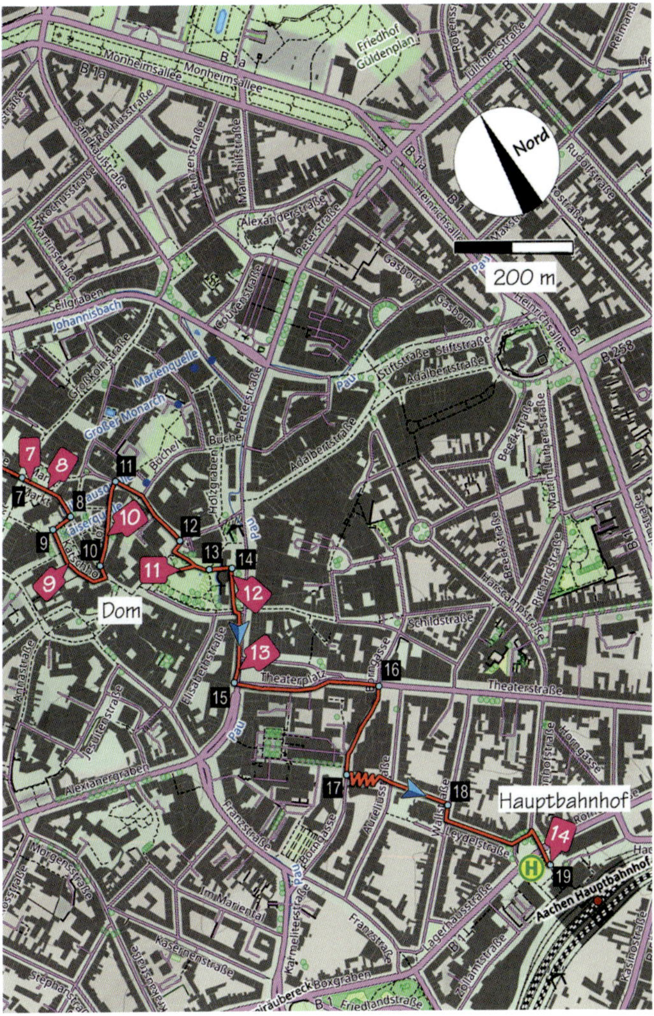
Friedhof Güldenplan
Monheimsallee
B 1a
Nord
200 m
Heinrichsallee
Alexanderstraße
Peterstraße
Gasborn
Seilgraben
Johannisbach
Couvenstraße
Marienquelle
Großer Monarch
Stiftstraße
Adalbertstraße
Büchel
Holzgraben
Pau
Kaiserquelle
Dom
Schildstraße
Theaterplatz
Theaterstraße
Elisabethstraße
Jesuitenstraße
Alexianergraben
Franzstraße
Aureliusstraße
Wallstraße
Leydelstraße
Hauptbahnhof
Aachen Hauptbahnhof
Lagerhausstraße
Zollamtstraße
Kasinostraße
Karmeliterstraße
Borngasse
Boxgraben
Friedlandstraße
Im Mariental
Kasernenstraße
Morgensstraße
Stephanstraße
Harscampstraße
Beeckstraße
Martin-Luther-Straße
Richardstraße
Heinzenstraße
Mariahilfstraße
Sandkaulstraße
Rochusstraße
Martinstraße
Großkölnstraße
Jülicher Straße
Rudolfstraße
Maxstraße
Annastraße
Horngasse
B 258
B 1
7
8
9
10
11
12
13
14
15
16
17
18
19

Wegweiser

1	Vom Ponttor aus auf der Pontstraße in Richtung Innenstadt gehen.
2	In Höhe der Heilig-Kreuz-Kirche sich links halten und dem Pontdriesch geradeaus folgen.
3	Nach rechts in den Templergraben abbiegen, die Straße queren und dem Templergraben weiter in Richtung Wüllnerstraße folgen.
4	Nach einem kurzen Abstecher in Richtung RWTH-Hauptgebäude nach links der Eilfschornsteinstraße in Richtung Innenstadt folgen.
5	Dem Johannisbach nach links bis zur Pontstraße folgen.
6	Auf der Pontstraße nach rechts aufwärts in Richtung Markt gehen.
7	Den Marktplatz queren und links am Rathaus vorbei in Richtung Krämerstraße gehen.
8	Am Beginn der Krämerstraße nach rechts in den Katschhof abbiegen.
9	Auf dem Katschhof in Richtung Dom gehen und unmittelbar vor dem Dom nach links zur Krämerstraße durchgehen und dort noch einmal links zum Puppenbrunnen gehen.
10	Am Puppenbrunnen nach rechts in den Hof gehen, diesen queren und durch die Körbergasse zum Büchel gehen.
11	Am Büchel rechts abbiegen und zuerst dem Büchel und dann der Buchkremerstraße bis zur Ursulinerstraße folgen.
12	Die Ursulinerstraße queren und nach einem Abstecher zur „Archäologischen Vitrine" durch den Elisengarten bis zur Rückfront des Elisenbrunnens gehen.
13	Durch eine Tür im Seitenflügel des Elisenbrunnens nach rechts zum Friedrich-Wilhelm-Platz gehen.
14	Vom Friedrich-Wilhelm-Platz aus dem Kapuzinergraben nach rechts in Richtung Theatervorplatz folgen.
15	Vom Theatervorplatz aus rechts am Theater vorbei zur Theaterstraße gehen und dieser bis zur ersten Ampel folgen.
16	Nach rechts in die Borngasse einbiegen und dieser folgen.
17	Auf einer breiten Treppe aufwärts bis zur Aureliusstraße aufsteigen; dort weiter geradeaus bis zur Wallstraße gehen.
18	Einige Meter nach rechts versetzt in gleicher Richtung der Leydelstraße bis zum Bahnhofsvorplatz folgen.

Der Untergrund

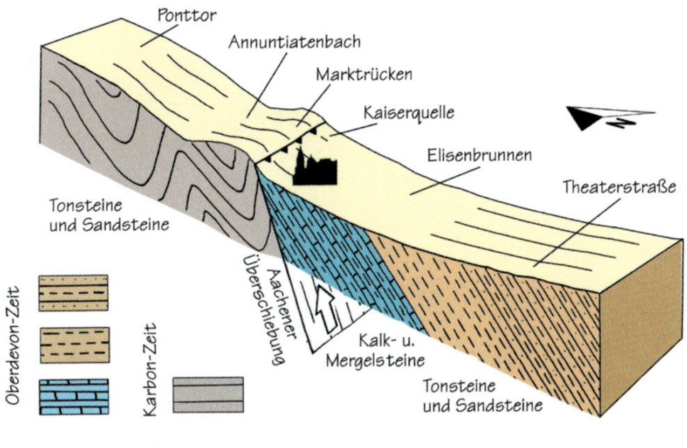

Geologischer Schnitt durch die Aachener Innenstadt

In der Aachener Innenstadt sind die Kreide-Deckschichten des Aachener Kessels durch nach Nordosten fließende Bäche vollständig entfernt. Auch im darunter liegenden Grundgebirge haben die Pau und der Johannisbach bereits flache Muldentäler ausgeräumt. Das ursprüngliche Pau-Tal folgt einem Zug von nach Südosten geneigten, wenig festen Tonsteinen der mittleren Oberdevon-Zeit. An sie schließen sich nach Südosten jüngere Sandsteine an, die einen deutlichen morphologischen Anstieg bedingen.

Nach Nordwesten bilden Kalk- und Mergelsteine einen flachen Anstieg in Richtung Marktrücken. Gegen dessen Sandsteine und Tonsteine der frühen Oberkarbon-Zeit sind sie durch die Aachener Überschiebung begrenzt. Die Gesteinszerrüttung entlang dieser Verwerfung ermöglicht heute den Aufstieg des Aachener Thermalwassers. Die Oberkarbon-Tonsteine und -Sandsteine des Marktrückens und weiter nördlich sind zu mehreren Sätteln und Mulden verfaltet.

1. Das Ponttor am Ausgang Pontstraße

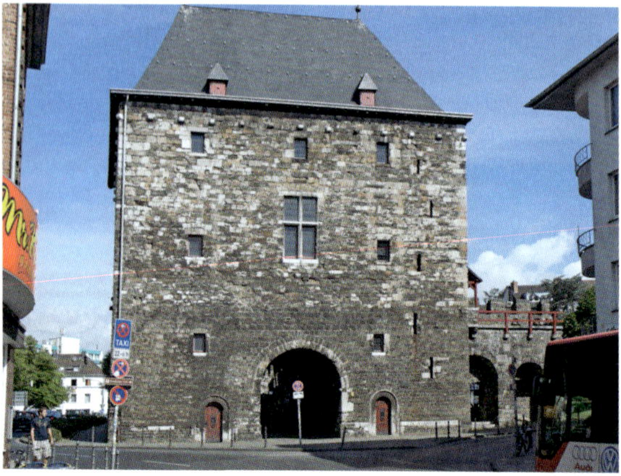

Das Ponttor war eines von zehn Toren des 5.400 Meter langen Äußeren Befestigungsrings der Stadt Aachen. Es wurde in der zweiten Hälfte des 13. Jahrhunderts in zwei Bauabschnitten errichtet. Dem Haupttor mit der spitzbogigen Durchfahrt ist eine Vorburg vorgelagert.

Nach dem Aachener Stadtbrand von 1656 wurden einige Veränderungen vorgenommen, um das Bauwerk vor dem Verfall zu bewahren. 1907 wurde die Toranlage noch einmal aufwändig renoviert. Dabei wurde, wie auch später bei der Wiederhertellung nach ihrer teilweisen Zerstörung im Zweiten Weltkrieg, viel altes Baumaterial wiederverwendet.

Der untere Teil des Ponttors ist überwiegend mit besonders harten Sandsteinen, sogenannten Findlingsquarziten, und Kohlesandsteinen verkleidet. Für den Sockel und die Tor- und Fenstergewände in den oberen Stockwerken des Turms wurde hauptsächlich Aachener Blaustein verwendet.

2. Barockfassade der Pfarrei Heilig Kreuz

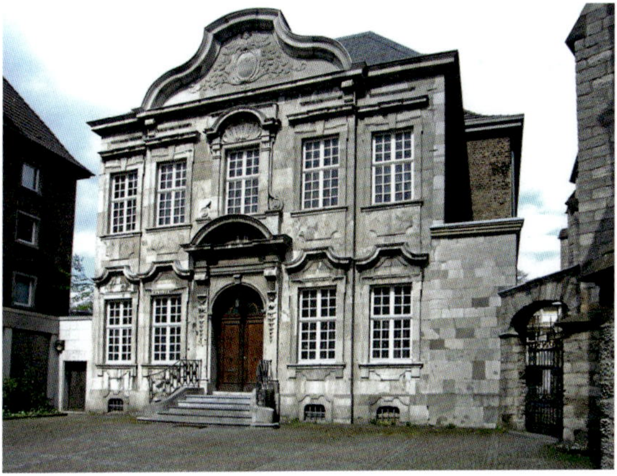

Die Pontstraße ist eine der ältesten Straßen der Stadt Aachen. Ihre alten Häuser sind allerdings zum ersten Mal dem Stadtbrand von 1656 und dann noch einmal den Bomben des Zweiten Weltkriegs zum Opfer gefallen.

Nach dem Zweiten Weltkrieg wurde die im Jahr 1738 entstandene Barockfassade des Pfarrhauses der Heilig-Kreuz-Kirche wieder vollständig restauriert. Von der geschwungenen Eingangstreppe über das reichlich geschmückte Portal und die verzierten Fensterfronten bis zum breit ausladenden Giebel ist sie ganz in Aachener Blaustein ausgeführt.

Auch auf der gegenüberliegenden Straßenseite sind die Blaustein-Fachwerkfassaden einiger schmaler Giebelhäuser wiederhergestellt.

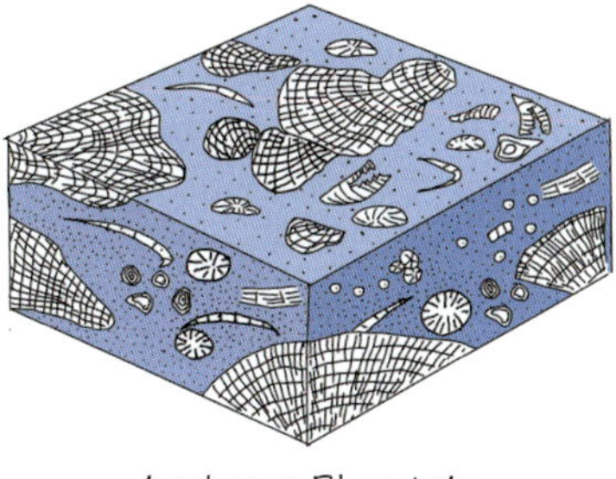

Aachener Blaustein
mit Fossileinschlüssen

3. Die Barbarossamauer

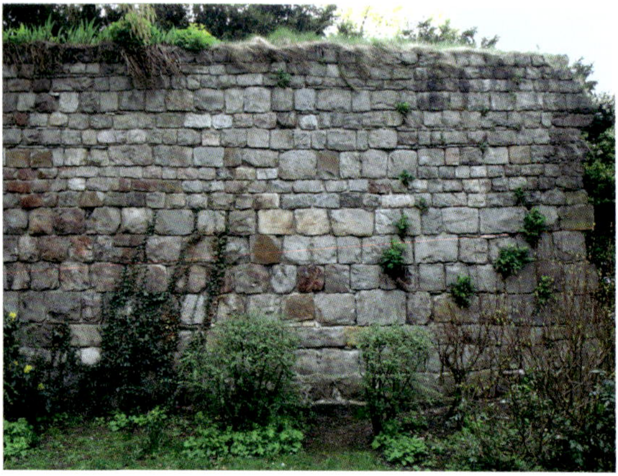

Die Barbarossamauer bildete den Inneren Befestigungsring der Stadt Aachen. Die Mauer entstand zwischen 1171 und 1174. Kaiser Friedrich I. Barbarossa hatte mit dem Befestigungsrecht die Aachener Bürger verpflichtet, innerhalb von vier Jahren eine feste Mauer zu errichten. Die neue 2,5 Kilometer lange und 4,5 Meter hohe Mauer bestand außen und innen aus mit Mörtel verfugten, besonders harten Sandsteinquadern. Der Raum dazwischen war hauptsächlich durch eine Mergelschüttung mit hohem Mörtelanteil aufgefüllt. Die Dicke der Mauer schwankte zwischen 1,5 und 2,5 Metern. Vor der Mauer war ein bis 25 Meter breiter und 5 Meter tiefer Stadtgraben ausgehoben.

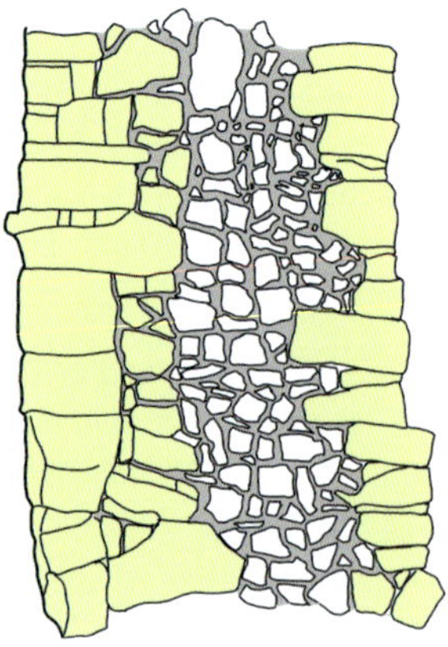

Querschnitt Barbarossamauer (Mauerschale und Füllung)

4. Das Hauptgebäude der RWTH Aachen von 1870

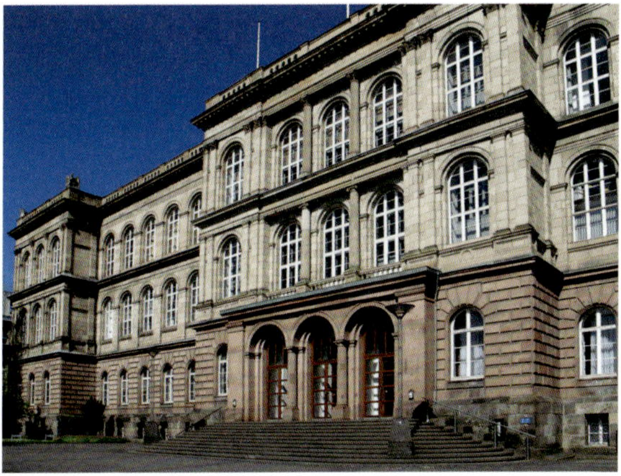

Die Rheinisch-Westfälische Technische Hochschule Aachen wurde 1870 als Königlich Rheinisch-Westfälische Polytechnische Schule zu Aachen begründet. Aus dieser Zeit stammt ihr heutiges, im Stil der Neurenaissance errichtetes Hauptgebäude am Templergraben. Sein hoher dreiflügeliger Backsteinbau ist über einem schwarzen Basaltsockel im Erdgeschoss mit blass rotem Trierer Buntsandstein verkleidet. Die beiden Obergeschosse sind rundum mit hellen Römertuff-Platten aus dem Brohltal verblendet.

Die RWTH Aachen ist heute mit mehr als 45.000 Studierenden eine der größten Universitäten für technische Studiengänge in Deutschland. Ihre Instituts- und Verwaltungsgebäude sind heute auf drei Kernbereiche verteilt: einen Zentralbereich im nordwestlichen Teil der Aachener Innenstadt zwischen Stadtzentrum und Westbahnhof, der Campus West zwischen Westbahnhof und der Hörn und der Campus Melaten (mit dem Universitätsklinikum) zwischen dem Pariser Ring und Seffent.

Die RWTH Aachen ist heute ein bedeutender Wirtschaftsfaktor für Aachen und die Region. Sie zieht viele kleine, aber auch große und bedeutende Unternehmen an. Sie selbst ist ein attraktiver Arbeitgeber und die meisten ihrer Studierenden wohnen in der Stadt.

5. Die Wespienhaus-Fassade

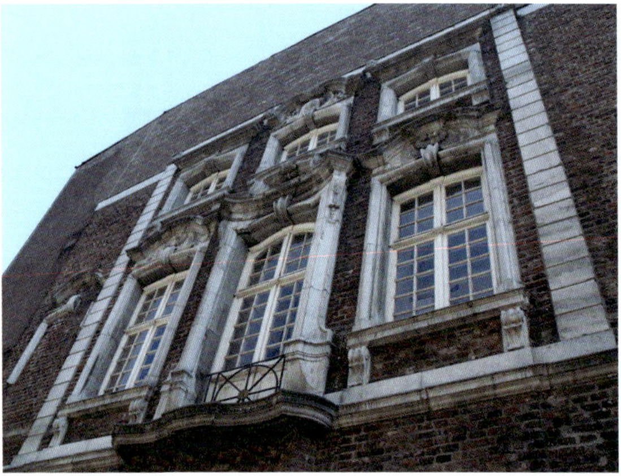

In die Ziegelsteinmauer der Rückseite des Kaiser-Karl-Gymnasiums sind Blausteinelemente einer Barockfassade eingelassen, die 1737 von Johann Joseph Couven für das Haus des Aachener Tuchhändlers und Bürgermeisters Johann von Wespien in der Kleinmarschierstraße entworfen worden war.

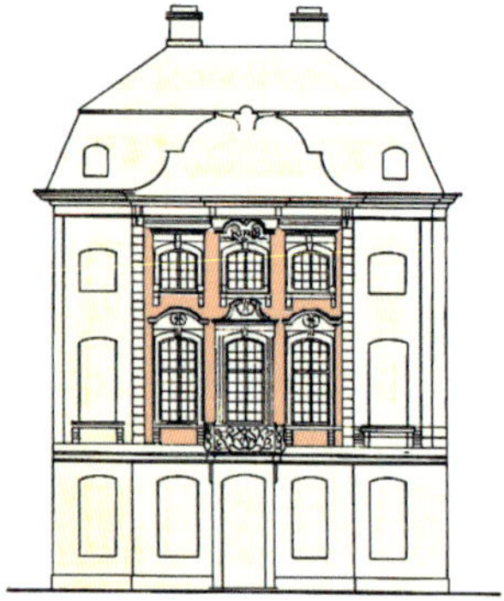

Die ehemalige Wespienhaus-Fassade

Nach der Zerstörung der Aachener Innenstadt durch Bombenangriffe im Zweiten Weltkrieg kam für das im Stil des Hochbarock errichtete Gebäude ein Wiederaufbau im alten Stil nicht mehr in Frage. Zwar hatten seine wertvollsten Naturstein-Bauteile aus den Ruinen in der Kleinmarschierstraße geborgen werden können. Als das Grundstück dort aber geräumt werden musste, wurden sie ohne Funktion an ihren heutigen Ort transloziert. Eine unter Städtebauern und Denkmalschützern heute durchaus kontrovers diskutierte Entscheidung.

6. Das Große Haus von Aachen

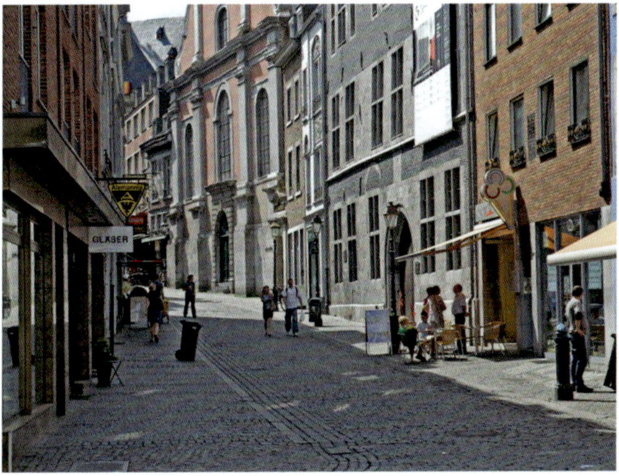

In der unteren Pontstraße liegt rechts das heutige Zeitungsmuseum. 1495 als Privathaus erbaut, beherbergte es als sogenanntes Großes Haus von Aachen lange Zeit die Aachener Galmei-Börse. Später wechselte seine Nutzung zwischen Weinhandel, Stadtwaage, Zollhaus, Polizeistation und Gefängnis. Die Fassadenbekleidung aus Aachener Blaustein reicht bis über das Mittelgeschoss. Auch seine Kreuzstockfenster und der runde Torbogen sind daraus gearbeitet.

Eine kurze Strecke weiter folgt die heutige Aula Carolina, früher Katharinenkirche. Nach dem großen Stadtbrand von Aachen 1656 war sie als Klosterkirche des Augustinerordens in barockem Stil wiederaufgebaut worden.

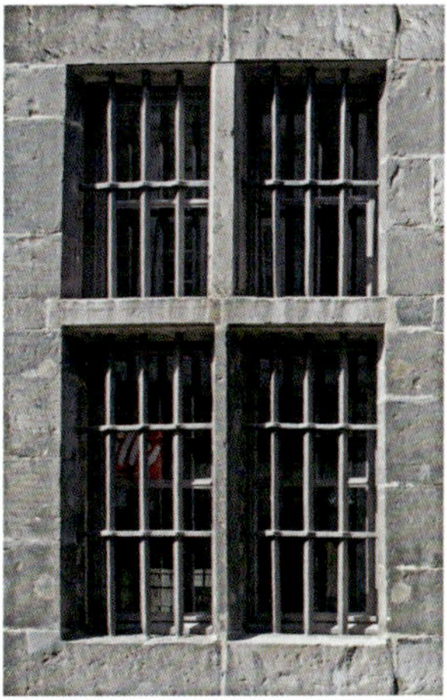

Kreuzstockfenster

7. Der Aachener Marktbrunnen

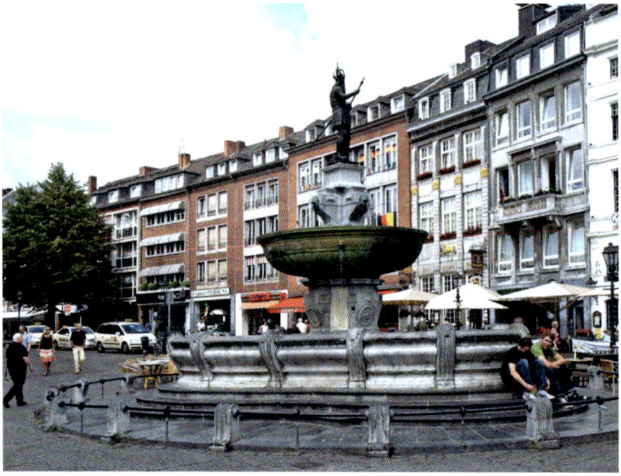

Auf der Höhe des Marktrückens steht mitten auf dem Marktplatz der Marktbrunnen („Karlsbrunnen"). Sein großes, in barockem Stil weit geschwungenes Blausteinbecken entstand 1735 nach einem Entwurf des damaligen Stadtbaumeisters Johann Joseph Couven. Die Messingstatue Karls des Großen wurde in der Stadt Dinant gegossen. Das schwere Messingbecken wurde 1680 von Aachener Messingschmieden hergestellt.

Der Aachener Marktplatz ist ein großes Dreieck. Auch in Richtung Dom treffen viele Gassen spitzwinklig aufeinander, sodass auch dort zahlreiche dreieckige Plätze bestehen. Hier überlagert sich das rechtwinklige römische Wegenetz, das sich an dem Südost-Nordwest-Verlauf des Marktrückens orientierte, mit der West-Ost-Ausrichtung karolingischer Gebäude wie der Marienkapelle und der Königshalle und ihren von Norden nach Süden verlaufenden Verbindungswegen.

8. Die Rathausfassade

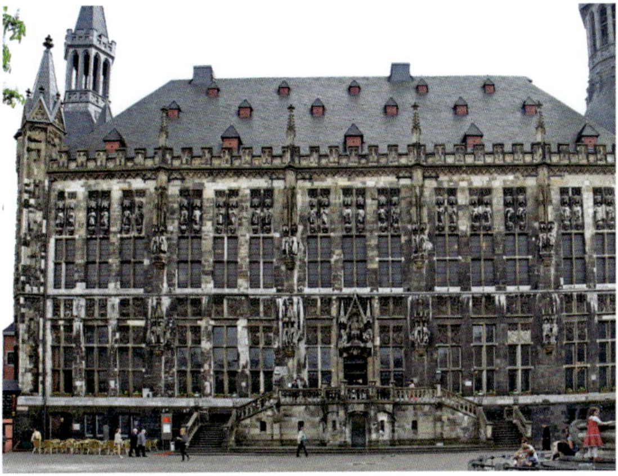

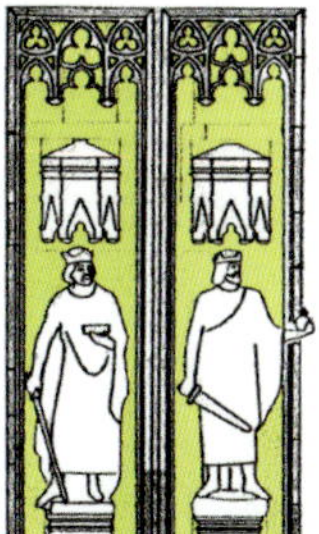

Das heutige Rathaus wurde in der ersten Hälfte des 14. Jahrhunderts in gotischem Stil auf den Fundamenten der ehemaligen karolingischen Königshalle errichtet. Nach dem großen Stadtbrand 1656 wurde es zunächst in barockem Stil wiederaufgebaut. Im 19. Jahrhundert wurde seine Fassade regotisiert.

Über einem Sockelgeschoss aus schwarzen Basaltquadern besteht sie in der Fläche hauptsächlich aus Aachener Blaustein, in der rechten Hälfte auch teilweise aus Sandsteinen. Beide sind heute allerdings stark verschmutzt. Weiter rechts beschließt der halbrunde Marktturm die Front.

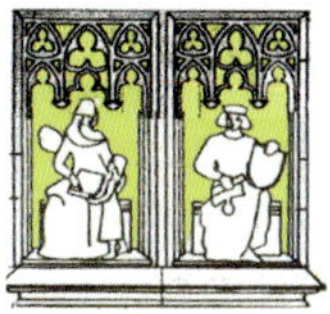

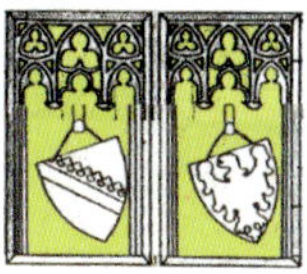

Die Fassade ist mit reichem Figurenschmuck ausgestattet: in der obersten Reihe 55 Statuen deutscher Kaiser und Könige, in einer unteren Reihe Wappen der Kurfürstentümer und Freien Reichsstädte und dazwischen Reliefdarstellungen der Künste, Fakultäten und Zünfte.

9. Der Katschhof

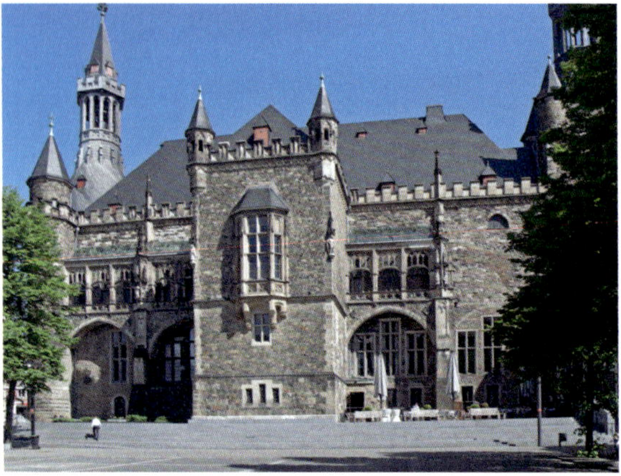

Der Name dieses großen rechteckigen Platzes soll von Kax (Katz), einer alten Bezeichnung für Schandpfahl kommen, der hier einmal vor einem Gerichtsgebäude gestanden hat. Im Norden ragt die neugotische Front des Rathauses auf. Nach Süden wird der Platz von der reich gegliederten Domgruppe begrenzt.

Nur in der rechten Hälfte der Südfront des Rathauses sind unterhalb der Kreuzstockfenster noch Reste des ursprünglichen karolingischen Mauerwerks der ehemaligen Königshalle erhalten. Die Bruchsteinmauern um die verschieden großen Kreuzstockfenster herum entstanden erst später, beim Wiederaufbau der mittelalterlichen Königshalle zum gotischen Rathaus im 14. Jahrhundert. Der Treppenvorbau in der Mitte der Südfassade und die Steinbögen rechts und links davon wurden im 19. Jahrhundert hinzugefügt.

Die breite Freitreppe aus Aachener Blaustein vor der Südseite des Rathauses entstand erst in jüngster Zeit. Auf ihren Stufen erkennt man viele weiße Anschnitte von Muscheln, Korallen und Stielgliedern von Krinoiden (Seelilien) aus der Unterkarbon-Zeit.

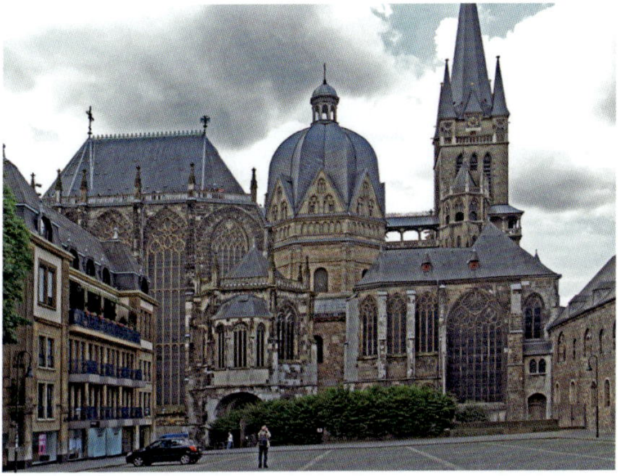

Der Aachener Dom auf der Südseite des Katschhofs ging aus einer karolingischen Pfalzkapelle hervor, die um 800 nach Christus über einem ehemaligen römischen Thermalbad auf der Südseite des Marktrückens erbaut worden war. Ihr zentrales Oktogon und ein umgebendes Sechzehneck wurden im 15. Jahrhundert durch eine hohe gotische Chorhalle und einen Kranz von Seitenkapellen ergänzt. In einer Phase der Barockisierung des Doms erhielt das Oktogon sein Haubendach. Der heutige Westturm entstand erst in der zweiten Hälfte des 19. Jahrhunderts. Seit Ende des Zweiten Weltkriegs werden am Aachener Dom sowohl innen als auch außen umfangreiche Sanierungsarbeiten durchgeführt.

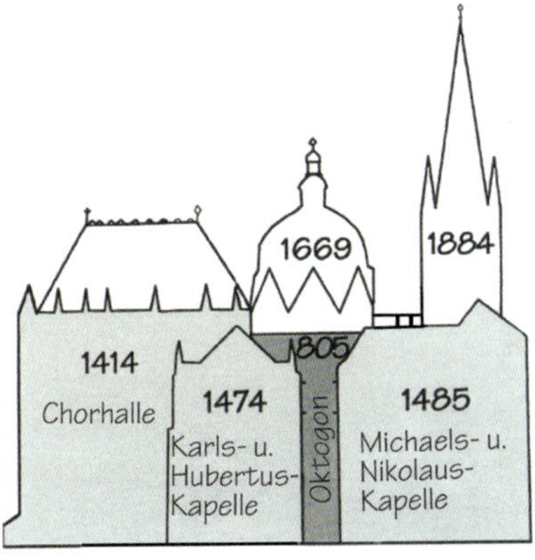

Der Aachener Dom

Der heutige Aachener Dom ging aus einer Marienkapelle hervor, die Karl der Große zwischen 793/94 und 813 nach Christus im südlichen Anschluss an seine Königshalle über einer ehemaligen römischen Therme bauen ließ. Bis heute erhalten geblieben sind der Westbau als Eingangshalle und das Oktogon mit seinem sechzehneckigen Umgang.

Da im 14. Jahrhundert die Zahl der Aachenpilger stark zunahm, wurde die Kirche zwischen 1355 und 1414 durch den Anbau einer hohen gotischen Chorhalle erweitert. Gleichzeitig wurde der Westbau im gotischen Stil ausgebaut und das Sechzehneck des Zentralbaus bekam einen gotischen Kapellenkranz. Der erste Anbau war 1370 ein Vorgängerbau der Ungarnkapelle gewesen. Im frühen 15. Jahrhundert kamen die Matthiaskapelle und in der Mitte des 15. Jahrhunderts die Annakapelle dazu. Im weiteren Verlauf des 15. Jahrhunderts folgten die Karls- und die Hubertuskapelle auf der Dom-Nordseite.

Mit dem Aufstieg Aachens zu einem europäischen Modebad im 18. Jahrhundert begann eine Barockisierung des Doms. Das Innere des karolingischen Kernbaus und auch der Chor wurden nach dem Geschmack der Zeit umgestaltet. Das Oktogon erhielt sein heutiges hohes Haubendach und auf der Südseite entstand zwischen 1765 und 1767 ein barocker Nachfolgebau der inzwischen baufällig gewordenen Ungarnkapelle. 1788 wurde der bis dahin offenen Eingangshalle des Westturms ein barockes Portal aus Aachener Blaustein vorgesetzt.

Um die Mitte des 19. Jahrhunderts begann dann eine systematische Restaurierung des zentralen Sechzehnecks, der Chorhalle und auch des Kapellenkranzes. 1884 erhielt der Westbau seinen heutigen neoromanischen Turmaufsatz.

Wegen seiner besonderen architekturgeschichtlichen Bedeutung wurde der Aachener Dom 1978 als erste Kulturstätte Deutschlands in die UNESCO-Welterbeliste aufgenommen.

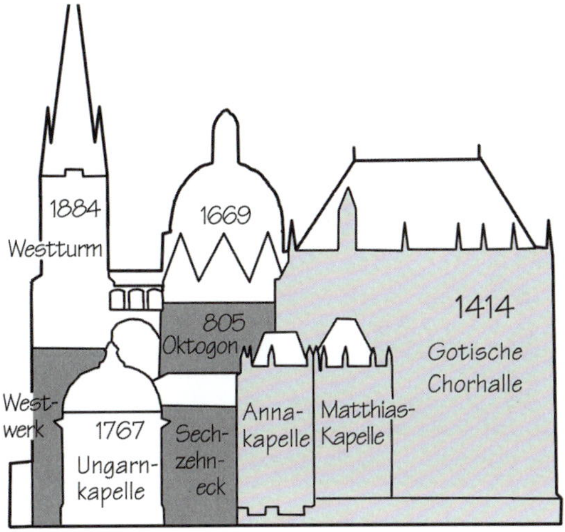

Dom Südseite (Münsterplatz)

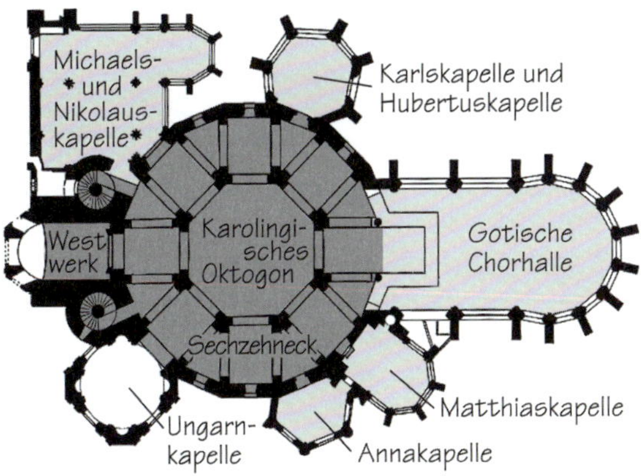

Dom Grundriss

10. Römische Arkaden im Hof

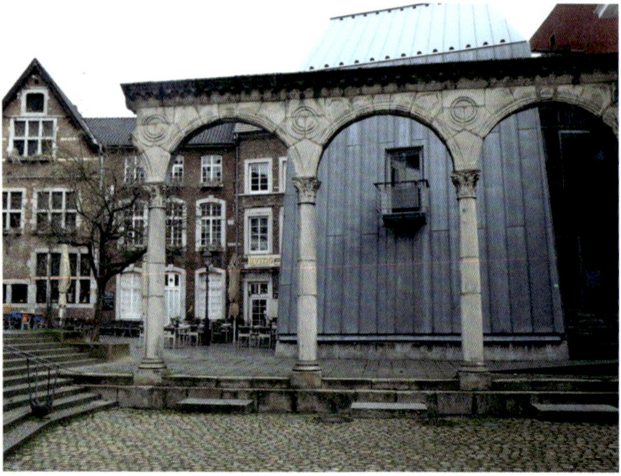

In einer flachen Talmulde vor dem Südhang des Marktrückens liegen die Quirinus-Quellen im Hof und die Kaiserbad-Quelle am Büchel. Römische Mauerreste aus dem 1. Jahrhundert nach Christus belegen, dass bereits das römische Militär die Heilwirkung des hier bis 52 °C heißen Thermalwassers zu schätzen wusste. Im Hof bestand um die Quirinus-Quellen ein den Nymphen gewidmetes Quellheiligtum. Zu ihm gehörte auch eine bis heute erhaltene Arkadenanlage aus der Zeit des Übergangs vom 2. zum 3. Jahrhundert vor Christus. Ihre Säulen, Kapitelle und Rundbögen waren aus Herzogenrather Sandstein gemeißelt. Die Originale befinden sich heute im Foyer des Rheinischen Landmuseums in Bonn.

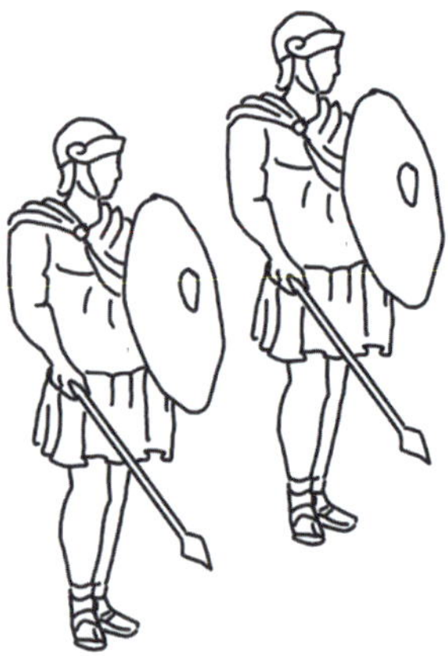

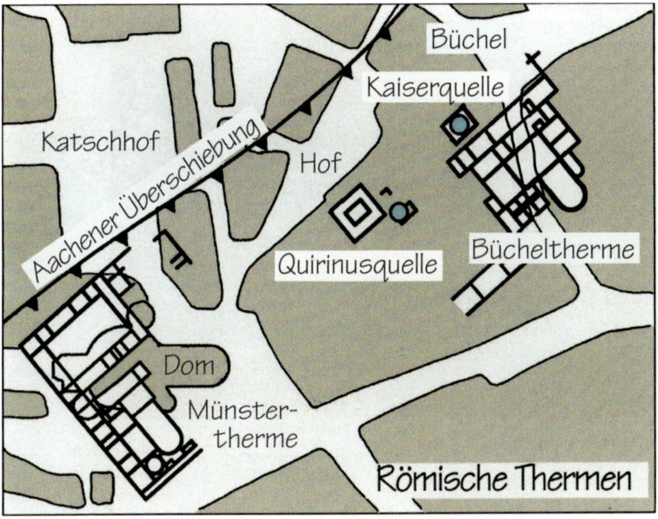

Über der Kaiserbad-Quelle sind heute die Grundrisse einer römischen Bücheltherme bis in viele Einzelheiten bekannt. Eine von Karl dem Großen über dieser Bücheltherme wieder eingerichtete Badeanlage galt bis ins Mittelalter hinein als Königsbad.

Bis in das 20. Jahrhundert bestand hier beiderseits des Büchel ein Badebezirk mit noblen Kurhotels wie dem Kaiserbad, dem Bad der Königin von Ungarn und dem Palasthotel Großer Monarch. Heute hat sich der Badebetieb aus dem Stadtzentrum in die Carolus-Therme in der Passstraße verlagert.

11. Eine archäologische Vitrine

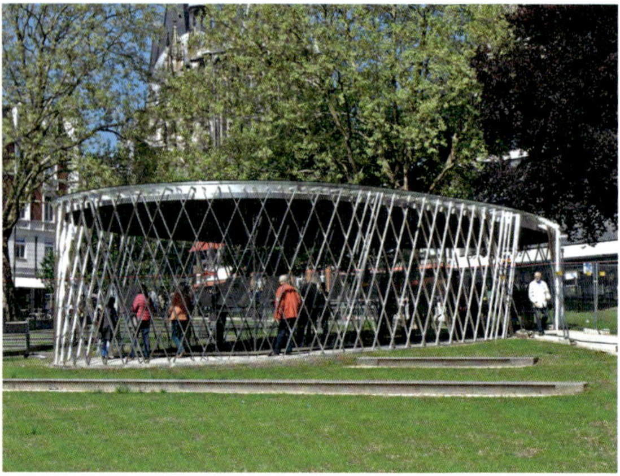

Ein etwa 60 Quadratmeter großer gläserner Rundbau zeigt einen kleinen Ausschnitt eines ursprünglich rund 1.000 Quadratmeter großen archäologischen Grabungsfeldes im Elisengarten. Unter anderem wurden Belege dafür gefunden, dass bereits Steinzeitmenschen, die um etwa 3500 vor Christus am Lousberg Feuersteine abbauten, hier im heutigen Zentrum von Aachen lebten.

Zu den freigelegten Mauerresten gehörten vor allem solche aus römischer und karolingischer Zeit sowie auch aus dem Hochmittelalter. Danach blieben die Römer offensichtlich bis ins 5. Jahrhundert in Aachen. Für sie war der Ort nicht nur Heilbad, sondern eine richtige Kleinstadt mit prunkvollen Großbauten. Auch in merowingischer Zeit (450-750 nach Christus) war Aachen wohl durchgängig besiedelt.

12. Am Elisenbrunnen

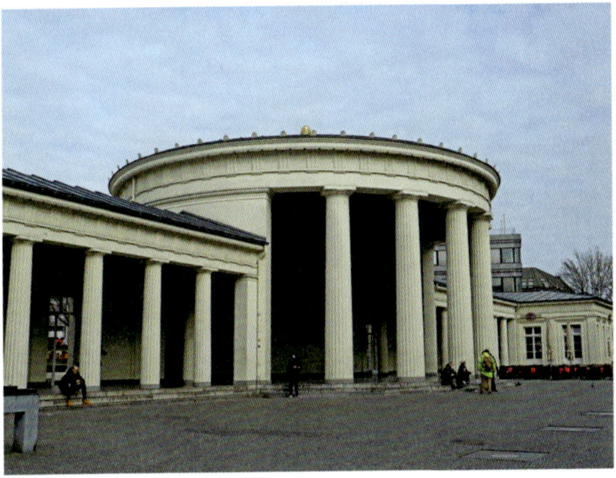

Der von dorischen Säulen getragene Rundbau und die seitlichen Wandelhallen des Elisenbrunnens aus dem Jahr 1826 wurden nach ihrer fast vollständigen Zerstörung im Zweiten Weltkrieg in ihrem ursprünglichen klassizistischen Stil wiederaufgebaut. Aus zwei Wasserkränen fließt ständig heißes, nach Schwefelwasserstoff riechendes Aachener Thermalwasser aus der Kaiserquelle am Büchel. Ursprünglich wurde das Thermalwasser in einem Untergeschoss der Rotunde ausgeschenkt, zu dem zwei bogenförmige Treppen von links und rechts hinabführten.

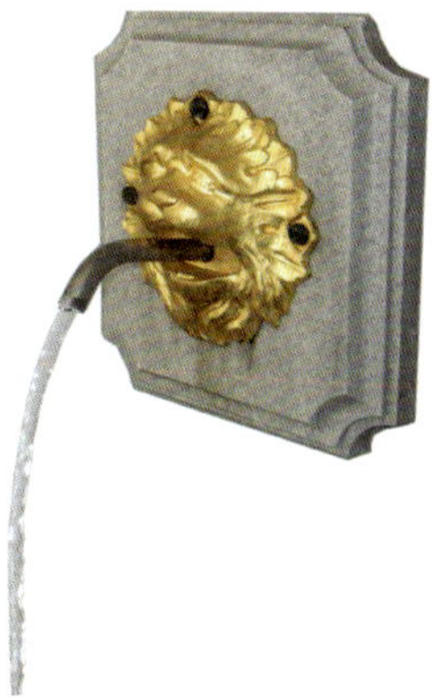

Zwei Marmortafeln erinnern heute an prominente Kurgäste, die hier das Wasser der Kaiserquelle tranken: unter anderen Peter der Große, Friedrich der Große, Giacomo Casanova und Georg Friedrich Händel.

13. Das Stadttheater

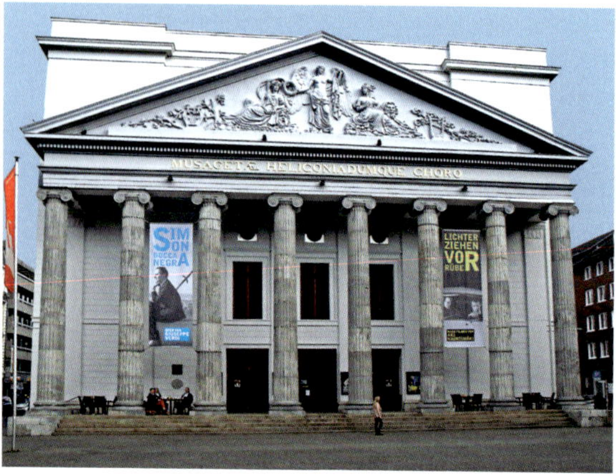

Das Aachener Stadttheater wurde 1825 nach den Plänen Johann Peter Cremers und Karl Friedrich Schinkels neu erbaut. Seine Vorhalle zeigt über die ganze Breite acht kannellierte ionische Säulen aus massivem Aachener Blaustein. Im dreieckigen Giebelfeld ist in der Mitte ein weiblicher Genius mit Flügeln, links die Muse der Tragödie und rechts die Muse der Komödie dargestellt.

Nach der darunter angebrachten lateinischen Inschrift *Musagetae Heliconiadumque Choro* („Dem Dirigenten und dem Chor der Helikoniaden“) ist das Theater dem Apoll und dem Chor der Musen des Helikon geweiht.

Dem Theater gegenüber steht heute eine Bronzeplastik „Fröhlicher Hengst“ des Künstlers Gerhardt Marcks.

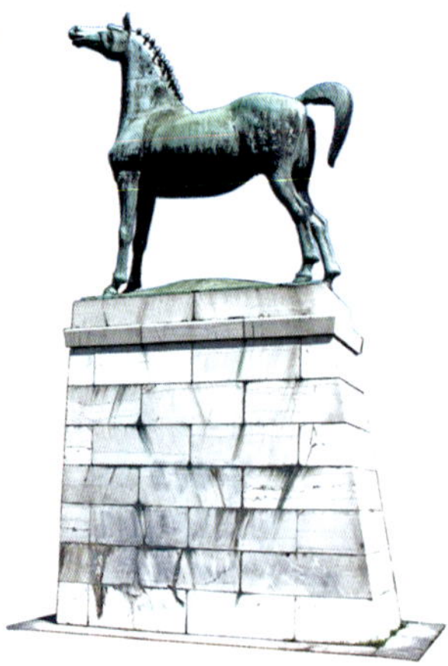

14. Der Aachener Hauptbahnhof

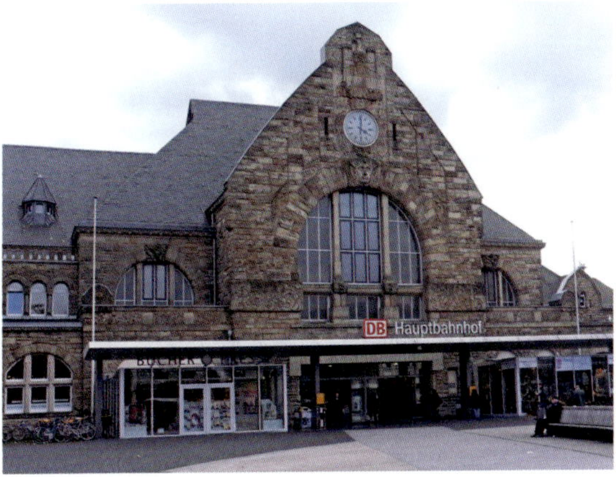

Im Jahr 1841 wurde die erste Eisenbahnverbindung von Köln nach Aachen eröffnet. Zwei Jahre später war auch der weiterführende Anschluss nach Belgien hergestellt. Das heutige Bahnhofsgebäude stammt aus dem Jahr 1905. Seine Eingangshalle erhielt eine Sandsteinfront im neoromanischen Stil mit Jugendstilelementen.

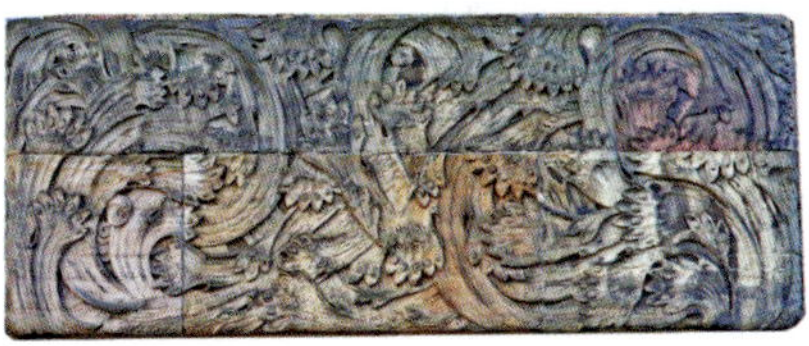

Steinmetzarbeiten an Ruhrsandstein

Rechts des Bahnhofsgebäudes befindet sich das ehemalige Hauptzollamt. Es entstand zwischen 1840 und 1846. Auch seine im Florentiner Stil gehaltene Front ist ein Beispiel für die damals in Mode gekommene historisierende Bauweise.

Das vielstöckige heutige Stadtverwaltungsgebäude an der Römerstraße wurde nach dem Ersten Weltkrieg zwischen 1924 und 1930 als Haus Grenzwacht errichtet. Es war das erste Hochhaus in Aachen.

Aachener Blaustein

„Blaustein" ist eine Sammelbezeichnung für harte, verwitterungsbeständige Kalksteine von ursprünglich dunkelgrauer bis tiefschwarzer Farbe, deren Oberfläche aber bei längerem Luftzutritt ein hellgrau-bläuliches Aussehen annehmen kann und vielfach sogar ganz weiß ausbleicht. Die Bezeichnung „Blaustein" wurde vermutlich durch flämische Steinmetze eingeführt, die im 17. Jahrhundert nach dem großen Stadtbrand von 1656 nach Aachen kamen und halfen, die Stadt wiederaufzubauen.

Aachener Blausteine entstanden aus Riffkalksteinen und Kalkschlämmen tropisch warmer Flachmeerbereiche, die sich während der späten Mitteldevon- und frühen Oberdevon-Zeit (zwischen 385 und 374 Millionen Jahren vor heute) und später noch einmal während der Unterkarbon-Zeit (um 358-326 Millionen Jahre vor heute) über Nordwesteuropa ausdehnten. Ihre ursprünglich schwarze Farbe erklärt sich aus einem z. T. extrem hohen Anteil an organischem Kohlenstoff aus Resten von Algen, tierischen Einzellern oder Bakterien.

Der erkennbare Unterschied zwischen diesen beiden verschieden alten Blausteinarten besteht vor allem in ihrem Fossilinhalt. Die Riffkalke der Mittel- und Oberdevon-Zeit zeigen oft Querschnitte von massiven, kissenförmigen Stromatoporen. Das sind Kalkskelette von Schwammtieren mit einer im Anschnitt lamellaren und maschenartigen Innenstruktur. Auch Korallen und dickschalige Brachiopoden (Armfüßer) beteiligten sich mit ihren Kalkskeletten am Aufbau dieser Riffe.

In den unterkarbonischen Blausteinen sind im Gegensatz zu den devonzeitlichen oft massenhaft zusammengeschwemmte Stielglieder von Crinoden (Seelilien), Schalen von Muscheln, Einzelkorallen und Korallenstöcke angeschnitten.

Kalksteine vom Typ des Aachener Blausteins wurden bereits seit römischer Zeit in der südlichen Umgebung von Aachen gebrochen. Im Mittelalter und bis in die Neuzeit hinein existierte eine Vielzahl von Abbaustellen sowohl innerhalb des Aachener Kessels als auch im Vennvorland zwischen Eilendorf, Stolberg und Breinig und zwischen Hahn, Schmidthof und Raeren.

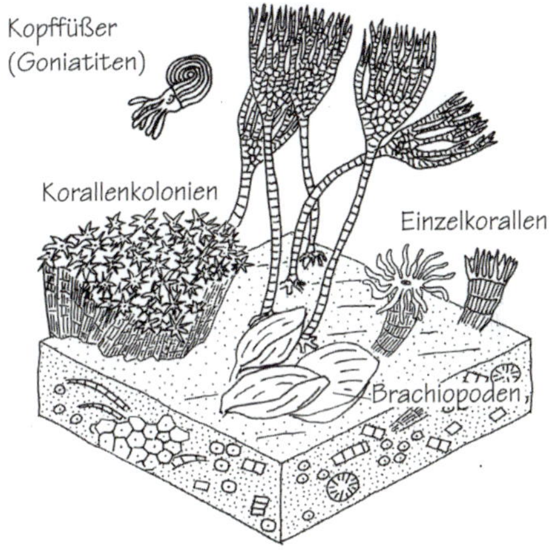

Aachener Blaustein der Unterkarbon-Zeit

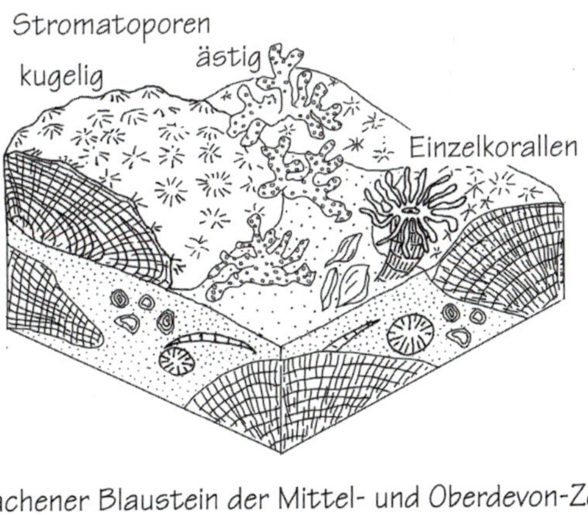

Aachener Blaustein der Mittel- und Oberdevon-Zeit

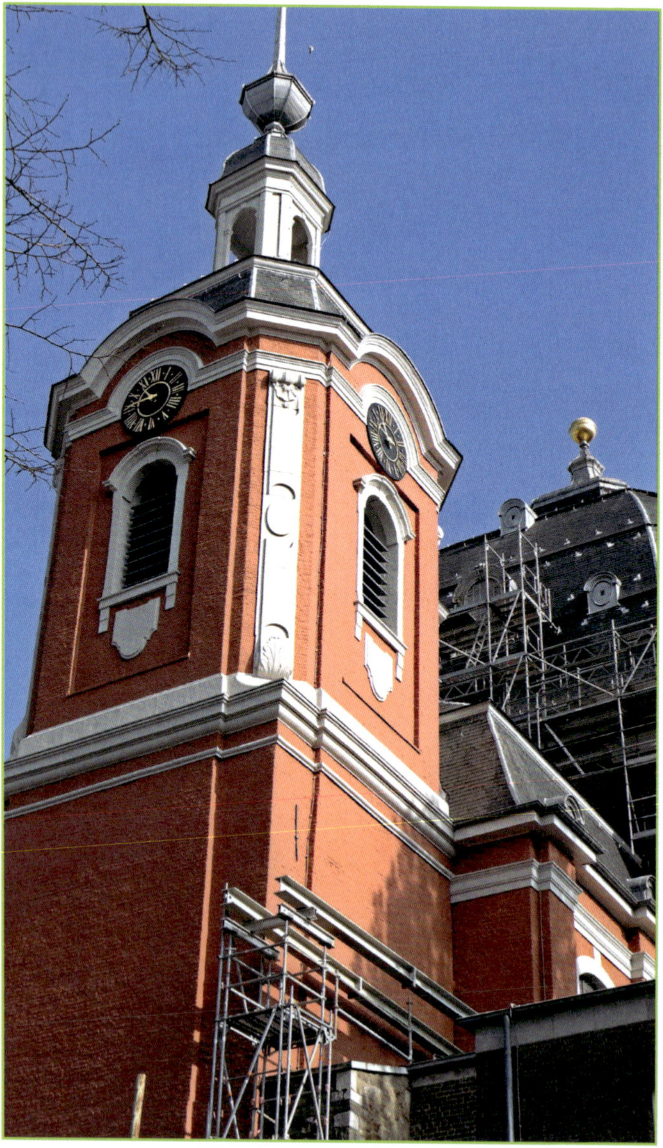

Etappe 7: Burtscheid und das Gillesbachtal

Start:
Bushaltestelle Hauptbahnhof, Linien 3A, 3B, 11, 13A ...
Parkmöglichkeit im Parkhaus Lagerhausstraße

Ziel:
Bushaltestelle Waldfriedhof, Linien 11, 51, 103
Parkplatz Waldfriedhof

Länge der Wanderung: circa 5,5 Kilometer

Höhenunterschiede: 82 Meter

Dauer: circa 2 Stunden

Streckenverlauf:
Vom Bahnhofsvorplatz geht es zuerst zum Kleinmarschiertor und von dort über den Höhenrücken des Krugenofen steil hinunter ins Burtscheider Wurmtal mit seinen Thermalquellen. Der gegenüberliegende steile Talhang wird beherrscht von den Kirchen St. Johann und St. Michael. Auf dem Talboden sind ein Laufbrunnen und die umbaute Quellfassung der Johannisquelle die einzigen noch sichtbaren Relikte des früheren öffentlichen Kurbetriebs. Über zwei Straßenzüge wechselt der Weg dann ins Gillesbachtal und folgt dem breiten Wiesenstreifen des gleichnamigen Bürgerparks bis hinauf zur Adenauerallee und weiter in sein Quellgebiet im Siegeler Wald. Am Ende quert die Strecke den Ehrenfriedhof des Waldfriedhofs.

GPX-Daten zur Etappe 7

Bild links: Abteikirche St. Johann

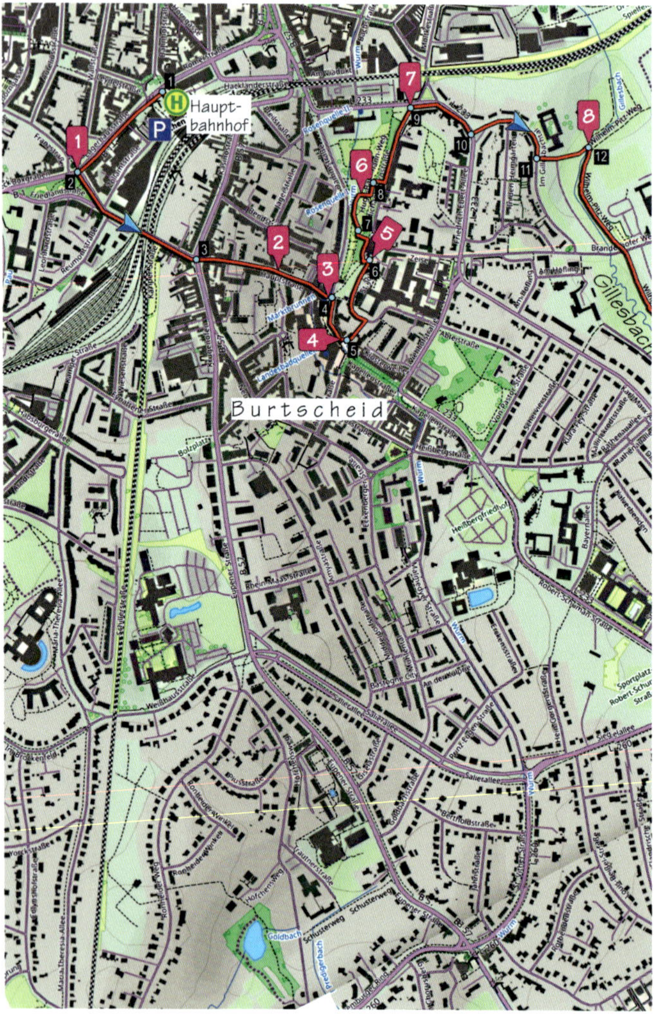

1
2
3
4
5
6
7
8
Haupt-
bahnhof
Burtscheid
Gillesbach
Heißbergfriedhof
Zeise
Wilhelm-Pitz-Weg
Eupener Straße
Salierallee
Goldbach
Schusterweg
Rosenquelle
Landesbadquelle
Marktbrunnen
Hackländerstraße
Friedlandstraße
Reumontstraße
Robert-Schuman-Straße
Maria-Theresia-Allee
Weißhausstraße

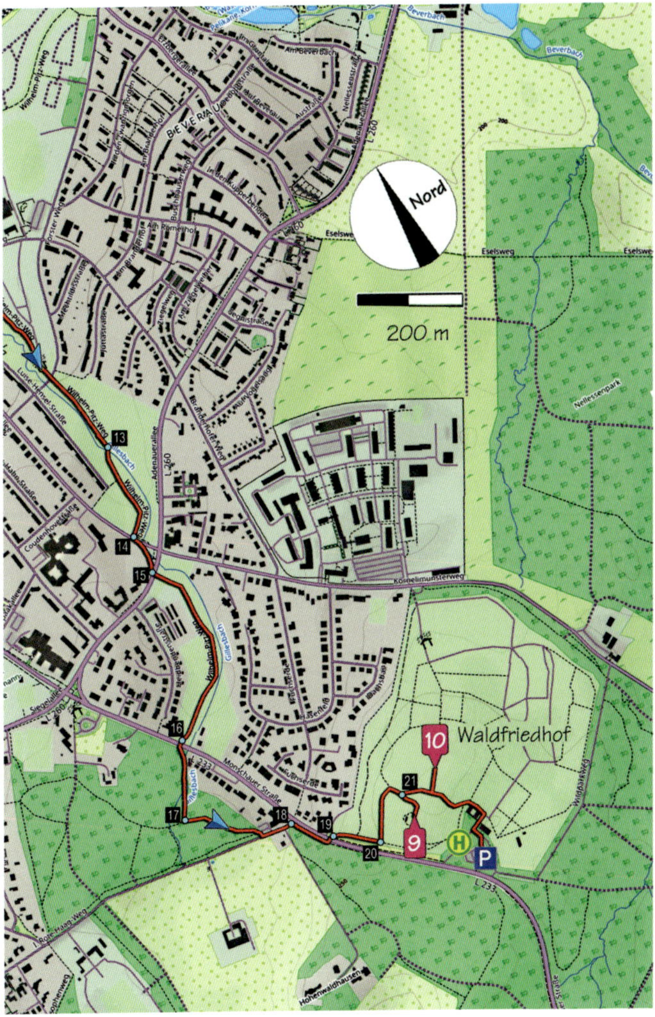
Nord
200 m
Waldfriedhof
10
9
Eselsweg
Kornelimünsterweg
Monschauer Straße
Nellessenpark
Wildparkweg
Beverbach
Wilhelm-Pitz-Weg
Adenauerallee
Rote-Haag-Weg
Hohenwaldhausen
L 233
L 260

Wegweiser

1	Vom Bahnhofsvorplatz aus entlang der Lagerhausstraße zum Kleinmarschiertor gehen.
2	Nach links auf der Burtscheider Straße aufwärts über die Eisenbahnbrücke zur Kreuzung Krugenofen gehen.
3	An der Kreuzung geradeaus der Marktstraße abwärts ins Wurmtal folgen.
4	Nach rechts über den Burtscheider Markt bis zum Platz vor dem Abteitor gehen.
5	Das Abteitor queren und zunächst aufwärts und dann links an der Abteikirche St. Johann vorbei bis zur Michaelskirche gehen.
6	Vor dem Turm der Michaelskirche auf der Michaelsbergstraße einige Treppenstufen nach links hinuntergehen und einem breiten Promenadenweg nach rechts folgen.
7	Nach links ins Tal gehen und dann wieder rechts zum Brunnengebäude der Johannisquelle.
8	Oberhalb der Johannisquelle dem Promenadenweg nach links bis zur Kurbrunnenstraße folgen.
9	Nach rechts der Kurbrunnenstraße und anschließend der Friedrich-Ebert-Straße circa 200 Meter folgen.
10	Die Straße nach links queren und auf der Straße Im Gillesbachtal bis zur Luise-Hensel-Schule gehen.
11	Hinter der Luise-Hensel-Schule links abbiegen und einem Promenadenweg abwärts bis zu einer Fußgängerbrücke über den Gillesbach folgen.
12	Die Fußgängerbrücke queren und dann rechts dem Wilhelm-Pitz-Weg über zwei Querstraßen hinweg folgen.
13	Eine weitere Fußgängerbrücke queren und dem Wilhelm-Pitz-Weg weiter bis zur Karl-Marx-Allee folgen.
14	Die Karl-Marx-Allee queren und nach links an einer Fußgängerampel auch die Adenauerallee queren.
15	Auf einem Fußweg entlang des Gillesbachs bis zur Monschauer Straße gehen.
16	Die Monschauer Straße queren und dem Gillesbach durch den Siegeler Wald weiter folgen.
17	An einem breiten Querweg nach links zum Restaurant Bismarckturm abbiegen.
18	Die Monschauer Straße queren und nach rechts in Richtung Waldfriedhof gehen.

19	Am Beginn des Zaunes des Waldfriedhofs durch eine Pforte in den Friedhof hineingehen.
20	In den zweiten Weg nach links einbiegen.
21	Nach einem Abstecher zum Bismarckturm sich links halten und immer geradeaus zum Haupteingang des Waldfriedhofs gehen.

Der Untergrund

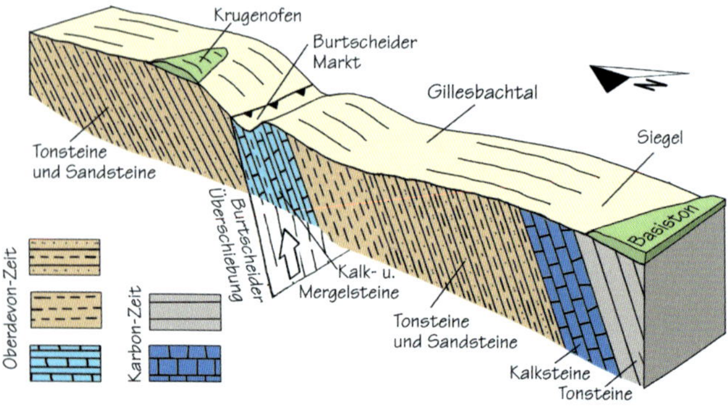

Geologischer Schnitt durch Burtscheid und das Gillesbachtal

Der Höhenrücken des Krugenofen, der die Senke der Aachener Innenstadt vom tief eingeschnittenen Burtscheider Wurmtal trennt, besteht aus Sandsteinen der mittleren Oberdevon-Zeit, teilweise bedeckt mit Kreide-Basiston. Sein Steilabfall auf der Burtscheider Seite ist durch die Burtscheider Überschiebung bedingt, an der, wie bei der Aachener Überschiebung, Kalk- und Mergelsteine der frühen Oberdevon-Zeit auf eine jüngere, abtragsresistente Sandsteinserie aufgeschoben sind. Wie die Aachener Überschiebung ermöglicht auch die Burtscheider Verwerfung heißen Tiefenwässern den Aufstieg. Nach Südosten schließen an den Burtscheider Quellenzug die gleichen mittel- und spät-oberdevonischen Tonsteine und danach Sandsteine an wie in der südöstlichen Aachener Innenstadt. Ihnen folgen in Richtung Buschhausen und Siegeler Wald Kalksteine und dann Tonsteine der Karbon-Zeit.

1. Das Marschiertor

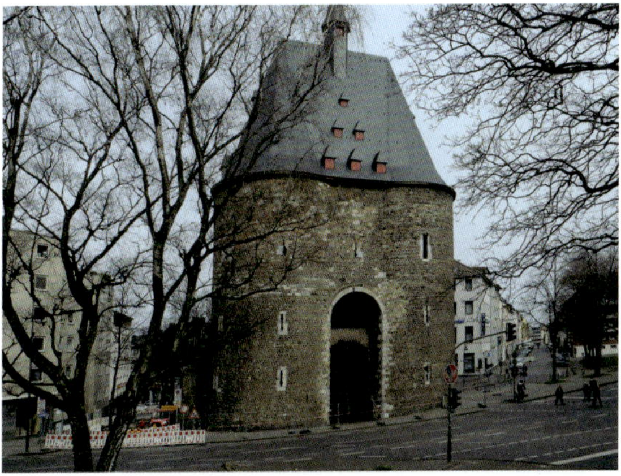

Das Marschiertor, auch Kleinmarschiertor genannt, ist mit seinen zwei Türmen und einem mehrgeschossigen Mittelbau eine Doppelturm-Torburg. Urspünglich hatte das Marschiertor auch noch ein Vortor, das aber heute nicht mehr existiert. Das Marschiertor entstand in der zweiten Hälfte des 13. Jahrhunderts als südlichstes Stadttor der Äußeren Stadtmauer Aachens. Von hier aus verlief eine Straße nach Burtscheid.

Als Bausteine dienten hauptsächlich Quarzsandsteine aus der Aachener Umgebung. Die Tor- und Fenstergewände sind aus Aachener Blaustein gemauert.

Das ehemalige Grenztor nach Burtscheid wurde ursprünglich auch als Hauptwaffenplatz genutzt. Es wurde von Stadtsoldaten bewacht, die im Volksmund aufgrund ihrer Nebenbeschäftigung, dem Schnitzen dünner Holzstifte („Penn") für die Schuhbesohlung, „Pennsoldaten" hießen. Auf der Stadtseite des Tors erinnert heute die Skulptur eines Torwächters daran. Nach dem Zweiten Weltkrieg wurde das von Grund auf restaurierte Marschiertor Sitz der Karnevalsgesellschaft „Stadtgarde Oecher Penn".

2. Die Hauptstraße in Burtscheid

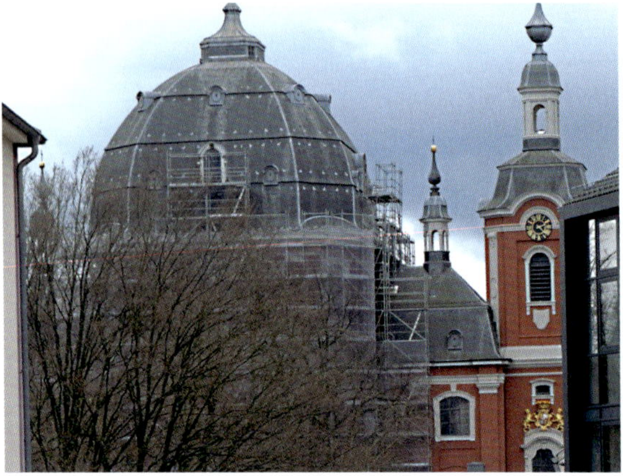

Die steil zum Burtscheider Markt hinunterführende Hauptstraße und die auf der anderen Talseite weit oben liegende Abteikirche St. Johann Baptist vermitteln eindrucksvoll, wie tief sich die Wurm hier in den Felsuntergrund eingeschnitten hat.

Jenseits des Tals liegt die Anhöhe, auf der im Jahr 997 nach Christus Abt Gregor von Calabrien mit Unterstützung des Kaisers Otto III. eine Benediktinerabtei gründete. Die neu gegründete Abtei war reichsunmittelbar, d. h., sie war direkt dem Kaiser unterstellt. Sie gewann schnell an Reichtum und Bedeutung. Um 1220 nach Christus übernahmen Zisterzienserinnen das Kloster.

Die heutige Abteikirche Johann Baptist wurde 1730 von dem damaligen Aachener Baumeister Johann Joseph Couven in Anlehnung an süddeutsche Barockbauten entworfen. Sie wird heute von Kennern als der bedeutendste Sakralbau des Barocks zwischen Maas und Niederrhein bezeichnet. Die mächtige zentrale Kuppel ist explizit auf Fernwirkung berechnet.

3. Der Marktbrunnen

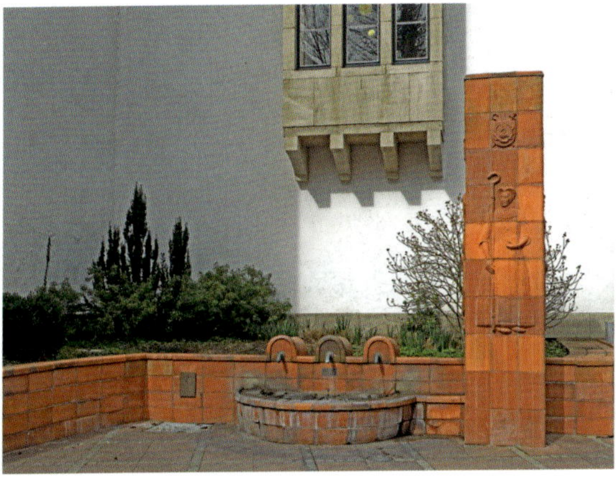

Aus dem rot gekachelten, öffentlichen Marktbrunnen am Ende der Hauptstraße fließt ständig 53 °C heißes Thermalwasser. Es stammt aus der Rosenquelle, einer der 14 Thermalwasserquellen im Burtscheider Talgrund. Der modern gestaltete Brunnen ist mit Halbreliefs geschmückt. Man erkennt das Burtscheider Wappen, die Äbtissin, den Mönch, den Tuchmacher und den Scherer – alles Berufe, die das Leben in Burscheid jahrhundertelang bestimmt haben.

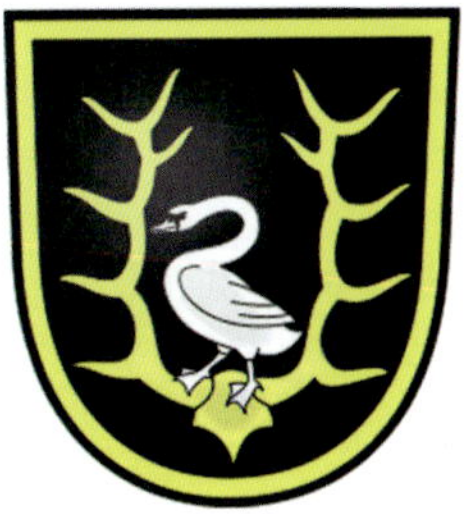

Wappen der Reichsabtei Burtscheid

Ursprünglich vermischte sich hier im Burtscheider Tal das kalte Wasser der Wurm mit dem natürlichen Überlauf der heißen Quellen. Wahrscheinlich schon in römischer Zeit trennte man das kalte vom warmen Wasser, indem man das kühle Wasser des Wurmbaches als sogenannten „Kalten Bach" am westlichen Talrand entlangführte und dem Thermalwasser als „Warmem Bach" die Talsohle überließ. Beide heute unterirdisch geführten Wasserläufe waren durch einen Damm (heute Dammstraße) getrennt.

4. Das Abteitor

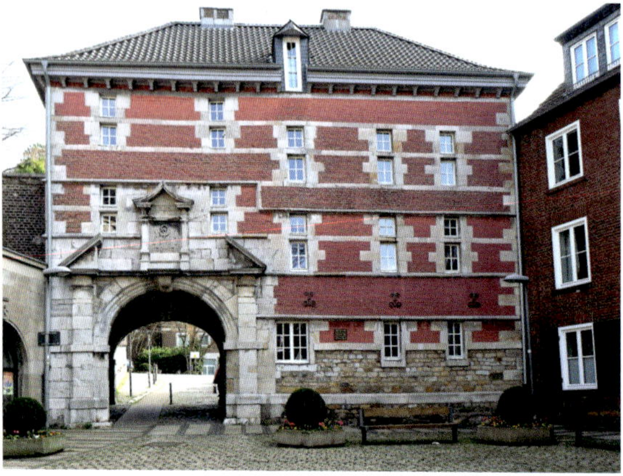

Das Abteitor, nach einem früheren Bewohner auch Jonastor genannt, wurde 1644 als Eingang zum Gelände der freien Reichsabtei Burtscheid gebaut. Seine Mauern zeigen den betonten Materialwechsel von Ziegel- und Kalkstein, wie er in der Renaissancezeit vor allem im Maasraum beliebt war. In der Mitte des Giebelaufsatzes erkennt man das Wappen der besonders baufreudigen Äbtissin Henriette Raitz von Frentz (1639-1674). Im Toreingang erinnert eine zugemauerte Durchreiche an die frühere Armenspeisung.

In dem dreistöckigen Wohntor war im 19. Jahrhundert während einer schweren Cholera-Epidemie ein Seuchenhospital untergebracht. 1853 wurde in seinem Ostflügel ein Marienhospital eröffnet, zunächst mit zehn Betten. Aus ihm ging das heutige Gesundheitszentrum Marienhospital Aachen mit zehn Fachkliniken und über 300 Betten hervor.

5. Die Michaelskirche

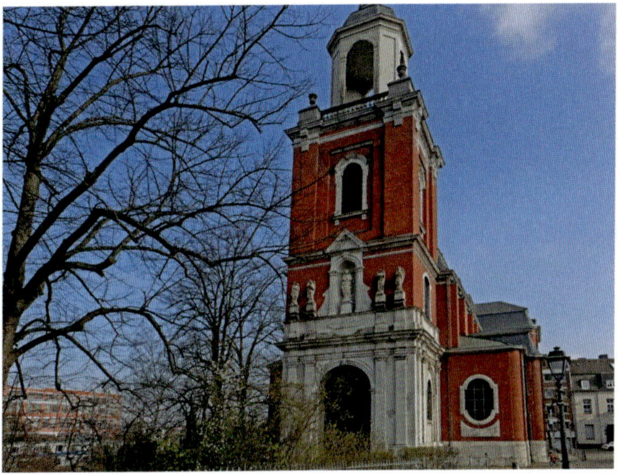

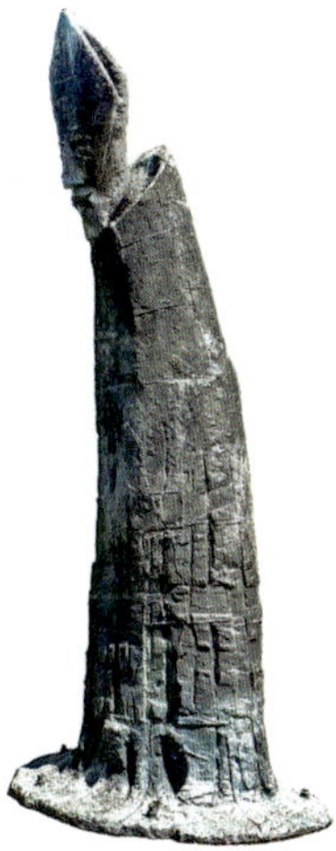

Die Pfarrkirche St. Michael wurde zwischen 1758 und 1751 von der damaligen Äbtissin als „Leutekirche" für die Burtscheider Bürger erbaut. Ein ursprünglicher Entwurf des Aachener Barockbaumeisters Johann Joseph Couven wurde von ihr allerdings stark abgewandelt durch Sparmaßnahmen schon während des Bauens. Während des 19. Jahrhunderts wurde das Gebäude durch eine Verlängerung des Langhauses und Versetzen eines Turms verändert. Dabei erhielt der bis dahin schlichtere Backsteinbau Gesimse und Fenstereinrahmungen aus Aachener Blaustein und das Portal seine heutige reichere Ausformung.

Vor dem Turm der Michaelskirche steht heute eine moderne Bronzeplastik des Abtes Gregor, des Begründers der Burtscheider Abtei. Von hier führen mehrere Treppen zum Kurpark hinab.

6. An der Rosenquelle

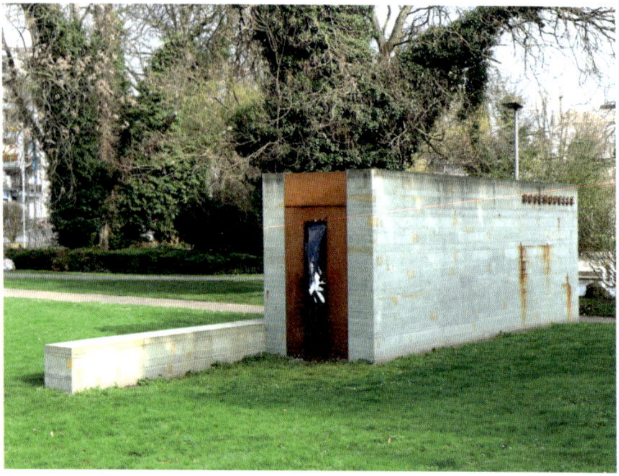

Der Quellenzug der Burtscheider Thermalquellen ist heute über weite Strecken von Erdreich bedeckt. Er besitzt eine Länge von etwa 1.100 Metern und reicht von der heutigen Malmedyer Straße bis in das Frankenberger Viertel. Von seinen 13 Thermalquellen ist die südlichste, die Landesbadquelle, die ergiebigste und mit einer Entnahmetemperatur von 73 °C auch die heißeste. Ihr Salzgehalt liegt bei 4,5 Gramm pro Liter.

Eine Nutzung des Burtscheider Thermalwassers ist bereits für die Römerzeit nachgewiesen. Im Mittelalter erfreuten sich die im Gegensatz zu Aachen eher ländlichen Burtscheider Bäder großer Beliebtheit. Zwischen dem 17. und 19. Jahrhundert entstanden über fast allen Quellen Badehäuser. Heute ist nur über der Rosenquelle wieder ein Quellhaus errichtet. Es soll die verborgenen Thermalquellen wieder stärker ins öffentliche Bewusstsein rücken.

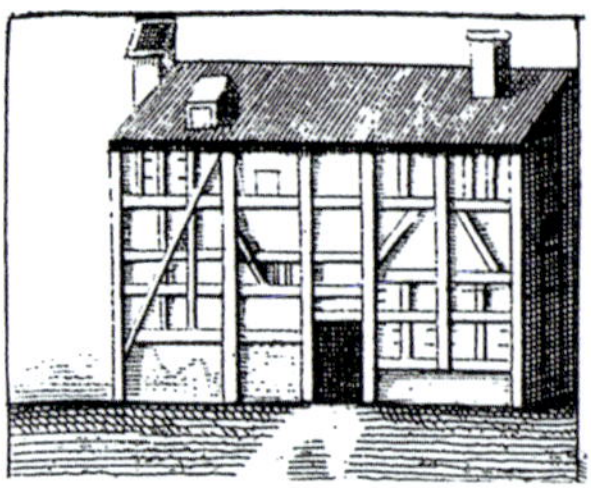

Burtscheider Thermal-Badehaus (1688)

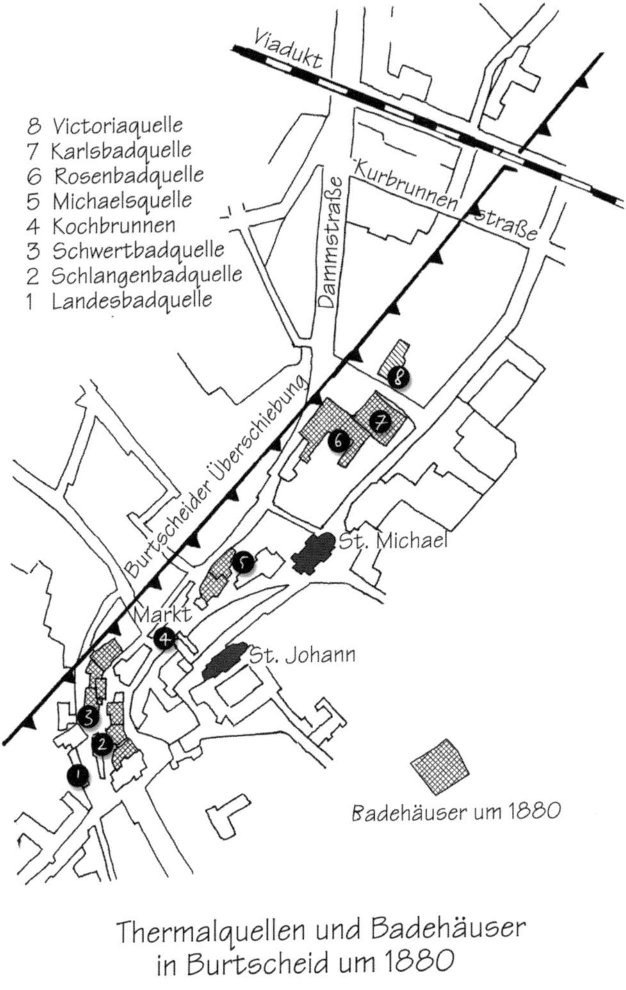

Thermalquellen und Badehäuser in Burtscheid um 1880

7. Der Burtscheider Viadukt

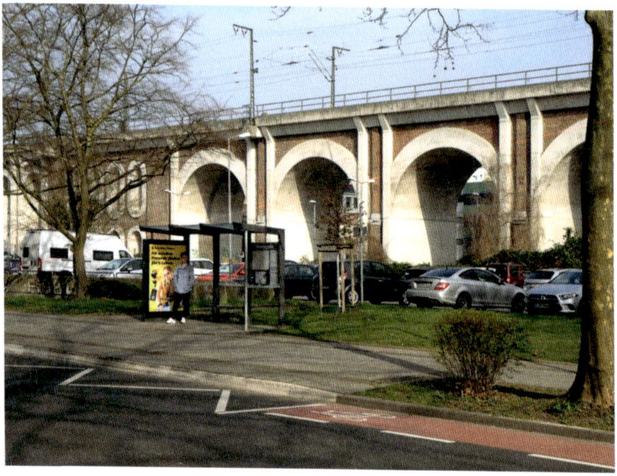

Zwischen Burtscheid und dem Frankenberger Viertel wird das Wurmtal von einem 277 Meter langen und 16 Meter hohen Viadukt überspannt. Er entstand zwischen 1838 und 1840 im Rahmen des Baus der Eisenbahnstrecke zwischen Aachen und Köln und war der erste Eisenbahnviadukt Deutschlands. Dieser verlief quer über den Burtscheider Kurpark, der sich damals bis zum Warmwasserweiher erstreckte und galt bei den Kurgästen als technische Attraktion.

Einige noch nördlich des Eisenbahnviadukts gelegene Thermalquellen werden zur Unteren Burtscheider Quellengruppe zusammengefasst. Die bedeutendste war die Mephistoquelle.

Der heute älteste Eisenbahnviadukt ist vollständig aus Backstein gemauert. Beiderseits eines von acht kleineren Bögen durchbrochenen Mittelpfeilers überspannen jeweils elf große Bögen das Tal. Im Osten, in Richtung Bahnhof Rothe Erde, schließt ein hoher Eisenbahndamm an, der heute das Gillesbachtal in seiner ganzen Breite nach Norden verschließt.

8. Im Gillesbachtal

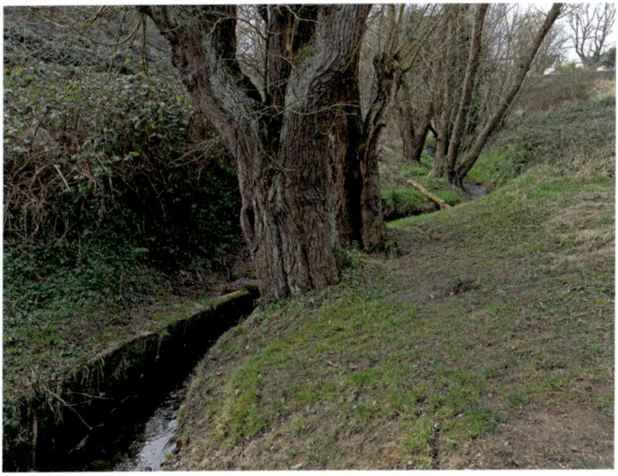

Der Gillesbach sammelt sein Wasser in den sumpfigen Wiesen im Vorfeld des Burtscheider Waldes. In seinem Oberlauf hat er dann streckenweise ein tiefes Kerbtal in die harten Kalksteine und Sandsteine des Untergrunds eingeschnitten. Hier in seinem Unterlauf ist in Ton- und Mergelsteinen ein breiterer Talboden ausgebildet. Erlen, Weiden und Eschen markieren den offen fließenden Bach in seinem ganzen Lauf.

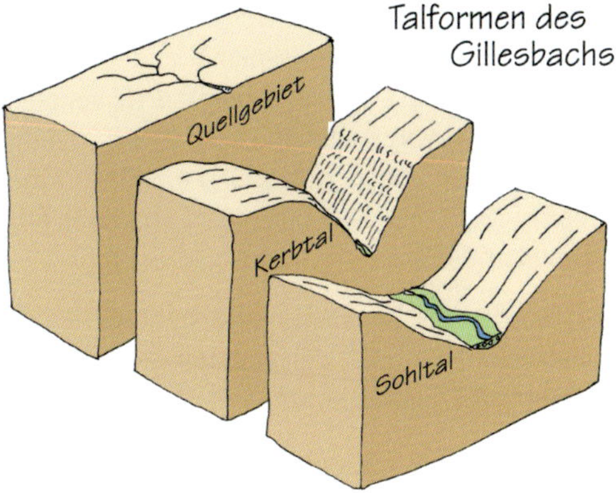

9. Der Bismarckturm

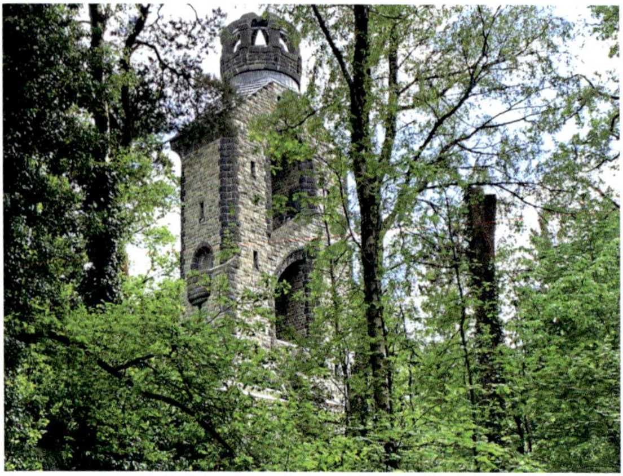

Die Anregung, ein Bismarckdenkmal an der Monschauer Straße zu errichten, ging von Studenten der Technischen Hochschule und einigen reichen Aachener Bürgern aus. Man wollte an die Zeit erinnern, in der Otto von Bismarck als Regierungsreferendar in Aachen tätig war (1836/37).

1907 wurde der Bismarckturm eingeweiht. Damals gab es hier noch keinen Ehrenfriedhof. Das Besondere an dem Turm ist, dass er in Form eines gekrönten „B" errichtet wurde. Das 27 Meter hohe, aus schweren Natursteinen gebaute Denkmal endet in einer 5 Meter hohen Basaltstein-Krone. Über dem Hauptportal befindet sich eine Büste von Fürst Otto von Bismarck (1815-1898). Über den Rundbögen der ehemaligen Seitenportale sind die Büsten von Helmuth Graf von Moltke (1800-1891) und Albrecht von Roon (1803-1879), beide Ehrenbürger der Stadt Aachen, angebracht.

Die Kuppe, auf der das Denkmal heute steht, ist ähnlich wie der Hügel Hohenwaldhausen auf der anderen Seite der Monschauer Straße ein Resthügel aus Aachener Sand über der Kreidebasis.

10. Der Waldfriedhof

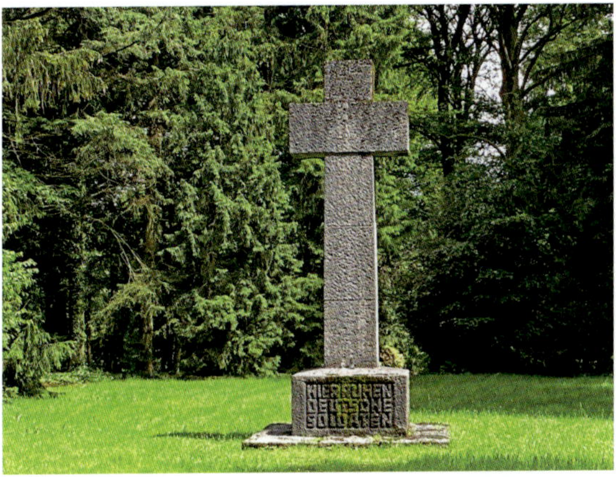

Die Anfänge des Aachener Waldfriedhofs reichen bis in die erste Hälfte des 19. Jahrhunderts zurück. Damals wurde hier in der Burtscheider Heide vor den Toren der Stadt ein Cholerafriedhof angelegt.

Zu Beginn des Ersten Weltkriegs wurde dieser zu einem Ehrenfriedhof für die im Krieg gefallenen Soldaten erweitert. Auch die militärischen und zivilen Opfer des Zweiten Weltkriegs sind hier auf einem inzwischen auf 8,9 Hektar Fläche erweiterten Areal beigesetzt. 1957 wurde mitten im Ehrenfriedhof ein 6,2 Meter hohes Steinkreuz aus Aachener Blaustein aufgestellt.

Die Pläne für einen zivilen städtischen Friedhof reichen in die 1920er-Jahre zurück. Zwischen 1928 und 1930 wurde unmittelbar neben dem Ehrenfriedhof ein allgemeiner Friedhof eingerichtet. Er ist ebenfalls vollständig in den Stadtwald integriert und weist heute eine Fläche von rund 22 Hektar auf. Die heutige Friedhofskapelle, die Leichenhalle und die Arbeitsräume in seinem Eingangsbereich stammen aus den frühen 1930er-Jahren.

Die Aachener und Burtscheider Thermalquellen

Aachen verdankt seinen Namen seinen Thermalwasserquellen. Der römische Name „Aquae grani" weist darauf hin.

Der Austritt der Aachener Thermalwässer entlang der Aachener und Burtscheider Überschiebung ist dem Ausbiss der stark wasserdurchlässigen Oberdevon-Kalksteine vor diesen Störungen und der topographischen Tieflage ihres Anschnitts innerhalb des Aachener Kessels zu verdanken. Innerhalb der Kalksteine, deren Klüfte und Spalten durch intensive Kalklösung zu 10 bis 30 Zentimeter breiten Quellschläuchen erweitert sind, bewegt sich heißes Tiefenwasser aus über 3.000 Meter Tiefe relativ rasch direkt nach oben.

Die beiden Kalkzüge gehören der Nordflanke einer tiefreichenden Muldenstruktur (Indemulde) im Grundgebirgsstockwerk des Eifelvorlandes an. Auf der Südflanke der Mulde treten die gleichen Kalksteine im Gebiet um Walheim etwa 130 Meter höher als im Aachener Kessel wieder zutage. Dort wird das hauptsächliche Einzugsgebiet der Aachener und Burtscheider Thermalquellen vermutet. Das Niederschlagswasser, das den geklüfteten und deshalb wasserdurchlässigen Kalksteinen bis in eine Tiefe von mehr als 3.000 Meter nach unten folgt, nimmt entsprechend der dort anzunehmenden Erdwärme Temperaturen von etwa 130 °C an. Im Verlauf seines Wiederaufstiegs kühlt sich das Wasser wieder langsam ab und vermischt sich mit oberflächennahem kühlerem Grundwasser. Entsprechend schwankt seine Austrittstemperatur je nach Aufstiegsgeschwindigkeit und Beimischung zwischen maximal 73 °C in den Landesbadquellen in Burtscheid und 52 °C in der Kaiserquelle in Aachen. Als Aufenthaltszeit des Quellwassers im Untergrund werden nach Isotopenuntersuchungen zwischen 2.000 und 10.000 Jahre angenommen.

Die Gesamtmenge der im Aachener und Burtscheider Thermalwasser gelösten Inhaltsstoffe liegt zwischen 4 und 4,5 Gramm pro Liter. Natrium- und ChlorIonen haben mit etwa 80 Prozent den

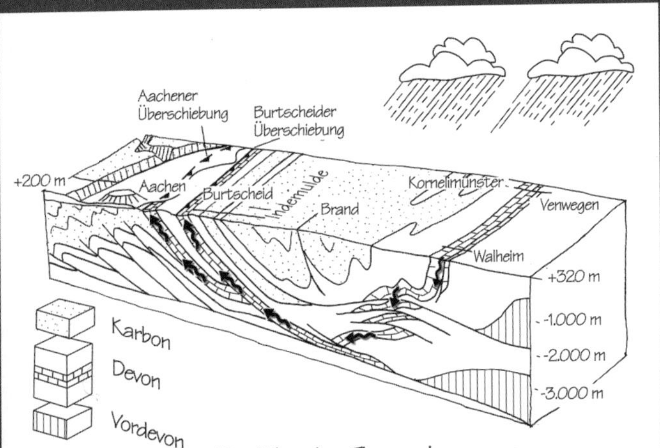

Der Weg des Thermalwassers

Hauptanteil. Besonders auffallend ist ein stark wechselnder Gehalt an Schwefelwasserstoff (0-5 mg/l), dem besonders das Aachener Quellwasser seinen Geruch nach faulen Eiern verdankt. Wichtig für die Heilwirkung des Thermalwassers ist sein beachtlicher Fluorid- und Lithiumgehalt (5-7 mg/l bzw. 2-6 mg/l). Früher galt ein signifikanter Arsengehalt (0,02-0,10 mg/l) als Mittel gegen Quecksilbervergiftungen.

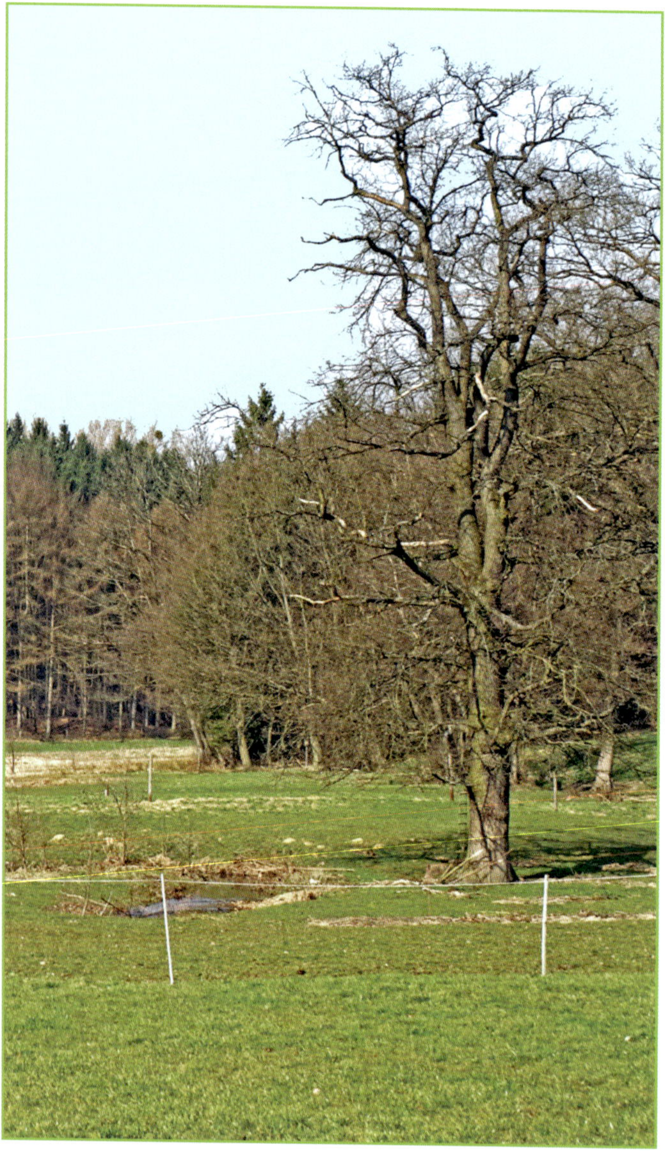

Etappe 8: Vom Burtscheider Wald zur Brander Höhe

Start:
Bushaltestelle: Waldfriedhof, Monschauer Straße, Linien 11, 51, 103
Parkplatz Waldfriedhof, Monschauer Straße

Ziel:
Bushaltestelle Brand, Ringstraße, Linien 5, 10, 15, 25 ...
Parkplätze hinter dem Vennbahnhof Brand

Länge der Wanderung: circa 9,5 Kilometer

Höhenunterschiede: 53 Meter

Dauer: 3 Stunden

Streckenverlauf:
Die Strecke führt vom Waldfriedhof durch das Bevertal im Augustinerwald zum Nellessenpark, dann durch den Nellessenpark hindurch an Gut Heidbenden vorbei zum Eicher Stollen. Weiter geht es von dort zur Neubausiedlung Driescher Hof, anschließend unter der Autobahn hindurch nach Brand zum Brander Wall und weiter über den Vennbahnweg zur Trierer Straße und zum Vennbahnhof Brand.

GPX-Daten zur Etappe 8

Bild links: Im Beverbachtal

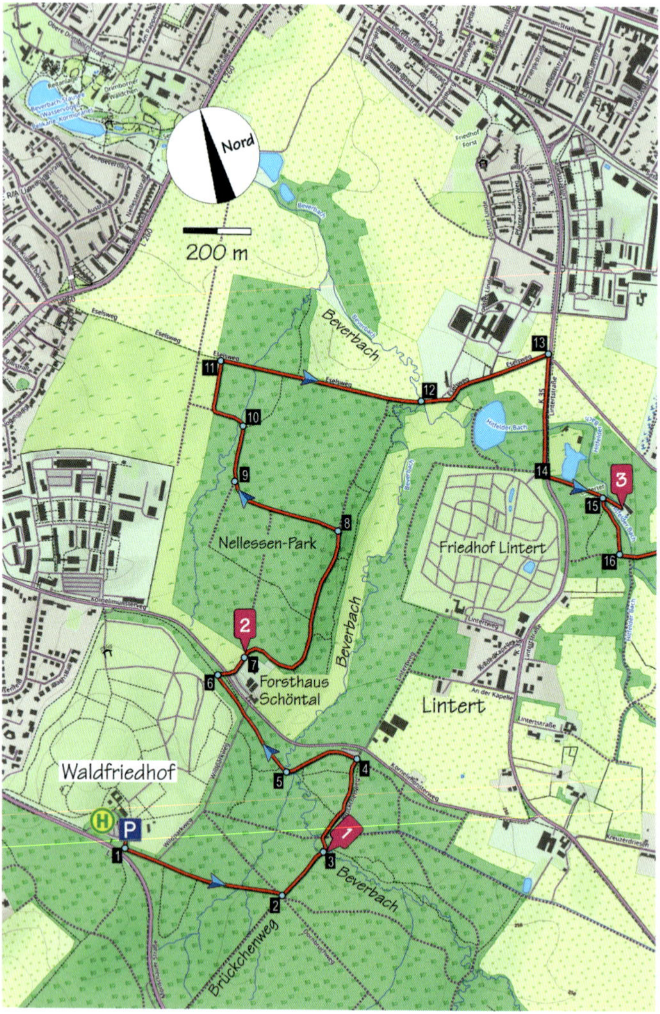
Nord
200 m
Beverbach
Eselsweg
Nellessen-Park
Forsthaus
Schöntal
Friedhof Lintert
Lintert
Waldfriedhof
Brückchenweg
H
P
1
2
3
4
5
6
7
8
9
10
11
12
13
14
15
16

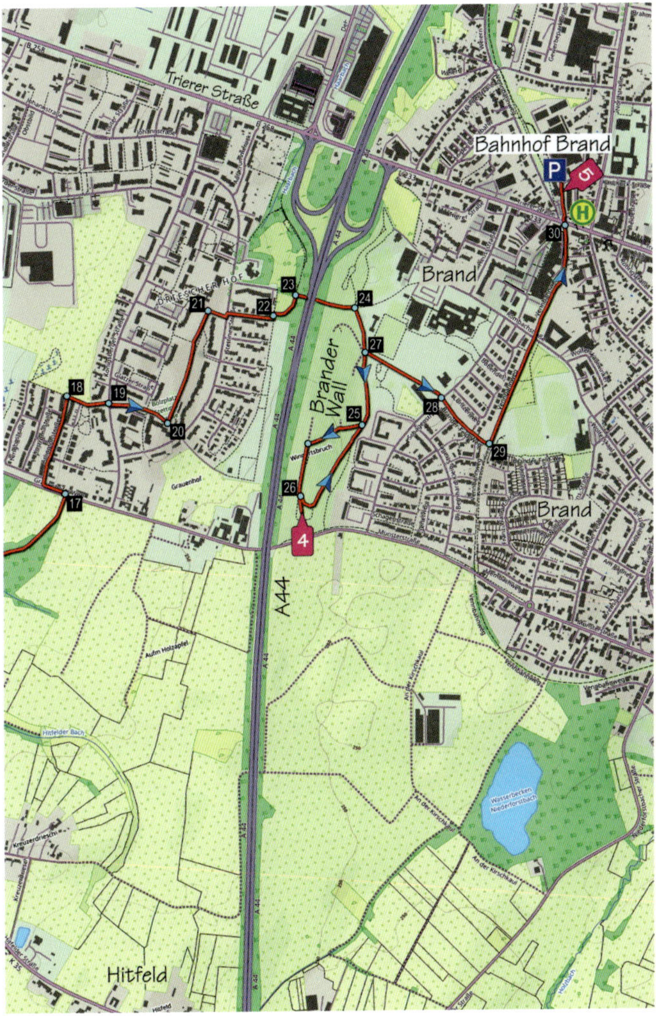
Trierer Straße
Bahnhof Brand
P
5
H
30
Brand
23
24
21
22
27
Brander Wall
18
19
28
25
20
29
26
Brand
17
4
A44
Hitfeld

Wegweiser

1	An der Ausfahrt des Parkplatzes Waldfriedhof nach links über einen weiteren Parkplatz zum Waldrand und weiter geradeaus in Richtung Brückchenweg gehen.
2	An der Kreuzung mit dem Brückchenweg diesem nach links in Richtung Beverbach-Brücke folgen.
3	Den Beverbach queren und auf dem Brückchenweg halb links aufwärts bis zum Parkplatz am Kornelimünsterweg gehen.
4	Unmittelbar vor dem Parkplatz einen Fußweg nach links wählen und diesem durch den Wald zu einer weiteren Brücke vor einer Mäanderschleife des Beverbachs folgen.
5	Auf dem Weg weiter aufwärts in Richtung Forsthaus Schönthal gehen und dort einen breiten Fahrweg (Wildparkweg) queren.
6	Nach circa 340 Metern nach rechts über den Kornelimünsterweg zum Ende des Parkplatzes des Forsthauses Schönthal wechseln. Von dort geradeaus durch ein Holzgatter den Nellessenpark betreten.
7	Am Waldrand einem Fahrweg nach rechts folgen und dann nach links, parallel zum hier schon deutlich tiefer eingeschnittenen Beverbachtal gehen.
8	An einer Wegkreuzung mit Bank links abbiegen.
9	Auf dem breiteren Fahrweg zunächst weiter geradeaus und dann nach rechts bis zu einer weiteren Wegkreuzung vor einem Weltkriegsbunker und einem alten Kalksteinbruch gehen.
10	Vor dem Bunker nach links in Richtung Waldrand gehen und nach circa 100 Metern wieder rechts in den Wald abbiegen.
11	Von einer Wegkreuzung nach rechts einem schnurgerade verlaufenden Fahrweg bis zur Beverbach-Brücke bei Gut Heidbenden folgen.
12	Den Beverbach über eine Fußgängerbrücke queren und zwischen Weidezäunen auf einem Fußweg bis zur Lintertstraße gehen. (Wo sich der Fußweg verzweigt, sich rechts halten.)
13	Auf der Lintertstraße nach rechts gehen.
14	Gegenüber dem Friedhofseingang die Straße queren und einem breiten Fahrweg in Richtung Wassergewinnungsanlage Eicher Stollen folgen. Der Fahrweg endet vor dem verschlossenen Zaun der Anlage.
15	Circa 40 Meter vor dem Zaun der Wassergewinnungsanlage führt ein Trampelpfad nach rechts und nach 20 Metern nach links durch einen oft modrigen Wald. Nach einigem Auf und Ab trifft er auf einen breiteren Fußweg, der von der Lintertstraße (rechts) zum Grauenhofer Weg (links) führt.

16	Dem Fußweg nach links bis zur Straße Grauenhofer Weg folgen.
17	Auf der Straße Grauenhofer Weg circa 100 Meter nach links gehen und dann rechts in die Arlingtonstraße der Neubausiedlung Driescher Hof einbiegen.
18	Am Ende der Arlingtonstraße auf einem Fußweg nach rechts und dann halb rechts bis zur Königsberger Straße gehen.
19	Die Königsberger Straße queren und einem Fußgängerweg geradeaus bis zu einer Grünanlage folgen.
20	In der Grünanlage auf einem Fußgängerweg nach links bis zum Ende des Grünstreifens gehen.
21	Am Ende des Günstreifens rechts gehen und um wenige Meter auf der Stettiner Straße nach links versetzt in die Adalbert-Stifter-Straße einbiegen.
22	Nach den letzten Wohnhäusern der Adalbert-Stifter-Straße auf einem Fußweg im Linksbogen in Richtung Autobahnunterführung gehen.
23	Auf einem Querweg nach rechts unter der Autobahn hindurch bis zum Abzweig eines Fahrradwegs gehen.
24	Auf dem Fahrradweg nach rechts bis zur zweiten größeren Wegkreuzung gehen.
25	An der Weggabelung rechts aufwärts in Richtung Aussichtspunkt Brander Wall gehen. Auf dem Höhenweg nach links weitergehen.
26	Der mittlere Weg führt auf den Aussichtspunkt des Brander Walls. Der linke Weg führt dann abwärts zur Weggabelung von Wegepunkt 25. Von dort bis zur Wegkreuzung am Wegepunkt 27 gehen.
27	Von der Kreuzung aus nach rechts bis zur Schlagenstraße gehen.
28	Die Schlagenstraße queren und einem Fußweg bis zum Vennbahnweg folgen.
29	Dem Vennbahnweg nach links bis zur Rombachstraße und über diese hinaus bis zur Trierer Straße folgen.
30	Die Trierer Straße an einer Fußgängerampel schräg kreuzen und auf der Straße links der Aral-Tankstelle bis zum Alten Bahnhof Brand gehen. Die Bushaltestelle befindet sich an der Trierer Straße vor der Aral-Tankstelle. Der Parkplatz liegt hinter den Bahnhofsgebäuden.

Der Untergrund

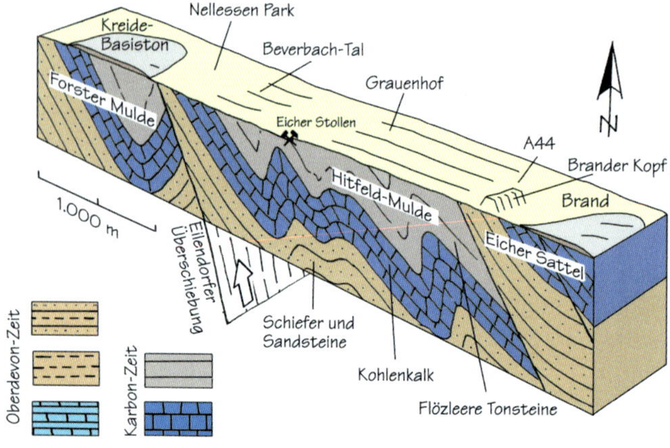

Geologischer Schnitt durch den Anstieg zur Brander Höhe

Vom Talboden des Aachener Kessels in Burtscheid aus steigt das Gelände bis nach Brand von 180 auf 260 Meter über dem Meeresspiegel stetig an. Diese Oberfläche entspricht der alten Einebnungsfläche des Grundgebirgssockels, welche im Rahmen der quartärzeitlichen Heraushebung der Eifel leicht angehoben und schräg gestellt wurde. Vom Kreide-Deckgebirge sind nur noch Kreide-Basisstone in kleineren Erosionsresten erhalten geblieben. Alle jüngeren Sande und Kalksteine wurden im Verlauf der Anhebung durch die Vorläuferbäche des Beverbachs und des Haarbachs vollständig abgetragen.

Der Grundgebirgssockel besteht bis Brand aus gefalteten Kalksteinen, Tonsteinen und Sandsteinen der Unterkarbon- und Oberkarbon-Zeit. Sie bilden hier die Nordwestflanke einer breiten Muldenstuktur (Inde-Mulde), innerhalb der sie sich aber an mehreren gegen Nordwesten gerichteten Überschiebungen wiederholen.

1. Am Beverbach

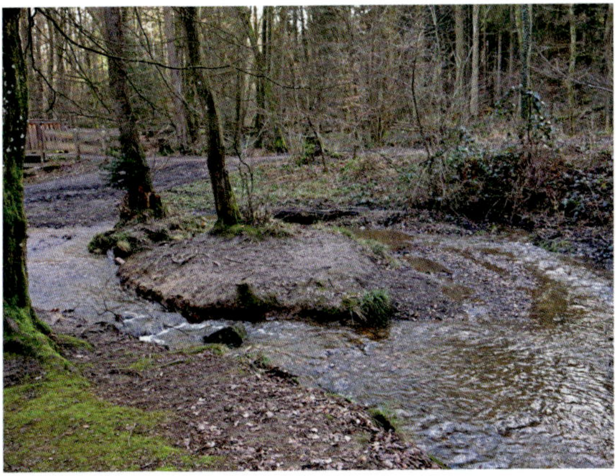

Der Beverbach entspringt im südlichen Burtscheider Wald in der Nähe des Forsthauses Grüne Eiche. Ein zweiter Zufluss stammt aus dem südlichen Augustinerwald. Der Bach mäandriert frei zwischen einem Gemisch von Ton- und Sandsteinbrocken seines karbonzeitlichen Unterlagers und verschwemmtem lockeren Aachener Sand. Auch einzelne größere Sandsteinblöcke vom Typ der Zyklopensteine liegen in seinem Bachbett. Wie der lockere Sand sind sie Reste der ursprünglichen Kreidebedeckung des Gebiets.

Hier an der Brücke des Brückchenwegs und im weiteren Verlauf des Baches sind viele schöne Beispiele für Mäanderbögen mit steilen Prall- und flachen Gleithängen, abgeschnittene Mäanderschlingen und auch Terrassen höher liegender älterer Bachsedimente zu sehen.

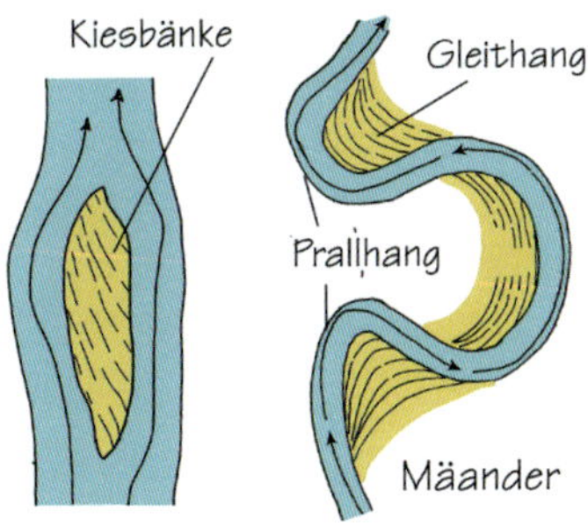

Sedimentation im Beverbach

2. Der Nellessen-Park

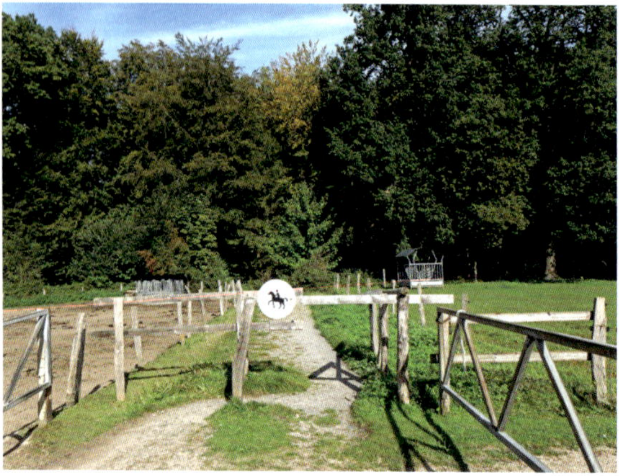

Der Nellessen-Park ist benannt nach dem Aachener Tuchfabrikanten Carl Nellessen (1799-1871). Dieser erwarb im Jahr 1860 das Gut Schönthal am mittleren Beverbach einschließlich der umliegenden Ländereien und Waldgebiete. An die Zeit davor erinnert noch der Eselsweg, der auf der gegenüberliegenden Seite des Parks von Heidbenden auf gerader Strecke nach Burtscheid führt. Auf ihm soll in früherer Zeit Brennholz aus dem damaligen Kammerforst zur Burg Frankenberg transportiert worden sein. Damals (im 17. Jahrhundert) bestand bei Heidbenden wohl auch schon eine erste Wassermühle am Beverbach, die aber schon bald wieder aufgegeben wurde.

Nach dem Kauf des Gutes Schönthal in der Mitte des 19. Jahrhunderts benutzte die Familie Nellessen den Park fast 100 Jahre lang zur Erholung. Erst 1969 wurde er für die Allgemeinheit geöffnet. Alte Eichen- und Buchenbestände, Kiefern, Ahorn und Fichtenparzellen bilden hier einen artenreichen Mischwald.

3. Der Eicher Stollen

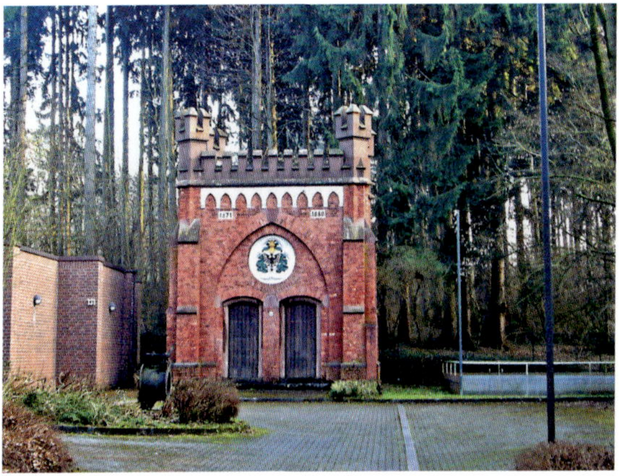

Mitte des 19. Jahrhunderts wurde für die damals stark expandierende Aachener und Burtscheider Tuch- und Metallindustrie das Wasser knapp. Eine „Commission zur Wasserversorgung der Städte Aachen und Burscheid" schlug damals die Gewinnung von Trink- und Brauchwasser aus einem besonders breiten Zug aus Unterkarbon-Kalksteinen zwischen Eich und Brand vor. Entsprechend wurde zwischen 1871 und 1880 ein 2,5 Kilometer langer Stollen vom Tal des Hitfelder Bachs aus zunächst durch Ton- und Sandsteine und dann über 1.000 Meter in Kalksteinen aufgefahren. Der Stolleneingang wurde damals nach Vorbildern aus dem Bergbau als festungsähnlicher Malakoff-Turm gestaltet.

Im weiteren Umfeld des Stolleneingangs ist das Tal des Hitfelder Bachs stark versumpft. Das liegt daran, dass hier wasserundurchlässige tonige Oberkarbon-Gesteine den Untergrund bilden. Sie wurden früher auch in offenen Gruben abgebaut und zu Ziegeln gebrannt. An verschiedenen Stellen enthielten diese Tonsteine auch dünne Steinkohlenflöze. In alten Karten sind noch zwei ehemalige Erlaubnisfelder für ihren Abbau eingetragen.

4. Der Brander Kopf

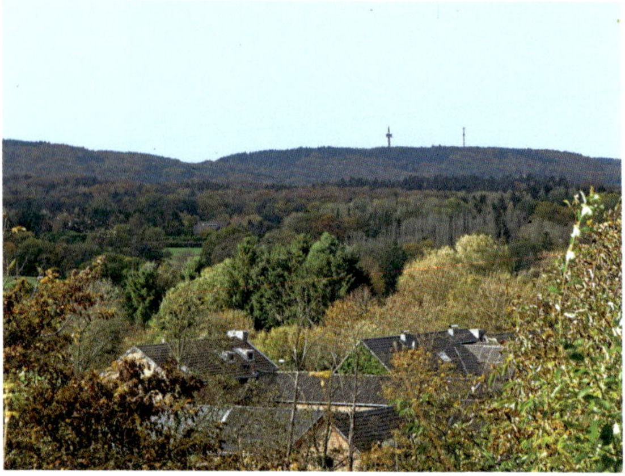

Der Brander Wall ist ein Lärmschutzwall. Sein höchster Punkt liegt 270 Meter über dem Meeresspiegel. Im Winter, wenn das Laub der Büsche und Bäume gefallen ist, hat man von hier aus einen weiten Ausblick über die östliche Umrandung des Aachener Kessels.

Im Nordwesten erkennt man die Hügel des Aachener Waldes. Im Uhrzeigersinn folgen am Horizont der Schneeberg und Vetschauer Berg. Direkt im Norden sieht man die Behrensberger Hochfläche und rechts dahinter die Bergehalden der Alsdorfer und Siersdorfer Steinkohlengruben. Nach Nordosten wird der Aachener Kessel durch den Haarberg begrenzt. Dahinter liegt die Sophienhöhe des Braunkohlentagebaus Hambach. Weiter rechts ist der Stolberger Donnerberg zu erkennen.

Nach Süden hin blickt man über Brand und im Westen angrenzend auf die Wiesenlandschaft des Vennvorlandes mit den Hochhäusern von Walheim im Hintergrund und noch weiter dahinter dem bewaldeten Anstieg zum Vennrücken.

5. Der Vennbahnhof Brand

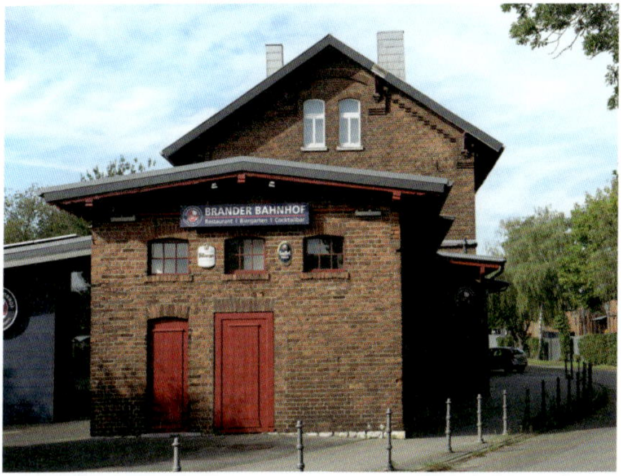

Der Bahnhof Brand war zwischen 1885 und 1980 Bahnstation der Vennbahn, die das Stahlwerk Rothe Erde in Eilendorf über das Hohe Venn und die Hocheifel hinweg mit Troisvierges in Luxemburg verband. Lothringisches Eisenerz wurde zum Stahlwerk Rothe Erde transportiert und in Gegenrichtung wurde Kohle aus dem Aachener Revier nach Lothringen gebracht.

Außerdem bot die Bahn Arbeitskräften aus der Eifel Fahrmöglichkeiten zu ihren Arbeitsplätzen in der Aachener Industrie.

Nach dem Zweiten Weltkrieg wurde zuerst der Personenverkehr der Vennbahn eingestellt, 1980 auch der Güterverkehr. Heute ist die gesamte stillgelegte Eisenbahntrasse von Aachen bis Troisvierges auf einer Länge von über 130 Kilometern zu einem attraktiven Fernrad- und Wanderweg ausgebaut. Im ehemaligen Bahnhofsgebäude Brand wurde ein Restaurant mit Biergarten eingerichet.

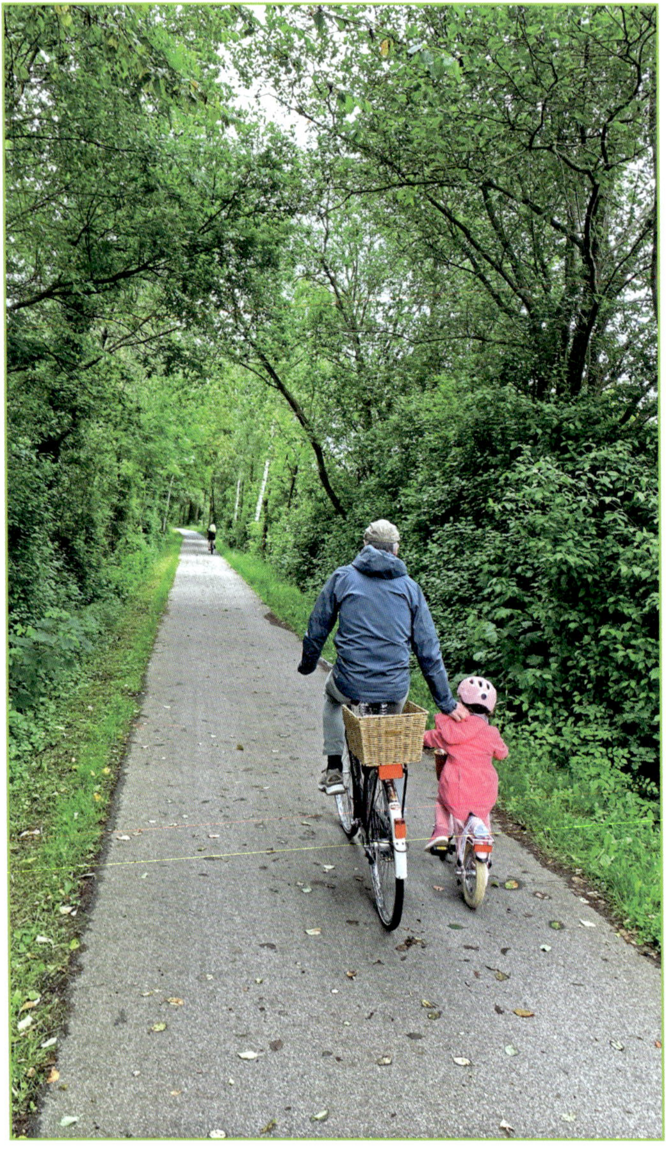

Etappe 8a: Zwischen Brand und Eilendorf

Start:
Bushaltestelle Aachen-Brand, Ringstraße, Linien 5, 10, 15, 25 ...
Parkmöglichkeit hinter dem Vennbahnhof Brand

Ziel:
Bushaltestelle Aachen-Eilendorf, Markt, Linien 2, 12, 22, 22E ...
Parkmöglichkeit Birkstraße, Nebenstraße der Nirmer Staße

Länge der Wanderung: circa 3,5 Kilometer

Höhenunterschiede: 54 Meter

Dauer: circa 1,5 Stunden

Streckenverlauf:
Die Wanderstrecke ist nur kurz. Sie kann unmittelbar an die 8. Etappe (Vom Burtscheider Wald zur Brander Höhe) angeschlossen werden. Oder sie wird der 9. Etappe (Über die Verlautenheidener Höhe zum Harberg) vorgeschaltet.

Der erste Teil der Strecke verläuft über den Vennbahnweg in Richtung Rothe Erde. Nach Überqueren der Autobahn und des Haarbachs folgt sie dem Haarbachtal nach Norden bis zum Eilendorfer Markt.

GPX-Daten zur Etappe 8a

Bild links: Der Vennbahnweg

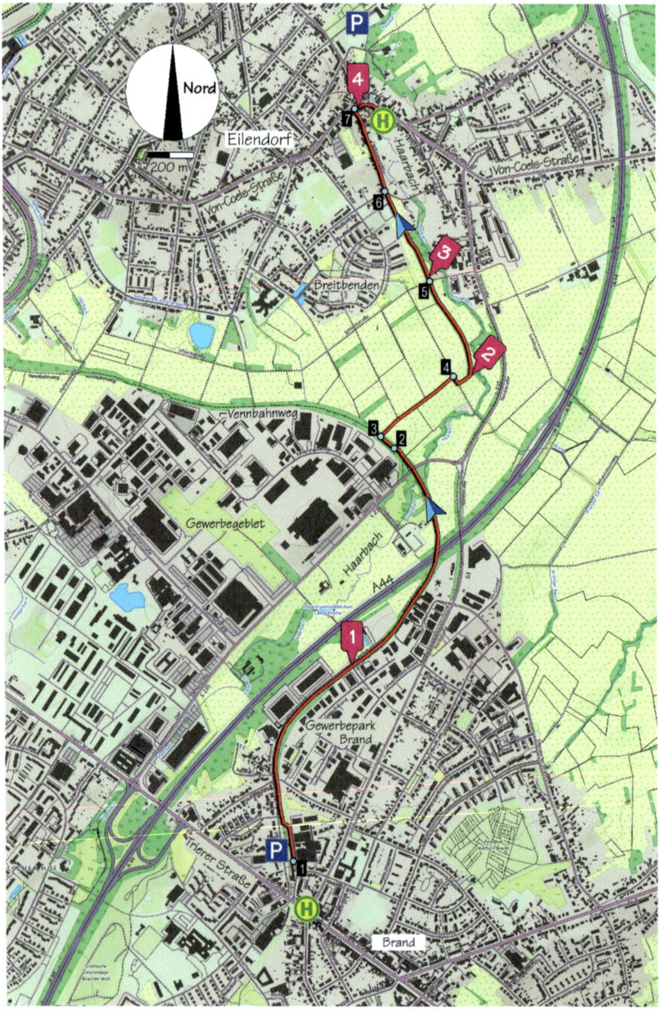

Nord
200 m
Eilendorf
Von-Coels-Straße
Haarbach
Von-Coels-Straße
Breitbenden
Vennbahnweg
Gewerbegebiet
Haarbach
A44
Gewerbepark
Brand
Trierer Straße
Brand

Wegweiser

1	Hinter dem Vennbahnhof Brand auf dem geteerten Vennbahnweg circa 1.600 Meter über die Autobahnbrücke und die Brücke über die Debyestraße (L235) bis zur Einmündung in einen breiten Wirtschaftsweg gehen.
2	Auf dem Wirtschaftsweg circa 80 Meter weitergehen.
3	Rechts in einen Feldweg einbiegen und diesem geradeaus folgen.
4	Auf einem Querweg zuerst nach rechts und dann nach circa 30 Metern nach links in Richtung Haarbach gehen; nach einem Linksbogen diesem Weg am Haarbach entlang in Richtung Eilendorf folgen.
5	Geradeaus weitergehen.
6	Der Schilderstraße geradeaus zur Von-Coels-Straße folgen.
7	Auf der Von-Coels-Straße nach rechts zur Bushaltestelle Eilendorfer Markt gehen. Autofahrer queren an der Ampel die Von-Coels-Straße und gehen auf der Nirmer Straße zum Parkplatz an der Birkstraße.

1. Der neue Gewerbepark Brand

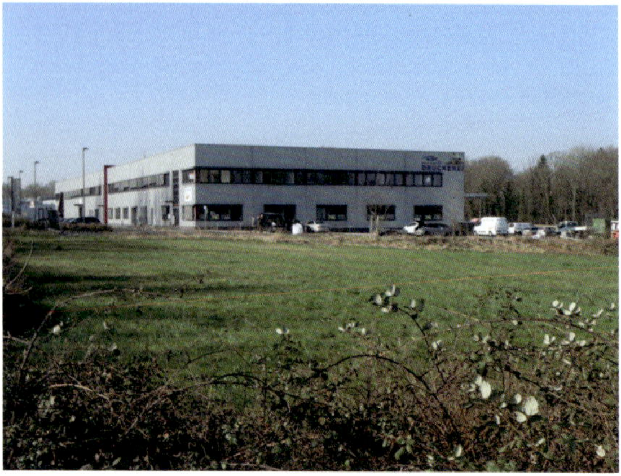

Abgeschirmt durch dichtes Buschwerk verläuft der Vennbahnweg über eine längere Strecke durch den neuen Gewerbepark Brand. Im 19. Jahrhundert bestand in diesem damals noch weitgehend baumlosen Heidegebiet („Brander Heide") eine international bekannte Pferderennbahn für reiche Aachener Bürger und Kurgäste. Später diente sie als Start- und Landeplatz für Flugvorführungen. Zwischen den beiden Weltkriegen standen hier eine Reißwollfabrik, ein Kabelwerk und eine Waggonfabrik. Nach deren Schließung und Abbruch Ende der 1920er-Jahre übernahm das deutsche Militär die Flächen. Nach dem Zweiten Weltkrieg dienten sie als „Camp Pirotte" der belgischen Armee als Übungsgebiet. 1995 übernahm die Stadt Aachen das ganze Areal und begann mit der Planung und Einrichtung des neuen Gewerbeparks Brand. Heute beherbergt das 130.000 Quadratmeter große Areal Handwerks- und Gewerbebetriebe ganz unterschiedlicher Art. Durch die angrenzende Bundesstraße B258 und die nahe Autobahn A44 besteht für sie eine perfekte Verkehrsanbindung.

2. Am Haarbach

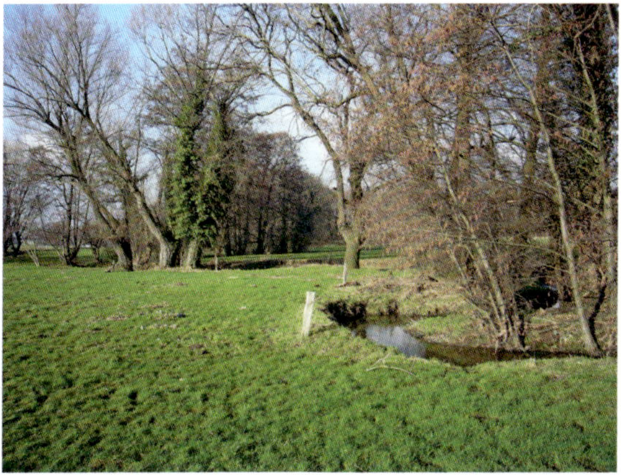

Der Haarbach hat seinen Ursprung im Gebiet der Siedlung Driescher Hof. Von dort fließt er teils kanalisiert, teils renaturiert, aber über längere Strecken auch natürlich mäandrierend in Richtung Norden. Zwischen einem Rückhaltebecken vor der Vennbahnbrücke und den ersten Häusern von Eilendorf pendelt der Haarbach in einem flachen Wiesental frei und naturbelassen hin und her. Erosion in den Außenbögen (Prallhänge) und Sedimentation in den Innenbögen (Gleithänge) sorgen für eine ständige Verlagerung des Flussbetts. Bei Überflutungen verteilt sich Auelehm über die Wiesen des breiten Talbodens und füllt die Altwasserrinnen.

Die weiten Mäanderschleifen werden begleitet von einem alten Baumbestand aus hohen Eichen, Weiden und Erlen.

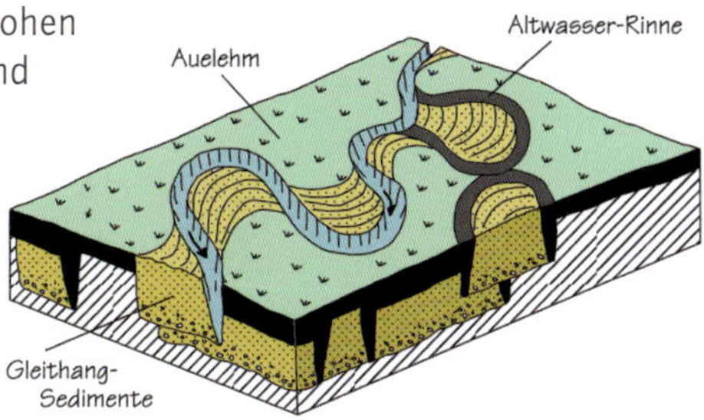

3. Ein neues Eilendorf

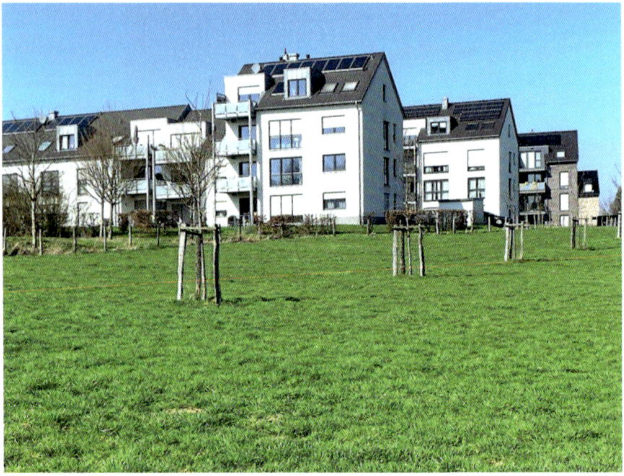

Eilendorf ist der flächenmäßig kleinste Stadtbezirk Aachens. Dennoch leben dort heute knapp 16.000 Menschen. Der Stadtteil wächst ständig. Seit der Jahrhundertwende entstand im Gebiet Breitbenden eine bewusst einheitlich gestaltete kinder- und familienfreundliche Neubausiedlung. Nahezu alle Ein- und Mehrfamilienhäuser auf den schmalen, aber langen Grundstücken sind nach Süden ausgerichtet. Ein breiter zentraler Grünstreifen mit Wegen, weitläufigen Wiesenflächen und verschiedenen Freizeitangeboten stellt auch eine Verbindung zum Haarbachtal her.

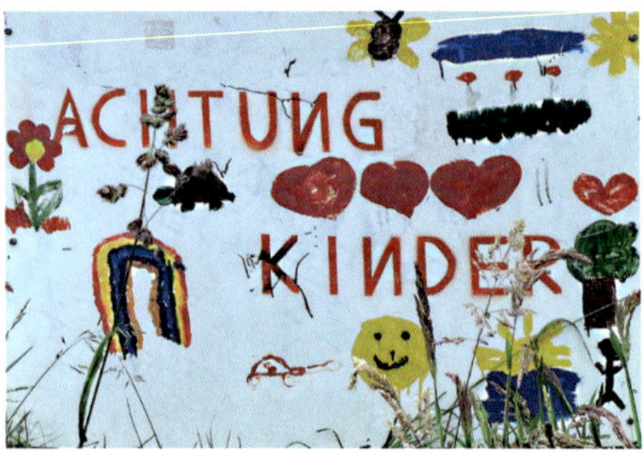

4. Das alte Eilendorf

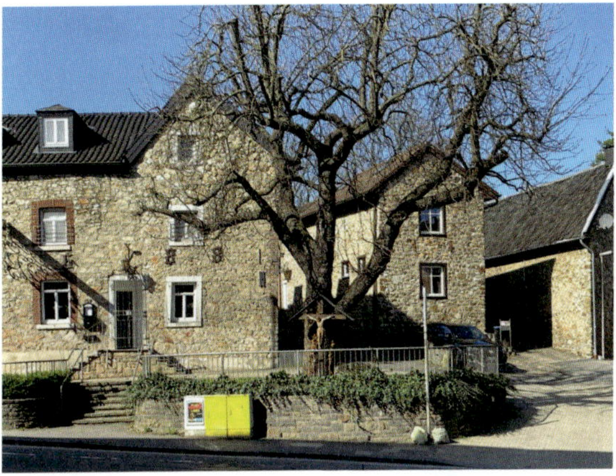

Urkundlich wurde Eilendorf erstmals 1238 erwähnt. Schon damals verfügte der Ort über eine selbständige Pfarrei. Vom 15. Jahrhundert bis 1794 gehörte Eilendorf zur Reichsabtei Cornelimünster.

Heute gibt es nur noch wenige alte Häuser mit Bruchsteinmauerwerk wie hier am Eingang zu einer Nebengasse der Von-Coels-Straße. Hauptsächlich gelbliche Dolomitsteine, mit weißer Rinde verwitternde Kalksteine (Aachener Blaustein), Sandsteine und Konglomeratsteine aus der näheren Umgebung wurden zum Bau verwendet.

Vor allem Kalksteine und Dolomitsteine wurden hier seit dem Mittelalter in größeren Mengen als Baumaterial gebrochen. Mit der Einrichtung des Hüttenwerks Rothe Erde im Jahr 1846 stieg der Abbau stark an. Damals entstanden oberhalb des Ortes große Steinbrüche mit mehreren Kalköfen und in Nirm das ausgedehnte Steinbruchgelände Knauelsbüschchen. Heute sind alle diese Kalksteinbrüche wieder verfüllt und ihr Gebiet ist rekultiviert.

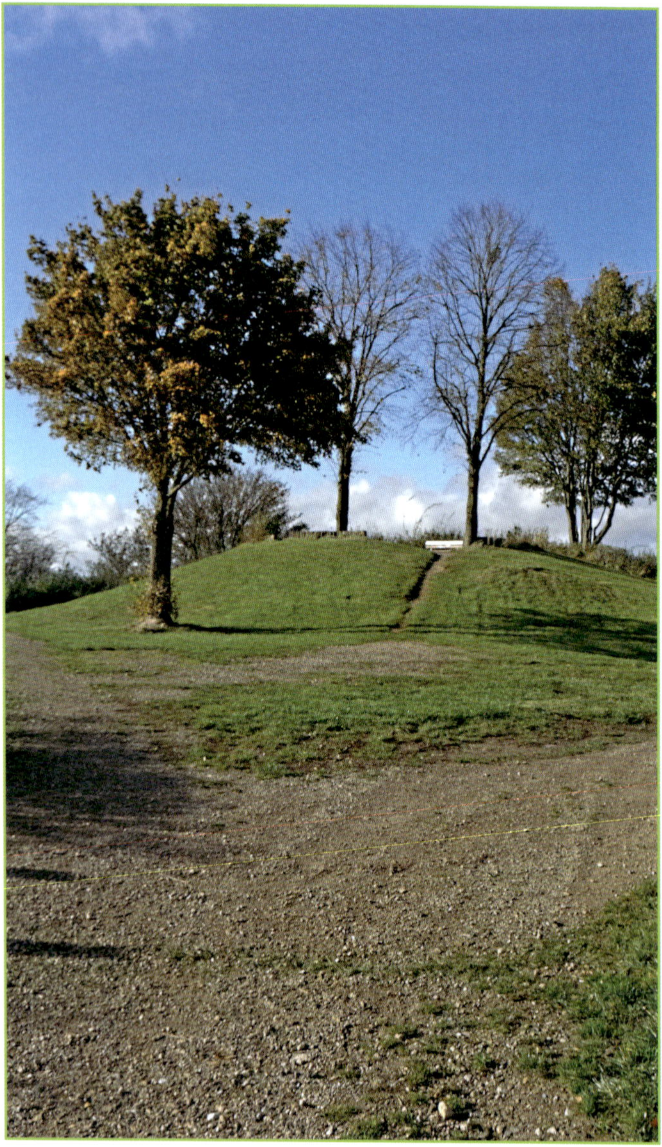

Etappe 9: Über die Verlautenheidener Höhe zum Haarberg

Start:
Bushaltestelle Aachen-Eilendorf, Eilendorfer Markt, Linien 2, 12, 22, 22E ...
Parkmöglichkeit Birkstraße, Nebenstraße der Birkstraße

Ziel:
Bushaltestelle Haaren, Am Haarberg, Linie 1, 11, 21, N6 ...
Parkplatz in Haaren in der Straße Am Kaninsberg

Länge der Wanderung: 9 Kilometer

Höhenunterschiede: 92 Meter

Dauer: etwa 3 Stunden

Streckenverlauf:
Die Strecke führt zunächst vom Eilendorfer Markt zur Birkstraße und von dort über den Haarbach und im Zick-Zack bergauf auf die Verlautenheidener Höhe. Anschließend geht es auf dem Prunkweg nach Nordwesten in Richtung Herrenberger Straße und weiter zur Kalkstraße. In Verlautenheide geht es dann bergab ins Haarbachtal zur Kläranlage Eilendorf und auf der anderen Seite des Haarbachs in Richtung Haaren. Vor der Autobahn geht der Weg aufwärts zum Gipfel des Haarbergs mit der Friedenskapelle und dem Haarener Kreuz und von dort wieder hinunter zur alten Haarener Straße und zur Straße am Kaninsberg.

GPX-Daten zur Etappe 9

Bild links: Aussichtspunkt Herrenberg

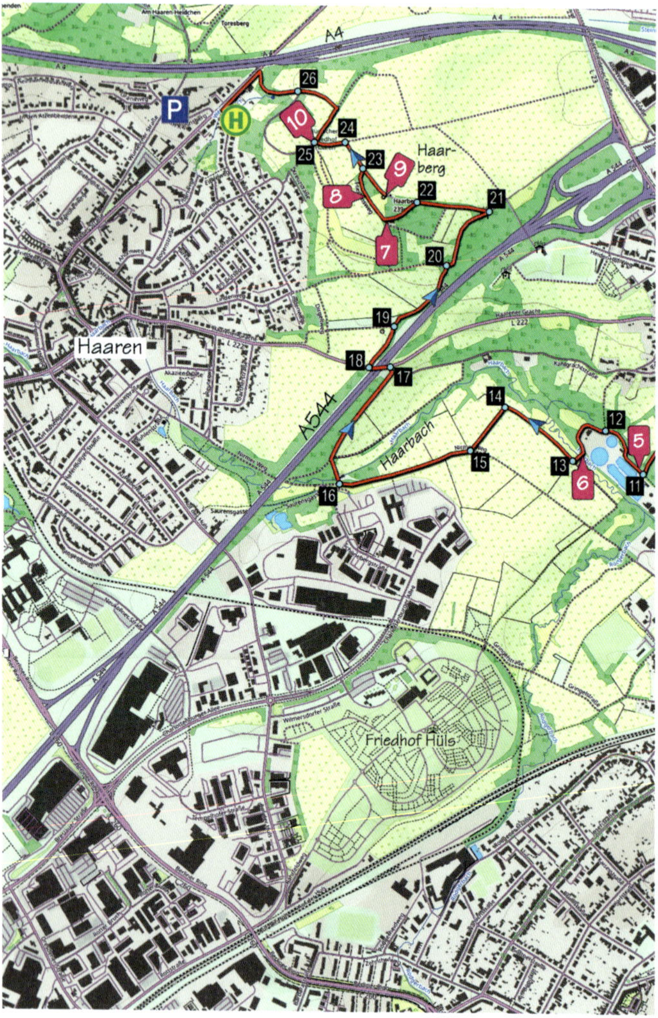
A4
A544
Haaren
Haar-
berg
Haarbach
Friedhof Hüls
P
H
1
5
6
7
8
9
10
11
12
13
14
15
16
17
18
19
20
21
22
23
24
25
26

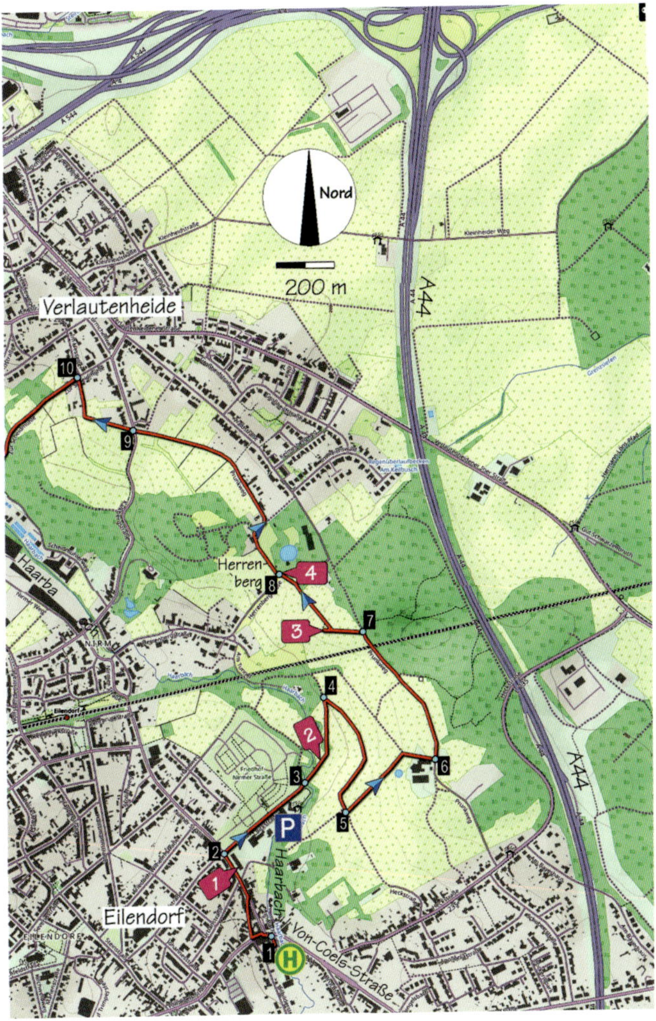

Nord
200 m
Verlautenheide
A44
Herren-
berg
Haarba
Eilendorf
Haarbach
Von-Coels-Straße
A44

Wegweiser

1	Bei Anfahrt mit dem Linienbus beginnt die Wanderung am Eilendorfer Markt. Dort die Von-Coels-Straße an der Ampel queren und nach links zur schmalen Gasse des Haanwegs gehen. Nach rechts in den Haanweg einbiegen und an dessen Ende auf der Nirmer Straße sich links halten.
2	Vor dem Eilendorfer Friedhof nach rechts in die Birkstraße einbiegen und dieser bis zu ihrem Ende vor der Haarbachbrücke folgen. (Für Autofahrer beginnt die Wanderung hier an den Parkplätzen der Birkstraße.)
3	Über die Haarbachbrücke gehen und einem bequemen Spazierweg bergauf folgen.
4	Scharf rechts weiter aufwärtsgehen.
5	Links weiter aufwärts bis zu einem breiten Querweg (Prunkweg) gehen.
6	Auf der Höhe dem Prunkweg nach links folgen.
7	Nach links zu einer aufgeschütteten Anhöhe mit Aussichtspunkt abbiegen.
8	Vom Aussichtsplatz weiter zur Herrenbergstraße gehen und dem Prunkweg bis zur Kalkbergstraße folgen.
9	Die Kalkbergstraße queren und nach 150 Metern einem sehr schmalen Fußweg nach rechts folgen.
10	Nach links der Straße Zur Scheidmühle bis zu ihrem Ende folgen und dann auf einem gleichnamigen Fußweg weiter geradeaus ins Haarbachtal abwärtsgehen.
11	Unmittelbar vor dem Zaun der Kläranlage auf dem Scheidmühlenweg nach rechts gehen.
12	Dem Fußpfad geradeaus und dann in einem Linksbogen bis zur Haarbach-Fußgängerbrücke folgen.
13	Unmittelbar nach der Brücke rechts abbiegen.
14	Mit dem Hauptweg links abbiegen.
15	Auf dem Nirmer Weg nach rechts in Richtung Autobahn gehen.
16	Vor dem Autobahndamm rechts über die Mauer des Rückhaltbeckens den Haarbach queren und bis zur Autostraße Haarener Gracht gehen.
17	Auf der Autostraße links abbiegen und den Autobahndamm queren.
18	Unmittelbar hinter dem Autobahndamm rechts abbiegen und parallel zum Damm aufwärtsgehen.

19	Geradeaus weiter aufwärtsgehen.
20	Auf einem Teerweg (Lindenweg) nach rechts weiter aufwärtsgehen.
21	An einer Weggabelung mit Schutzhütte scharf links aufwärts in Richtung Haarener Kreuz gehen.
22	Circa 100 Meter vor dem Haarener Kreuz nach links auf den Friedensweg zur Friedenskapelle abbiegen und dem Friedensweg unterhalb des Haarener Kreuzes weiter folgen.
23	Auf dem Teerweg circa 100 Meter zurück aufwärts zum Haarener Kreuz gehen oder die Wanderung nach links in Richtung Jüdischer Friedhof Haaren fortsetzen.
24	Nach links zum Eibenwäldchen des Judenfriedhofs abbiegen.
25	An der Straßenkreuzung auf einem Feldweg circa 120 Meter nach rechts gehen und dann einem Fußweg nach links abwärts zu einer Spitzkehre der Kreuzstraße folgen.
26	Der Kreuzstraße nach rechts abwärts zur Alt-Haarener Straße folgen und dort nach links zur Bushaltestelle bzw. zum Parkplatz in der Alten Kaninsstraße gehen.

Der Untergrund

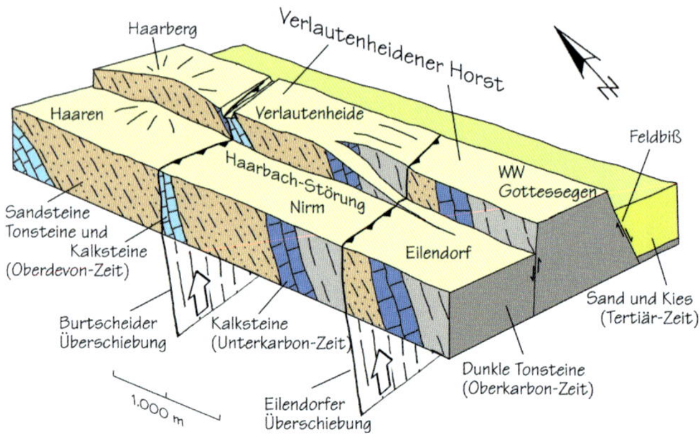

Geologisches Blockbild des Verlautenheidener Horstes

Der flach nach Süden leicht ansteigende vorkreidezeitliche Untergrund des Aachener Kessels reicht im Osten bis in die Ortszentren von Eilendorf und Haaren. Von dort an ist er in einer nur 500 Meter schmalen tektonischen Hochscholle um 40 Meter herausgehoben. Der Höhenzug dieses „Verlautenheidener Horstes" zeigt die gleichen Gesteinszüge und Strukturen wie in Burtscheid und im Anstieg zur Brander Höhe.

Bei Eilendorf queren ihn nördlich und südlich einer Eilendorfer Überschiebung zwei unterkarbonische Kalkzüge. Sie werden jeweils im Süden von oberkarbonischen Tonsteinen und Sandsteinen, und im Norden von Sandsteinen und Tonsteinen der Oberdevon-Zeit begleitet.

Im nördlichen Teil des Horstes, bei Verlautenheide, sind die Kalk- und Mergelsteine der frühen Oberdevon-Zeit durch eine nordöstliche Fortsetzung der Burtscheider Überschiebung von nördlich angrenzenden Oberdevon-Sandsteinen getrennt.

1. Galmeierz-Bergbau in Eilendorf

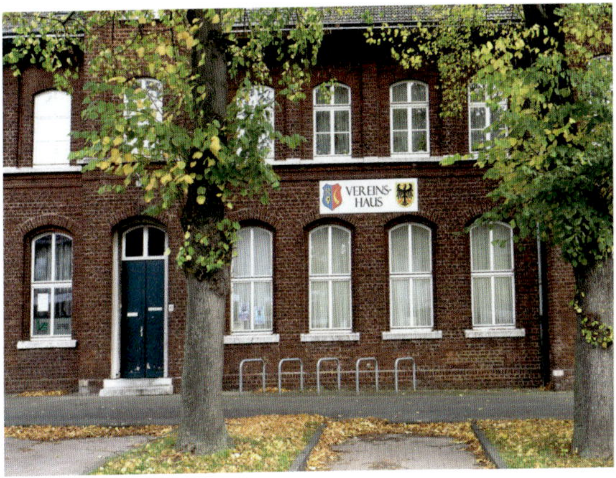

Eilendorf führt in seinem Gemeindewappen neben dem Corneliushorn auch das Bergbau-Emblem Hammer und Schlägel und darunter ein stilisiertes Galmeiveilchen.

Um 1840 wurde im Nordwestteil des Dorfes eine Konzession „Kirchfeld und Heidchen" für den Abbau von Galmeierz erteilt. Das dort in Klüften und Spalten von Kalk- und Dolomitsteinen auftretende Erz wurde in einem ausgedehnten Stollensystem unter den Häusern des Ortes abgebaut. Noch heute zeugen Straßennamen wie Grubenstraße, Galmeistraße oder Stollenweg von diesem ehemaligen Galmei-Bergbau.

Das Gelbe Galmeiveilchen (*Viola Calaminaria*) des Eilendorfer Wappens ist eine außerordentlich seltene Pflanze. Es gedeiht nur auf schwermetallhaltigen Böden und gilt deshalb als eine Zeigerpflanze für Blei- und Zinkerze im Untergrund. Es steht unter strengem Naturschutz.

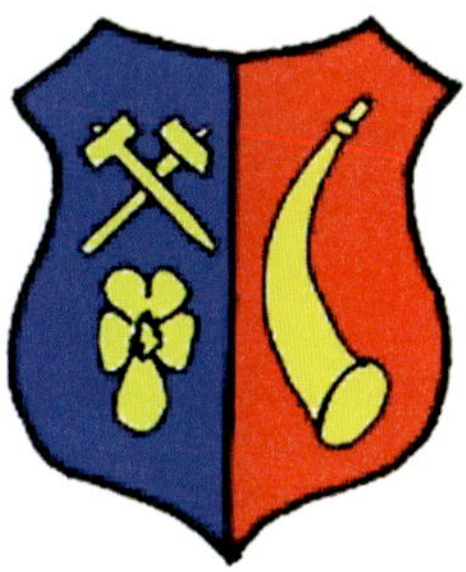

2. Der Verlautenheidener Horst

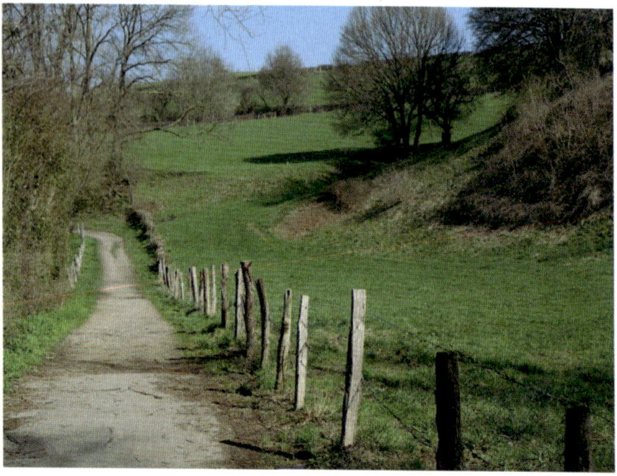

Jenseits der Brücke über den Haarbach führt der Weg aus dem tief liegenden Boden des Aachener Kessels in Serpentinen aufwärts zur Verlautenheidener Hochfläche. Der Höhenzug, der vom südlichen Eilendorf bis zum Haarberg reicht, bildet die östliche Begrenzung des Aachener Kessels. Verursacht wird die Höhendifferenz von circa 40 Metern durch einen von den Geologen als Haarener Störung (oder Haarener Sprung) bezeichneten tektonischen Bruch, entlang dem das Verlautenheidener Plateau gegenüber dem Boden des Aachener Kessels herausgehoben ist.

Auch nach Osten ist die Verlautenheidener Höhe von einer bedeutenden, parallel zur Haarbach-Störung verlaufenden Bruchzone, der Feldbiss-Störung, begrenzt. An ihr ist der vorkreidezeitliche Untergrund sogar um fast 100 Meter wieder abgesenkt. Er wird dort aber heute von fast ebenso mächtigen Sandschichten der mittleren Tertiär-Zeit bedeckt. Die Haarbach-Störung und der Feldbiss, die heute die maximal 500 Meter schmale Verlautenheidener Hochscholle („Verlautenheidener Horst") im Westen und Osten begrenzen, waren frühestens seit dieser mittleren Tertiär-Zeit aktiv.

3. Aussichtshügel Herrenberg

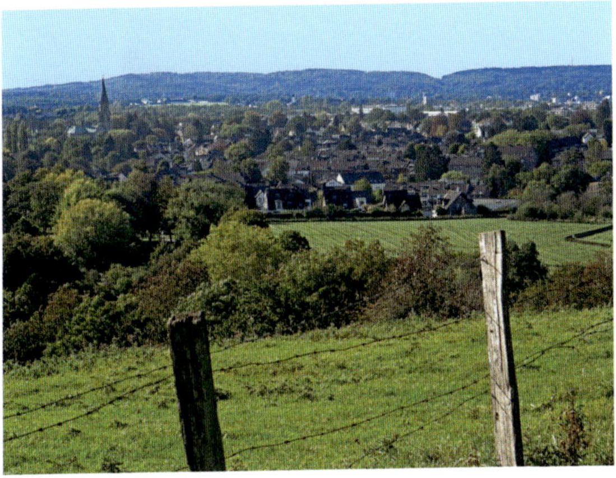

Von einer aufgeschütteten Aussichtsplattform geht der Blick weit über den Aachener Kessel und seine Umrahmung.

Die Häuser von Eilendorf liegen schon jenseits der Haarbach-Störung. Hinter dem Ort zeigt sich die ganze Umrahmung des Aachener Kessels: im Süden (links) der allmähliche Anstieg der freigeräumten vorkreidezeitlichen Einebnungsfläche bis zur Brander Höhe; rechts anschließend im Südwesten und Westen die Schichtstufen des Aachener Waldes, des Preuswalds und dann weiter des Schneebergs und Vetschauer Bergs; davor der Lousberg als deren Zeugenberg und nördlich der Soers der wieder angehobene Grundgebirgssockel der Behrensberger Höhe.

Unmittelbar südlich des Aussichtspunkts quert der 727 Meter lange Nirmer Tunnel die Verlautenheidener Höhe von West nach Ost. Er wurde im Jahr 1841 für die Eisenbahnlinie von Köln nach Aachen erbaut. Damals bestanden über der Tunnellinie acht gemauerte Schonsteine, um den Rauch der Dampfmaschinen abzuleiten.

4. Ehemaliger Standort eines Galmei-Bergwerks

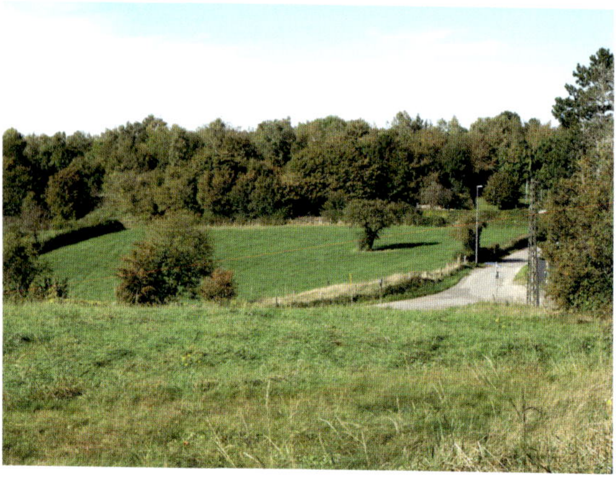

Wo der Prunkweg auf die Herrenbergstraße trifft, konnte man früher ein wassergefülltes Becken („Maar") sehen, das inzwischen aber der Öffentlichkeit nicht mehr zugänglich ist. Dieses Becken gehörte bis in die Mitte des 19. Jahrhunderts zu einem Galmeibergwerk „Aachener Herrenberg". Mehrere Schächte und Entwässerungsstollen sowie Gruben- und Maschinengebäude gehörten dazu.

Die Lagerstätte Herrenberg wurde 1663 entdeckt. Möglicherweise haben hier aber auch schon vorher kleinere Abbaue von Galmei stattgefunden. Die Lagerstätte war lange Zeit ein wichtiger Galmei-Lieferant für die Aachener Messingindustrie. Bis in die Mitte des 19. Jahrhunderts wurden hier jährlich zwischen 250 und 500 Tonnen Galmei gewonnen. Mit der Entnahme der letzten abbauwürdigen Erzvorkommen im Jahr 1850 endete der Abbau bei einer Teufe von 80 Metern.

Die Galmei-Lagerstätte Herrenberg war an die tiefreichende Feldbiss-Störung gebunden, die den Grundgebirgssockel der Verlautenheidener Höhe nach Osten gegen den Tertiär-Sand des Stolberger Grabens begrenzt.

5. Kläranlage Aachen-Eilendorf

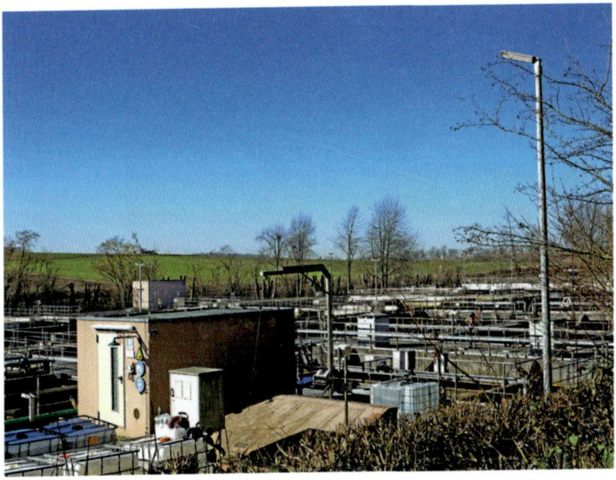

Hier im Haarbachtal stand früher eine Wassermühle, die Scheidmühle. Sie wurde bereits im 16. Jahrhundert erwähnt. Ihr Name leitet sich ab von ihrer Lage an der Grenze des ehemaligen Aachener Reichs zur Reichsabtei Kornelimünster im Süden und zum Herzogtum Jülich im Nordosten. Bis in die Mitte des 19. Jahrhunderts war die Scheidmühle eine Mahlmühle. Danach wurde ihre Wasserkraft für die Tuchindustrie genutzt. In den 1970er-Jahren musste sie der Eilendorfer Kläranlage weichen.

Die Kläranlage wird vom Wasserverband Eifel-Rur betrieben. Sie reinigt die Abwässer (Schmutz- und Regenwässer) der Orte Verlautenheide, Eilendorf und Brand-Nord.

Die Anlage ist für einen Zulauf des Abwassers von 87.000 Einwohnern ausgelegt. Nach einer mechanischen und biologischen Behandlung des Schmutzwassers wird das gereinigte Wasser in den Haarbach abgeleitet. Der im Klärprozess anfallende Klärschlamm wird per Lkw ins Kraftwerk Weisweiler zur Mitverbrennung gebracht.

6. Der renaturierte Haarbach

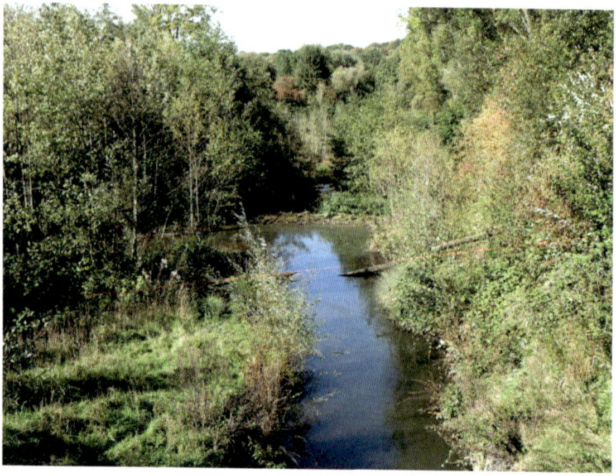

Beim Bau der heutigen Kläranlage Eilendorf wurde der Haarbach in einem begradigten neuen Bett linksseitig an den Klärbecken vorbeigeführt.

Später wurde die Umgebung des Kanals mit aufwändigen Erdbewegungen umgestaltet, um eine natürliche, von wechselnden Wasserständen geprägte Auevegetation zu ermöglichen.

Unter anderem haben heute Biber entlang der Bachstrecke Dämme aus Totholz aufgehäuft, durch die das Wasser zu kleinen Seen aufgestaut wird und so neue Lebensräume für Tiere und Pflanzen geschaffen wurden.

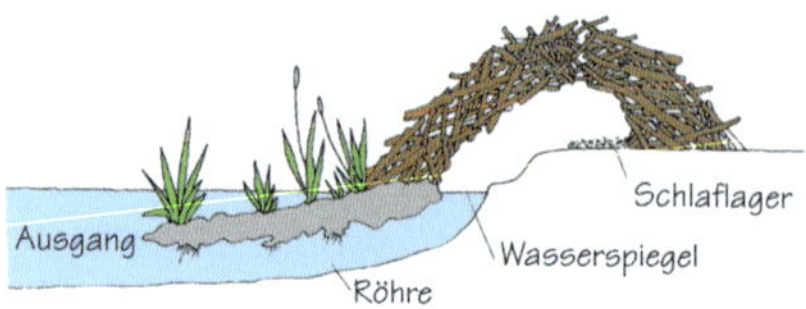

Querschnitt eines Biberbaus

Die Totholzdämme tragen auch dazu bei, den Wasserstand vor dem Eingang zum Biberbau konstant zu halten. Der Eingang liegt zum Schutz vor Feinden immer unterhalb der Wasseroberfläche. Wohnraum und Schlaflager liegen dagegen immer im Trockenen.

7. Die Friedenskapelle auf dem Haarberg

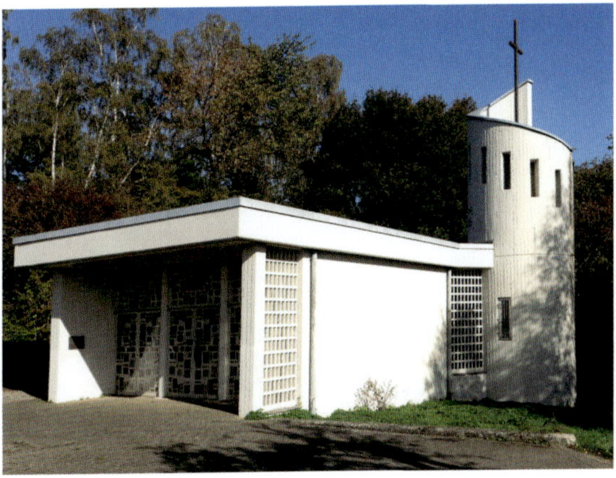

Der Haarberg ist mit 239,6 Metern die höchste Erhebung des Verlautenheidener Horstes. Als im Oktober 1944 amerikanische Truppen von Süden her einen Ring um Aachen schließen wollten, war der „Crucifix Hill", wie er von den Amerikanern wegen eines gemauerten Steinkreuzes aus dem Jahr 1891 genannt wurde, besonders hart umkämpft. Neunmal wechselte er den Besatzer.

Mehr als 20 Jahre nach Ende des Zweiten Weltkriegs entstand unweit der Anhöhe eine Friedenskapelle. Sie galt als Ersatz für eine inzwischen abgerissene mittelalterliche St.-Valentins-Kapelle an der Straße von Haaren nach Aachen. Nach den Kriegsereignissen sollte sie dem Frieden geweiht sein. Die außergewöhnliche Form des Turms symbolisiert eine eingerollte Kriegsfahne.

Der Bau nach den Plänen des Architekten Paul Stollmann wurde Ende November 1969 eingeweiht. Seitdem finden hier regelmäßig die Stiftermesse an Christi Himmelfahrt und weitere Messen zu besonderen Anlässen statt. Auch Trauungen werden hier gerne durchgeführt.

8. Aussicht unter dem Haarener Kreuz

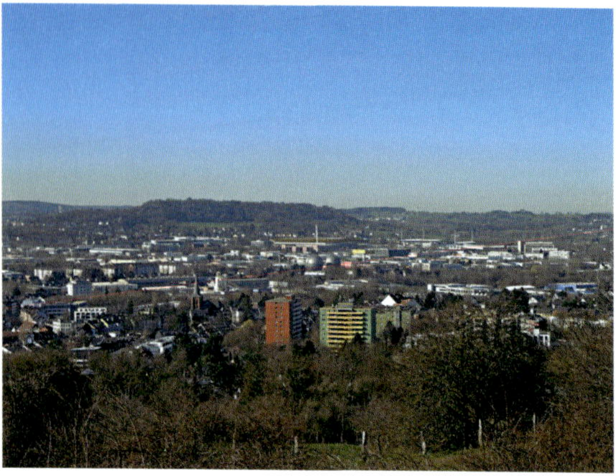

Die Anhöhe des Haarbergs ist ganz aus sehr verwitterungsresistenten Oberdevon-Sandsteinen aufgebaut. In Richtung Aachener Kessel ist der durch die Haarbach-Störung bedingte morphologische Abbruch sehr markant. Zur Niederung der Soers besteht hier eine Höhendifferenz von 80 Metern. Jenseits der Soers setzt sich der Lousberg als Zeugenberg vor den Schichtstufen des Vetschauer Bergs und des Schneebergs im Westen und des Preuswalds und des Aachener Walds im Südwesten deutlich ab. Im Süden steigt die vom Kreide-Deckgebirge entblößte alte Einebnungsfläche des Grundgebirges aus gefalteten Devon- und Karbon-Schichten in Richtung Brand auf.

Bei guter Sicht erkennt man in der Mitte des Kessels viele Einzelheiten der Aachener Innenstadt und Bauwerke der verschiedenen Stadtteile darum herum. Im Vordergrund fallen die bunt gestrichenen Hochhäuser von Haaren auf und links davon die St.-Germanus-Kirche in der Ortsmitte von Haaren. Dahinter die Gasballons und das Gewerbegebiet Grüner Weg. Dann halbrechts vor dem Lousberg das Tivoli-Stadion in Gelb und rechts anschließend die breiten Dächer und Lichtmasten des Reitturniergeländes. Über den Bäumen

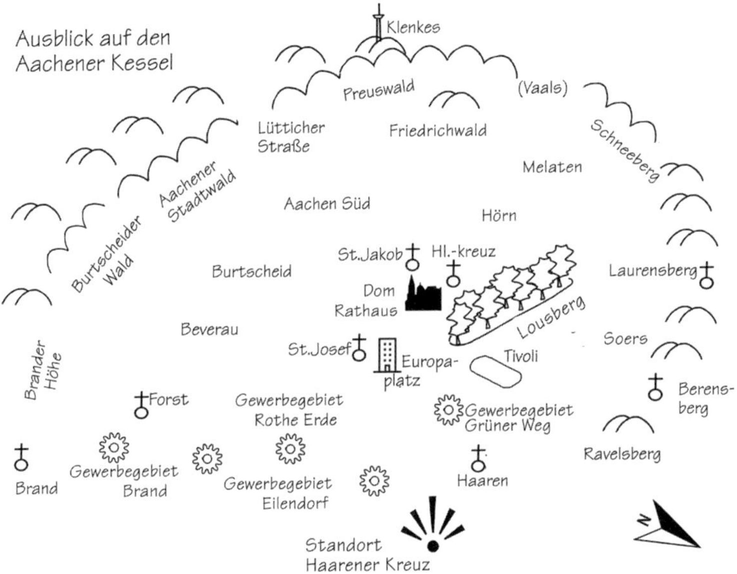

des langgestreckten Lousbergs zeigt sich das Dach des ehemaligen Wasserturms und auf dem links vorgelagerten niedrigen Salvatorberg ragt noch der Turm der Salvatorkirche empor. Links des Salvatorbergs lässt sich in einer Senke rechts hinter dem bewaldeten Wingertsberg der Kirchturm der Heilig-Kreuz-Kirche erkennen, weiter links auch der aus Bruchstein gemauerte halbrunde Alte Turm der Äußeren Stadtmauer. Das Rathaus, der Aachener Dom und die Stadtkirche St. Foillan liegen in einer Senke noch etwas weiter links hinter der Baumkulisse des Wingertsbergs. Es folgen weiter nach links vor der Kulisse des markanten Einschnitts der Lütticher Straße – zwischen Aachener Stadtwald und Preuswald – das Hochhaus am Europaplatz und links dahinter der stumpfe Turm der St.-Josef-Kirche am Adalbertsteinweg.

Rechts des Lousbergs lassen sich vor dem Hang des Schneebergs Teile des Neubaugeländes Melaten der RWTH erkennen. Und ganz links steigen Wohngebiete bis zur Laurensberger Höhe auf.

9. Das Haarener Kreuz

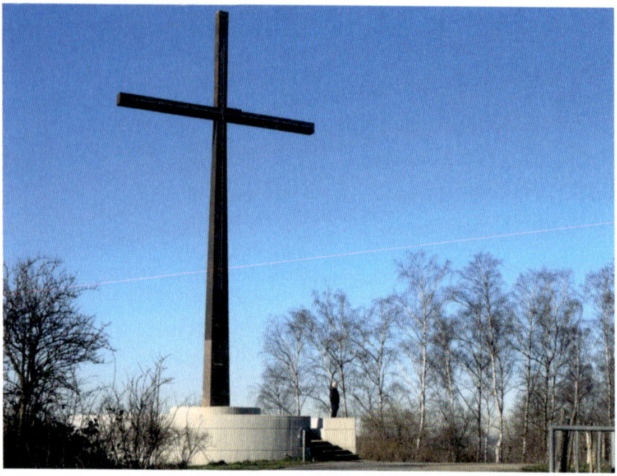

Der Ursprung des Haarener Kreuzes reicht bis in das Jahr 1891 zurück, in dem ein Haarener Bürger auf dem Haarberg ein 14 Meter hohes Steinkreuz aus Ziegelmauerwerk errichten ließ. Im oberen Bereich kreuzten sich zwei Querbalken, deren Enden in die vier Himmelsrichtungen zeigten. Dadurch war es möglich, aus jeder Perspektive ein Kreuz zu sehen.

Nach der Zerstörung des Steinkreuzes im Jahre 1944 entstanden bald ein neues Holzkreuz und 1972 das heutige Kreuz aus Stahl an der gleichen Stelle. Es ist 15 Meter hoch.

Nach Norden und Nordosten eröffnet sich von hier ein weiter Ausblick auf die südliche Jülicher Börde mit ihren Ortschaften und Halden des ehemaligen Aldorfer Steinkohlenbergaus.

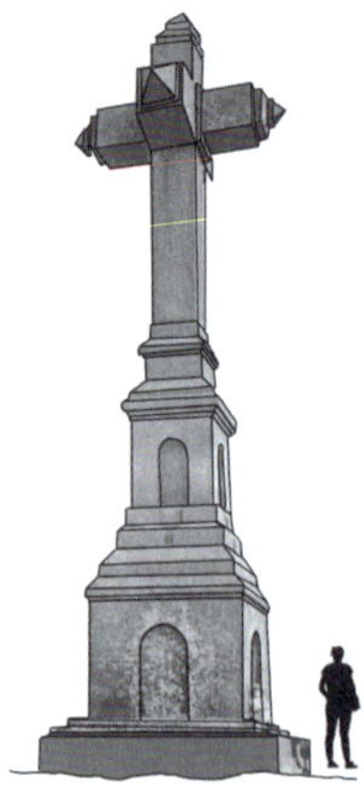

Das alte Haarener Kreuz

10. Der ehemalige Jüdische Friedhof von Haaren

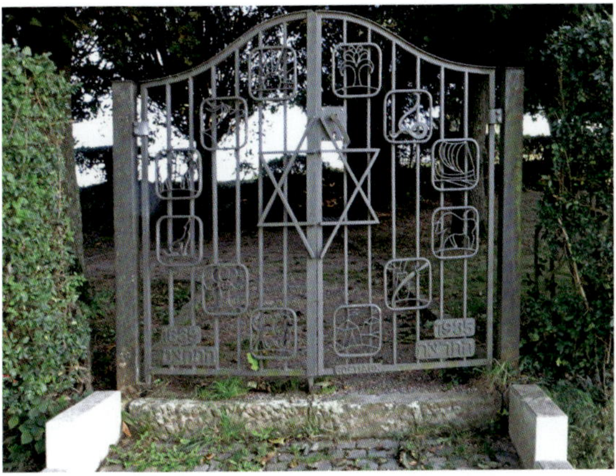

Der weit außerhalb des Ortes gelegene ehemalige Jüdische Friedhof von Haaren ist heute eine Gedenkstätte. Der kleine Friedhof wurde zwischen 1838 und 1938 angelegt. Im November 1938, einige Tage nach der Reichspogromnacht, warfen Haarener Bürger alle Grabsteine um. Im Herbst 1939 transportierten sie alle Steine in das Dorf, um sie als Bau- und Schüttmaterial zu verwenden.

Erst 1997 wurden mehrere Grabsteine wiedergefunden und davon vier vollständige Steine und etwa 70 Bruchstücke auf dem Friedhof zu einer Wand als Mahnmal zusammengefügt. Heute erinnert eine Gedenktafel vor dem Friedhofseingang an die Vorkommnisse in den Jahren 1938/39.

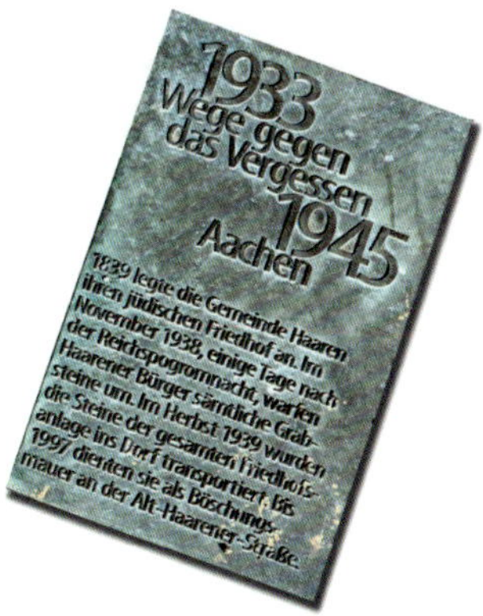

Galmei-Lagerstätten in der Voreifel

Im Mittelalter waren an verschiedenen Orten zwischen Eupen im Südwesten und Eschweiler im Nordosten reiche Galmei-Lagerstätten bekannt. Die wichtigsten lagen auf belgischem Gebiet bei La Calamine (Kelmis) und Plombières (Bleiberg) und auf deutschem Gebiet bei Eilendorf und im Raum Breinigerberg.

„Galmei" ist die Sammelbezeichnung für ein feinkörniges Gemisch aus Zinkspat ($ZnCO_3$), Hemimorphit ($Zn_4[(OH)_2|Si_2O_7]\cdot H_2O$) und Willemit ($Zn_2SiO_4$). Es entsteht durch Oxidation der Schalenblende. Dieses Primärerz besteht aus einer dünnschichtigen („schaligen") Wechsellagerung der schwefelhaltigen Minerale Bleiglanz (PbS), Zinkblende (ZnS) und Markasit (FeS_2). Das Verwitterungsprodukt Galmei kommt also nur in der Nähe der Erdoberfläche bis zu einer Tiefe von circa 100 Metern vor. Bis ins 18. Jahrhundert war Galmeierz von großer Bedeutung für eine blühende Messingindustrie im Aachener und Stolberger Raum. Messing ist eine Kupferlegierung mit bis zu 40 Prozent Zink.

Die früher abbauwürdigen Galmei-Lagerstätten waren fast ausschließlich an Nordwest-Südost verlaufende tektonische Verwerfungen gebunden, die die devonischen und unterkarbonischen Kalksteinzüge der Voreifel queren. Auf ihnen zirkulierten während der Jura-Zeit hochtemperierte, metallhaltige Lösungen, aus denen sich die Blei-Zink-Erze abschieden.

Auf deutschem Gebiet finden sich die meisten Lagerstätten in der Nachbarschaft der den Verlautenheidener Horst nach Osten begrenzenden Feldbiß-Verwerfung. Diesem Gangzug gehörten außer der Lagerstätte von Breinigerberg im Südosten auch die ehemals bedeutende Grube Herrenberg und das Grubenfeld Kirchfeld-Heidchen bei Eilendorf an. Das Galmeierz trat hier als Spaltenfüllung auf den tektonischen Brüchen oder als Füllung unregelmäßig begrenzter, schlauchförmiger Lösungshohlräume innerhalb der Kalksteine auf.

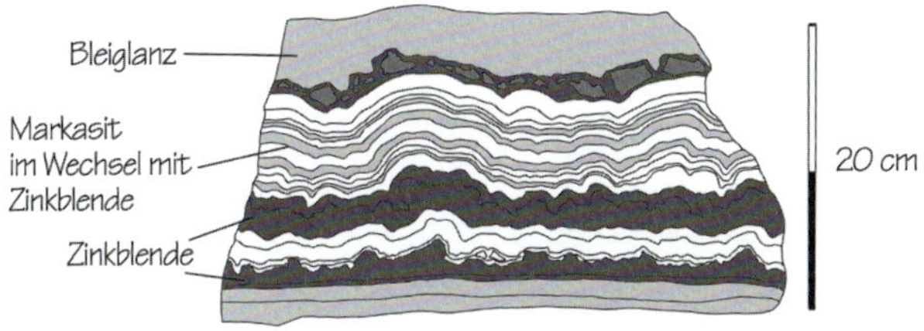

Schalenblende

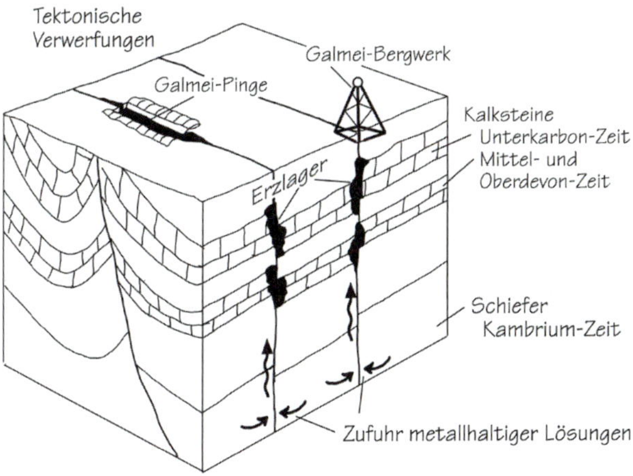

Galmei-Lagerstätten in der Voreifel (Schema)

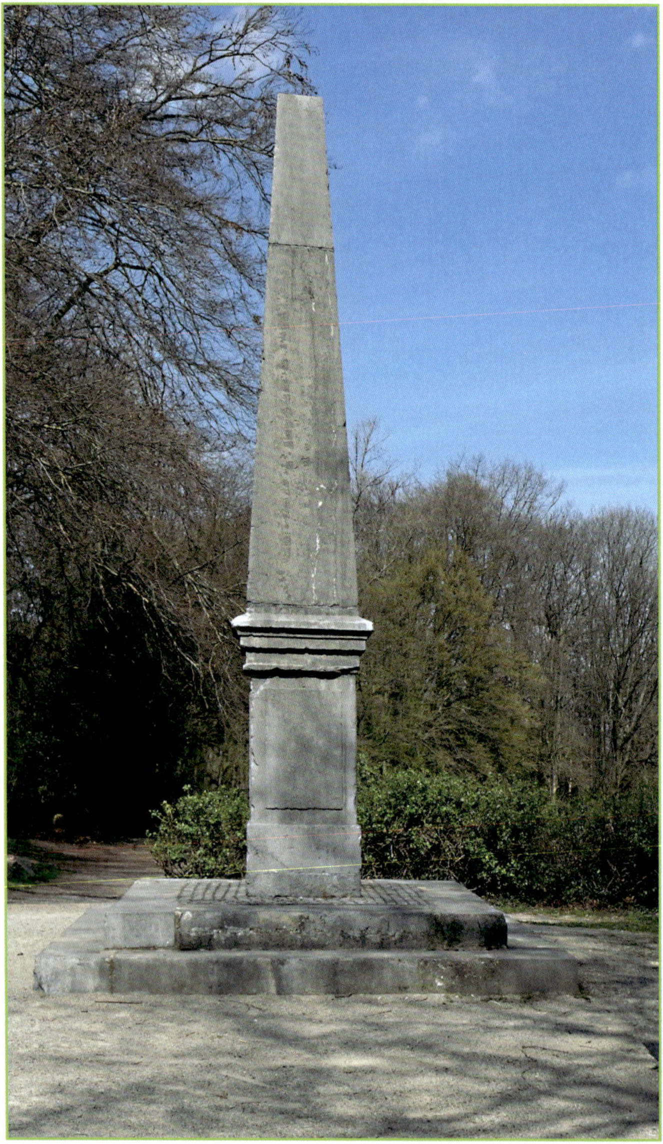

Etappe 10: Ravelsberg, Wurmtal und Berensberger Feld

Start:
Bushaltestelle Haaren, Am Haarberg, Linie 1, 11, 21, N6
Parkplatz in Haaren in der Straße Am Kaninsberg

Ziel:
Bushaltestelle Berensberg, Linie 34, 54, 70, N3 ...
Parkplatz Blauer Stein

Länge der Wanderung: circa 9,5 Kilometer

Höhenunterschiede: 87 Meter

Dauer: etwa 3,5 Stunden

Streckenverlauf:
Von der Straße Am Kaninsberg unter der Autobahn hindurch aufwärts in Richtung Haal-Oppen gehen. Vor dem Ort nach links zum Ravelsberg und von dort hinunter zur Krefelder Straße. Die Krefelder Straße bei Gut Kaisersruh queren und in Richtung Wurmtal weitergehen. Im Wurmtal rechts der Wurm zur Adamsmühle und weiter zum Teuter Hof gehen. Am Teuterhof über die Wurm und entlang dem linken Wurmufer zurückgehen. Zur Berensberger Hochfläche bei Rumpen aufsteigen und die Berensberger/Rumpener Straße queren. Auf Feldwegen über das Berensberger Feld in Richtung Berensberg zur Bushaltestelle gehen. Autofahrer gehen weiter durch das Paulinenwäldchen zum Parkplatz Blauer Stein.

GPX-Daten zur Etappe 10

Bild links: Obelisk „Blauer Stein" im Paulinenwäldchen

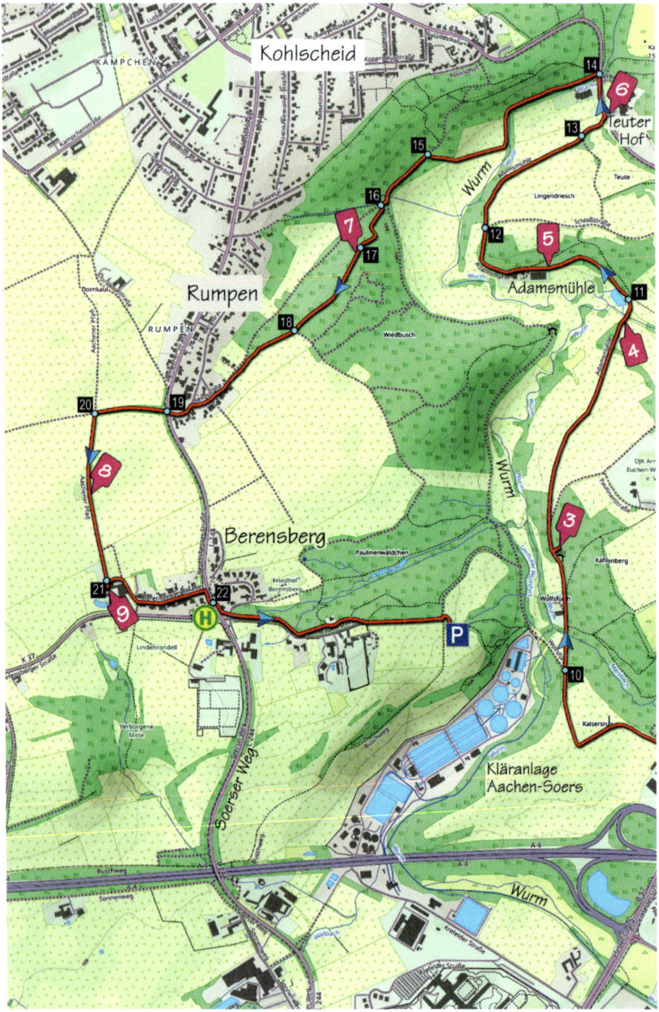
Kohlscheid
Rumpen
Berensberg
Teuter Hof
Adamsmühle
Wurm
Kläranlage Aachen-Soers
Soerser Weg
Wiedbusch
Paulinenwäldchen
Lingendriesch
Kahlenberg
Verborgene Mitte
Lindenrondell
Buschweg
Sonnenweg
Krefelder Straße
A 4
K 37
B 57

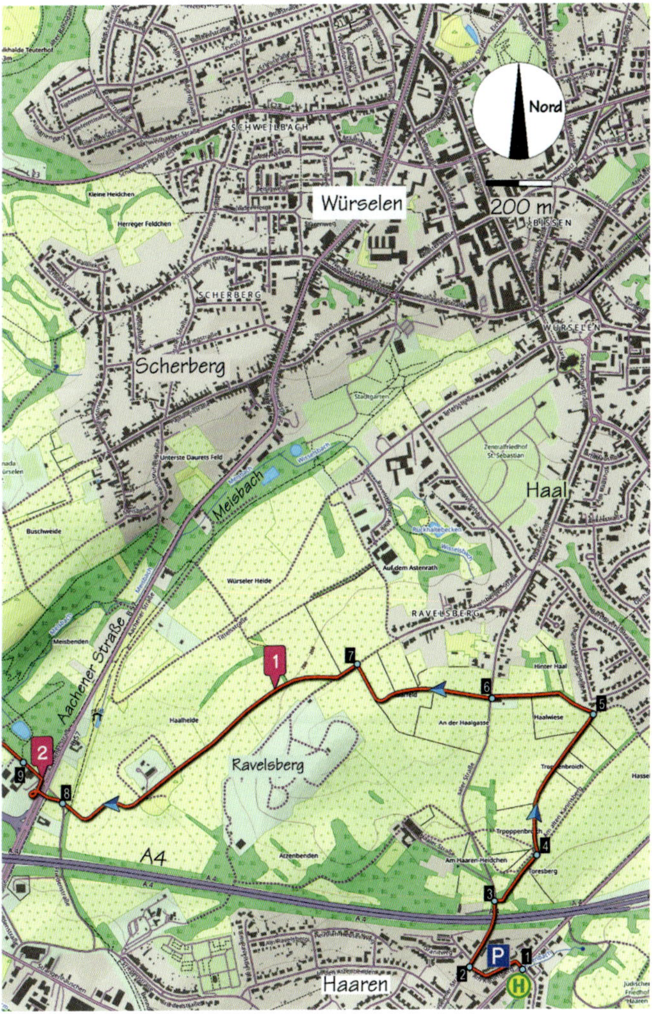
Nord
200 m
Würselen
Scherberg
Meisbach
Haal
Ravelsberg
Aachener Straße
A4
Haaren
1
2
3
4
5
6
7
8
9
P
H

Wegweiser

1	Die Wanderung beginnt in der Straße Am Kaninsberg circa 130 Meter vor der Autobahnunterführung.
2	Am Ende der Straße Am Kaninsberg nach rechts in die Würselener Straße abbiegen, die ab der Autobahnunterführung als Haaler Straße in Richtung Haal-Oppen, einem südlichen Ortsteil von Würselen, verläuft.
3	Kurz vor dem Abzweig zum Gut Haaren-Heidchen von der Würselener Straße nach rechts in die schmale Straße Am Alten Kaninsberg abbiegen.
4	Einem nicht immer deutlichen Fußweg nach links bergauf in Richtung Haal-Oppen folgen.
5	Vor den ersten Häusern des Ortes nach links in einen Spazierweg abbiegen und am Ort vorbei in Richtung Ravelsberg gehen.
6	Die Haaler Straße queren und weiter in Richtung Ravelsberg gehen.
7	Auf der Ravelsberger Straße links abbiegen und nach circa 60 Metern auf einen Weg nach rechts abwärts in Richtung Kaisersruh gehen.
8	Nach Queren einer ehemaligen Bahntrasse Aachen-Jülich (heute Fahrradweg) nach links durch eine Unterführung unter der Krefelder Straße auf die Seite des ehemaligen Herrenhauses Kaisersruh wechseln.
9	Am Parkplatz neben Kaisersruh vorbei in Richtung Wurmtal gehen.
10	Nach dem Abstieg ins Wurmtal auf dem Talweg geradeaus an Gut Wolfsfurth vorbei in Richtung Adamsmühle und Teuterhof gehen.
11	Sich links halten.
12	Geradeaus gehen.
13	Nach links zur Straße gehen und auf dem Seitenstreifen nach links die Wurmbrücke queren.
14	Unmittelbar hinter der Wurmbrücke links abbiegen und dem Fahrweg parallel zur Wurm folgen.
15	Bald nach Wiedereintritt in den Wald nach links weitergehen.
16	An einer Weggabelung wenige Meter nach rechts gehen und dann einem steilen Fußweg (und Reitweg) nach links aufwärts folgen.
17	Auf der Hochfläche dem Weg zwischen vielen Aufgrabungen (Schützengräben?, Kohlepingen?) folgen.
18	Geradeaus zu den Häusern des Ortes Rumpen zur Behrensberger bzw. Rumpener Straße gehen.

19 Die Straße queren und durch einen leicht ansteigenden Hohlweg auf die Behrensberger Hochfläche gehen.

20 An der ersten Wegkreuzung links abbiegen und zwischen Feldern in Richtung Gut Berensberg gehen.

21 Vor dem Gutshof links abbiegen und an der Kirche St. Mathias vorbei zur Bushaltestelle an der Behrensberger Straße gehen.

22 Wer sein Auto am „Blauen Stein" geparkt hat, quert die Behrensberger Straße in Richtung Paulinenhof und folgt einem Waldweg parallel zur Straße Zum Blauen Stein bis zum Parkplatz.

Der Untergrund

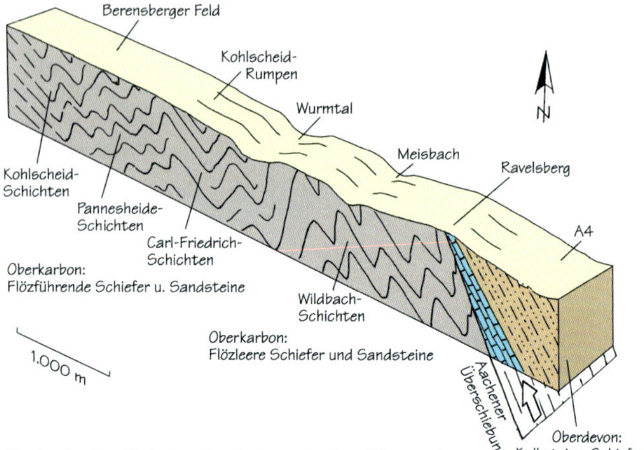

Geologischer Schnitt durch das mittlere Wurmtal

Die Hochscholle des Verlautenheidener Horstes findet nach Norden und Nordwesten im Ravelsberg und in der Berensberger Höhe ihre Fortsetzung. Auch in derem geologischen Schnitt spiegelt sich der geologische Unterbau des nördlichen Aachener Kessels wider. Vom Haarberg bis zum Ravelsberg besteht der Untergrund aus Oberdevon-Sandsteinen und -Tonsteinen, so wie im Höhenrücken des Krugenofen und der Pau-Senke zwischen der Burtscheider und der Aachener Überschiebung im Innenstadtbereich. Im Westhang des Ravelsbergs sind die gleichen oberdevonischen Kalk- und-Mergelsteine nachgewiesen wie vor der Aachener Überschiebung in der Innenstadt. Und so wie im Stadtgebiet nördlich der Aachener Überschiebung gefaltete Tonsteine und Sandsteine der Oberkarbon-Zeit den Untergrund bilden, so schließt sich auch nordwestlich des Ravelsbergs eine breite Muldenstruktur, die Wurmmulde, an. Diese ist heute, weil sich nach Nordwesten immer jüngere Schichten mit immer mehr Steinkohlenflözen einstellen, bergbaulich bis ins Detail erforscht.

1. Der Ravelsberg

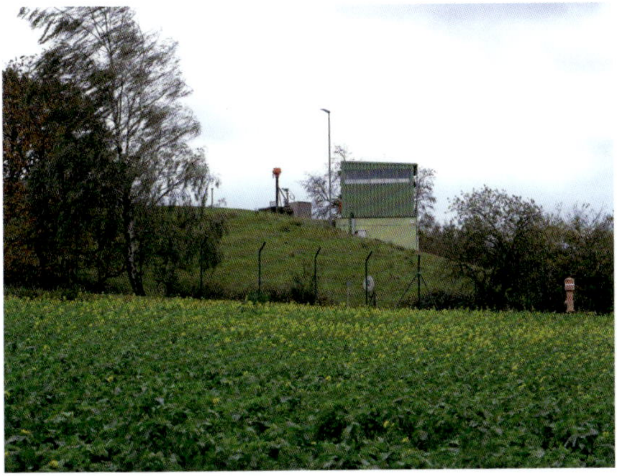

Der Ravelsberg ist wie der Haarberg um 50 Meter gegenüber dem Boden des Aachener Kessels herausgehoben. 1938, also noch vor dem Zweiten Weltkrieg, entstanden in seinem Umfeld viele Westwallbunker.

Als im Oktober 1944 amerikanische Truppen die Stadt Aachen von Süden und Osten her einkreisten, war die Anhöhe des Ravelsbergs bis zuletzt besonders heftig umkämpft, denn es galt, das benachbarte Meisbachtal als letzten verbliebenen Versorgungskorridor zur Stadt offen zu halten. Am 16. Oktober fiel der Ravelsberg endgültig an die Amerikaner und Aachen war vollständig von der Außenwelt abgeschnitten. Fünf Tage später kapitulierte die Stadt.

Heute wird die Kuppe des Ravelsbergs als NATO-Depot genutzt und ist von einem hohen Zaun umgeben.

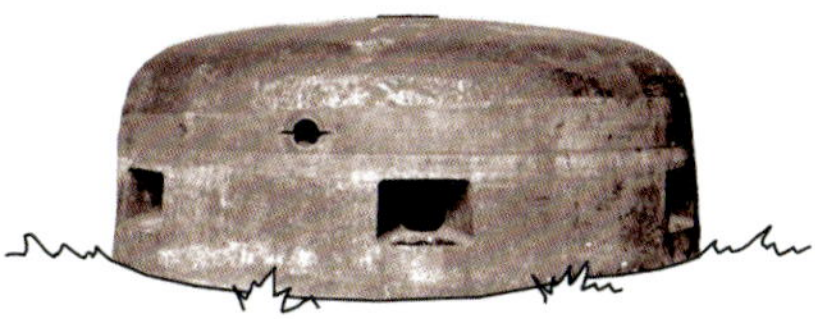

Westwall-Bunker

2. Gut Kaisersruh

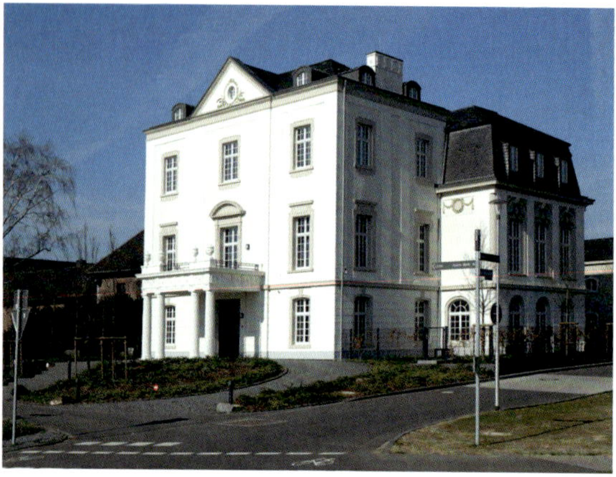

Das heutige Gut Kaisersruh war ursprünglich eine einfache Hofanlage. Sie wurde zu Beginn des 19. Jahrhunderts um ein Herrenhaus und einen Park im englischen Stil erweitert. Der Name Kaisersruh geht auf den russischen Kaiser Alexander I. zurück, der 1818 anlässlich des Aachener Monarchenkongresses hier wohnte. An dem Kongress, bei dem es um eine endgültige Friedensregelung mit Frankreich und eine Einschränkung revolutionär-demokratischer Bewegungen in Europa ging, nahmen neben Zar Alexander I., dem preußischen König Friedrich Wilhelm III. und Kaiser Franz I. aus Österreich auch hochrangige Vertreter aus Großbritannien und Frankreich teil.

Später erwarb der Aachener Tuchfabrikant Albert Nellessen das Anwesen.

Anfang des 20. Jahrhunderts wurde das Herrenhaus um einen stattlichen neobarocken Anbau erweitert. Aufgrund von Kriegsschäden und einem jahrzehntelangen Verfall der Gebäude ließ in jüngster Zeit ein neuer Besitzer das Hauptgebäude und auch das dahinter gelegene Kutscherhaus nach alten Plänen wiederaufbauen und das Innere zu einem modernen Bürogebäude umgestalten.

3. Der Steinbruch Wolfsfurth

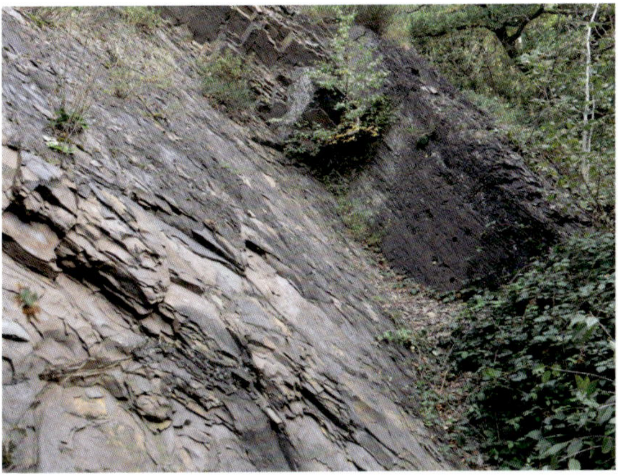

In einem ehemaligen Steinbruch ist ein dickes Tonsteinpaket freigelegt. Seine Schichtung ist mittelsteil gegen Südosten geneigt.

Rechts dahinter sind im völlig zugewachsenen eigentlichen Steinbruch in einer 6 Meter hohen Abbaufront mehrere dicke Sandsteinbänke anstehend. Zeitlich entstanden die Ton- und Sandsteine in der frühen Oberkarbon-Zeit vor 320 Millionen Jahren. Während sich die Tonsteine damals als feinkörnige Schlicksedimente in küstennahen Gezeitenebenen absetzten, bildeten sich die Sandsteinbänke aus den Sandbarren vor Flussmündungen.

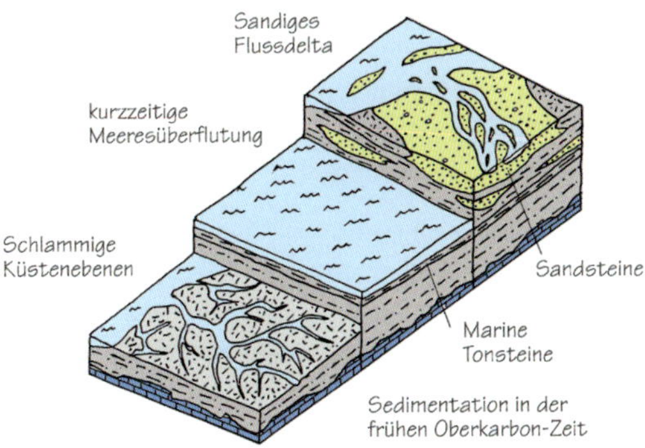

4. Die mäandrierende Wurm

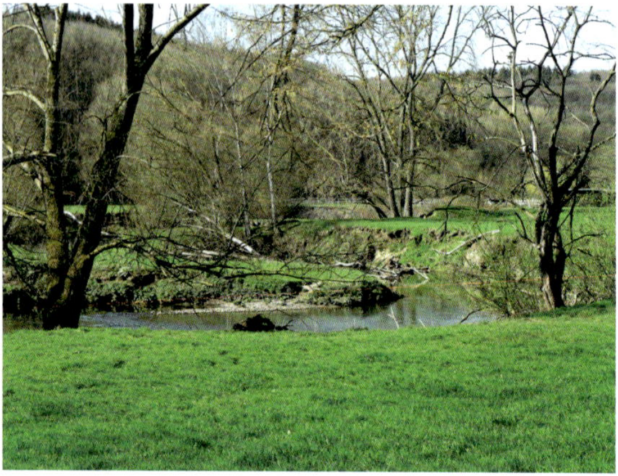

Der Talboden des Wurmtals zeichnet sich hier durch eine breite Talaue aus, in der die Flussmäander der Wurm frei schwingen. Die Prallhänge der Mäanderbögen sind vom stark strömenden Wasser der Wurm steil unterspült. Die Gleithänge weisen demgegenüber auch breitere Anlandungen von Sand und Geröll, auch aus Feuerstein auf. Die heute frisch angeschnittenen Sedimente der Wurm bestehen aus unterschiedlich feinem Sand, verschwemmtem Löss, Ton und sonstigen abgespülten Bodenteilchen.

In den letzten hundert Jahren hat die zunehmende Bebauung und Bodenversiegelung im näheren Einzugsgebiet der Wurm zu einer messbaren Verstärkung der Erosionstätigkeit der Aachener Bäche und damit auch zur Verbreiterung und Vertiefung des Flussbettes der Wurm geführt. Ihre Auewiesen werden deshalb heute nur noch selten von Hochwasser überflutet.

Zuzüglich zum Niederschlagswasser ihres Einzugsgebiets leitet die Wurm unterhalb der Wolfsfurth auch die gereinigten Abwässer der Stadt Aachen einschließlich eines Großteils ihres aus der Eifel stammenden Trink- und Brauchwassers weiter.

5. Adamsmühle

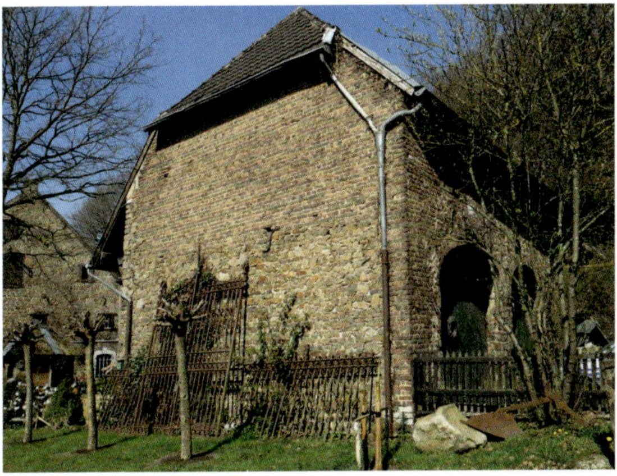

Die Mühle liegt vor dem steilen Anstieg eines Prallhangs des Wurmtals. Rechts vom Weg wurden früher in mehreren kleineren Einzelgruben und einem größeren Steinbruch Sandsteine der Pannesheide-Schichten aus der frühen Oberkarbon-Zeit abgebaut. Sie waren wegen ihrer regelmäßigen Klüftung als Bruchsteine für den Haus- und Mauerbau geschätzt.

Die Adamsmühle existierte wahrscheinlich schon seit dem 13. Jahrhundert als Mahl- und Ölmühle. Ihren heutigen Namen verdankt sie einer späteren Eigentümerfamilie aus dem 17. Jahrhundert. Das heutige Gebäude stammt aus der ersten Hälfte des 18. Jahrhunderts. Erst um 1900 stellte die Mühle ihren Mahltrieb ein.

Lange Zeit war die Wurm eine wichtige Energiequelle für das heimische Handwerk und die Aachener Industrie. Um 1890 gab es zwischen der Wolfsfurth im Süden und Burg Wilhelmstein im Norden noch etwa 30 Mühlen.

6. Am Teuterhof

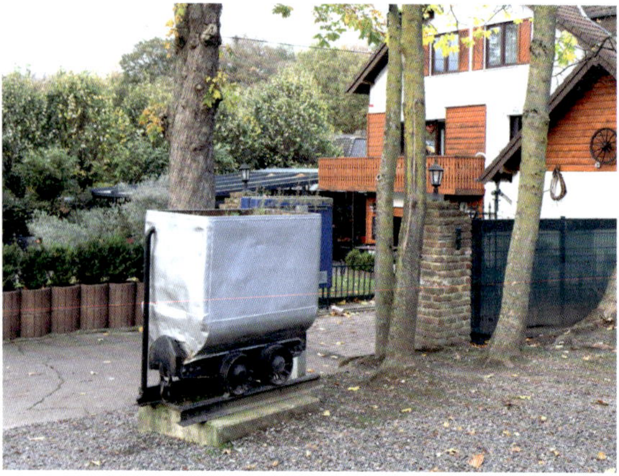

Im ausgehenden Mittelalter verlief die Grenze des Aachener Reichs gegen das Herzogtum Jülich von der Wolfsfurth aus entlang der Wurm in Richtung Bardenberg. Auf dem zum Aachener Reich gehörenden rechten Wurmufer lag eine Teuter Mühle. Sie war 1685 von der Stadt Aachen gekauft worden, um hier nach Steinkohle zu graben. Die Grube Teut war damals berühmt für ihre „Wasserkunst", eine neue Technik, mit der über ein Gestänge und ein kompliziertes Hebelwerk Wasser in der Grube gehoben und abgepumpt werden konnte. Wirtschaftlich hatte die Grube aber nicht den erwarteten Erfolg. Mehrfach musste sie stillgelegt werden. Erst 1864 wurde ganz in der Nähe eine modernere Grube Neue Teut in Betrieb genommen.

Andere Schachtanlagen im mittleren Wurmtal wie die Grube Gouley in Morsbach (Betriebsbeginn 1599) und Neue Furth in Bardenberg (seit 1590) waren von Anfang an erfolgreicher, weil sie sich an die weiter nördlich verbreiteten flözreicheren Kohlscheider Schichten hielten.

7. Pingen oder Schützenlöcher bei Rumpen

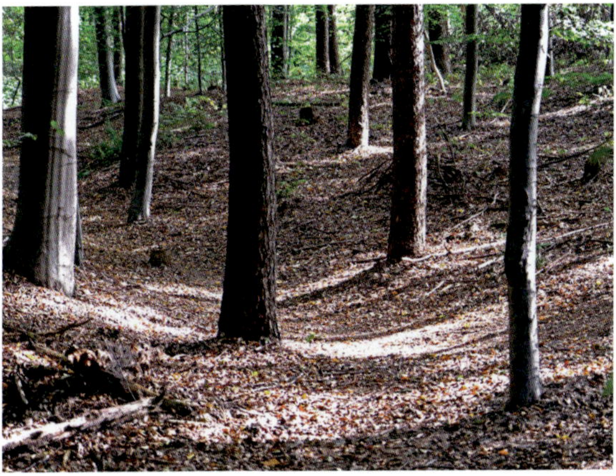

In den Serpentinen des Aufstiegs bis zur Hochfläche sind dunkelgraue und schwarze Tonsteine mit dünnen Sandsteinlagen freigelegt. Wo der Weg die Hochfläche erreicht, sind rechts und links tiefe Löcher (Pingen) aufgegraben und daneben Erdhügel aufgeworfen. Zu erkennen sind außerdem die Reste parallel verlaufender, langer Gräben. Diese Gräben folgen dem Schichtverlauf der Steinkohle führenden Pannesheide-Schichten im Untergrund. Entweder hat man hier früher nach steil stehenden Sandsteinbänken oder nach Kohleflözen gegraben. Die Pingen können aber auch erst nach 1945 entstanden sein, als man selbst kleinste, durch Schiefer verunreinigte Kohlereste aufsammelte und verwertete.

Oder es handelt sich bei den Pingen um Granattrichter oder Schützenlöcher aus der Zeit der Einkesselung Aachens am Ende des Zweiten Weltkriegs.

Damals verlief hier eine Teillinie des Westwalls durch das Wurmtal. Auf der östlichen Seite des Tals sind noch heute die Reste von zahlreichen Bunkeranlagen zu erkennen. Für die dort im Hang verlaufenden Schützengräben bot sich ein hervorragendes Schussfeld auf die westliche Talflanke.

8. „Pferdelandpark" und „Weißer Weg"

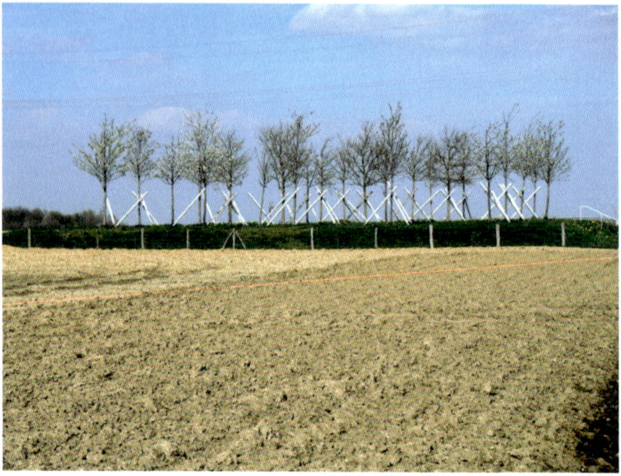

Das Behrensberger Feld nördlich von Gut Berensberg ist mit einer bis mehrere Meter dicken Lössschicht der letzten Kaltzeit (Weichsel-Kaltzeit, 60.000 bis 12.000 Jahre vor heute) bedeckt. Diese begünstigte durch ihren besonderen Mineralbestand Jahrhunderte lang seine landwirtschaftliche Nutzung. Seit dem Jahr 2008 ist das Berensberger Feld Teil eines grenzüberschreitenden „Pferdelandparks" zwischen Aachen, Herzogenrath und Kerkrade. Als Naherholungsraum bietet er seinen Bewohnern vielfältige Möglichkeiten zum Wandern, Joggen und Radfahren.

Als verbindendes Element der verschiedenen Teilräume dieses Landschaftsparks gilt ein 30 Kilometer langer sogenannter „Weißer Weg" vom Aachener Lousberg bis zum Nullander Berg in Kerkrade. Eine seiner Stationen ist der hier mitten in der Ebene aufgeschüttete sogenannte Maulbeerhügel. Von dort aus hat man einen besonders weiten Rundblick über die Felder.

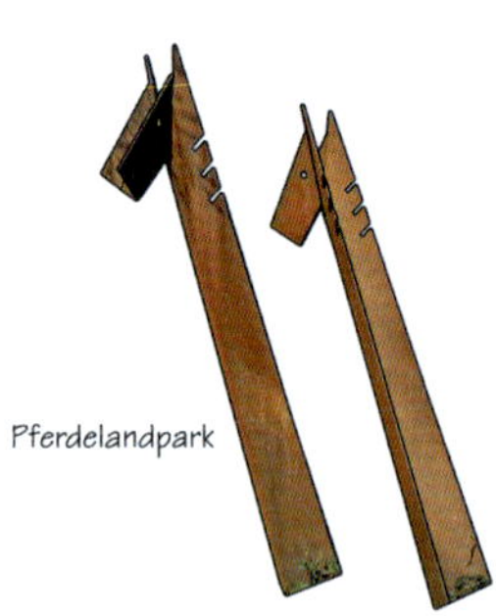

9. Haus Berensberg

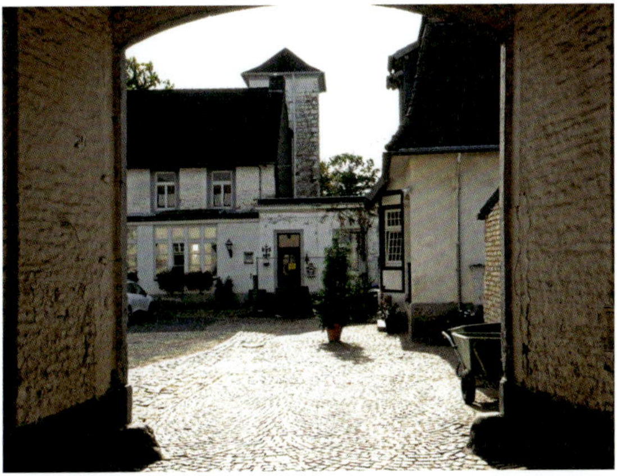

An der Stelle von Haus Berensberg (Gut Berensberg) bestand seit 1150 zunächst eine Wasserburg. Nach ihrer Zerstörung durch spanische Truppen gegen Ende des 16. Jahrhunderts wurde an ihrer Stelle die heutige Vierflügel-Hofanlage errichtet. Hundert Jahre später entstand das in barockem Stil gehaltene Herrenhaus und der quadratische Turm. Um 1830 ging die Anlage in den Besitz der Industriellenfamilie Cockerill über. Diese baute das Hauptgebäude schlossartig um. Heute sind der Hof und seine Ländereien verpachtet.

Unmittelbar neben dem Gut bestand seit dem 14. Jahrhundert eine dem Apostel Matthias gewidmete Kapelle. Sie wurde 1889 durch die heutige größere Kirche in neoromanischem Baustil ersetzt.

Jenseits der weiteren Häuser von Berensberg und der Straße nach Rumpen beginnt das sogenannte Paulinenwäldchen. Es ist nach Fürstin Pauline Borghese, einer Schwester Napoleons benannt, die zwischen 1809 und 1811 in dem damaligen Trappistenkloster Mont Sion im Bergerbusch Station machte und sich gerne in diesem Wäldchen aufgehalten haben soll.

Bergbaugeschichte im Wurmrevier

Seit dem Mittelalter wurde im mittleren und nördlichen Wurmtal mit unterschiedlicher Intensität Steinkohlenbergbau betrieben. Erste urkundliche Hinweise auf einen Kohleabbau auf dem Gelände der ehemaligen Abtei Klosterath (Rolduc) sind schon aus dem 12. Jahrhundert überliefert. Systematischer Bergbau setzte aber erst im 14. Jahrhundert ein. An den Talhängen, von denen aus die Kohlenflöze leicht erreicht werden konnten, ließen sich die ersten Stollen und Schächte leicht zum Fluss hin entwässern. Im 18. Jahrhundert ließ sich die Kohle durch den Einsatz technischer Mittel bei der Wasserhaltung auch bis 40 Meter tief unterhalb des Wurmtal-Niveaus abbauen, so u. a. in den Zechen Gouley, Laurweg und Neue Furth. Aber erst seit dem 19. Jahrhundert wurde die Kohle mit aufwändiger Technik auch im Tiefbergbau gewonnen.

Im Wurmtal nördlich der Aachener Überschiebung ist die Steinkohle führende oberkarbonische Schichtenfolge der Wurmmulde an der Oberfläche nur unvollkommen zugänglich. Sehr gut ist sie dagegen aus den untertägigen Bergbauaufschlüssen bekannt. Unterschieden werden Carl-Friedrich-Schichten und Pannesheide-Schichten und darüber, zum Muldenzentrum hin, die Kohlscheid-Schichten. Während die Ersteren nur wenige abbauwürdige Steinkohlenflöze enthalten, umfassen die darüber folgenden Kohlscheid-, Merkstein- und Alsdorf-Schichten besonders viele Flöze von wirtschaftlicher Bedeutung.

Als sich der Kapitalbedarf für den Maschineneinsatz stark erhöhte, schlossen sich viele Kleinzechen zur „Vereinigungsgesellschaft für den Steinkohlenbergbau an der Wurm" zusammen. 1906 wurde diese vom Eschweiler Bergwerksverein übernommen. Der Eschweiler Bergwerksverein war lange Zeit eine der größten Zechengesellschaften Europas.

Insgesamt waren im Wurmrevier durch Bergbau und Bohraufschlüsse etwa 1.550 Meter Flöz führende Oberkarbon-Schichten erschlossen. Hauptsächlich die Steinkohlenflöze der Kohlscheid-Schichten waren von wirtschaftlicher Bedeutung. Sie lieferten hochinkohlte Anthrazit-, Mager- und Esskohlen. Weiter nördlich wurde aus den tiefer abgesenkten Merkstein- und Alsdorf-Schichten gasreichere Ess-, Fett- und Gaskohle gefördert.

Zwischen 1955 und 1958 erreichten die damals noch aktiven acht Zechen im Wurmrevier ihre höchste Förderleistung. Seit 1960 ließen dann die Konkurrenz des Erdöls, die europäische Stahlkrise und die niedrigen Weltmarktpreise für Importkohle die Kohleförderung wieder schrumpfen. 1992 wurde die Grube Emil Mayrisch als letzte Zeche des Wurm-Reviers stillgelegt.

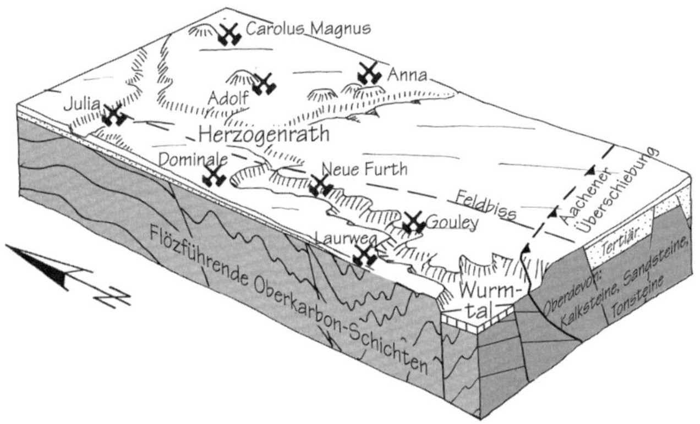

Steinkohlenbergbau im Wurmrevier

BILDNACHWEIS

Bilder, Umschlag und Innenteil:	Roland Walter
Karten:	Roland Walter
Layout und Umschlaggestaltung:	Isabella Frangenberg
Satz:	Katerina Georgieva
Lektorat:	Katrin Schubert

WEITERE TITEL DER REIHE

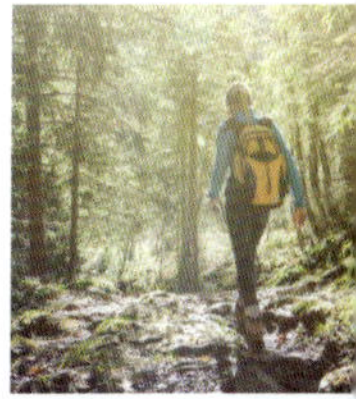

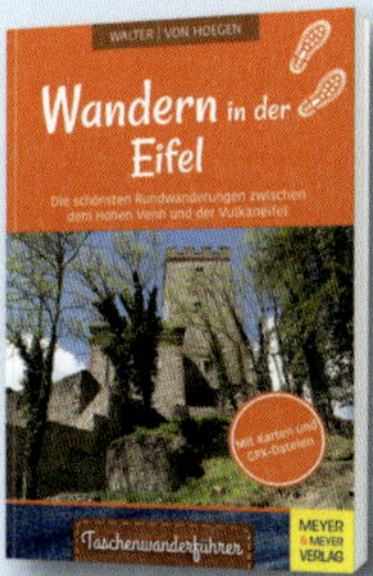

Wandern in der Eifel

224 Seiten, 125 Bilder, 48 Abb.,
16 Karten, in Farbe
18 cm x 11,5 cm, Paperback

ISBN 978-3-8403-7900-0
€ [D] 20,00/[A] 20,60

Die Eifel ist Teil des Rheinischen Mittelgebirges bis zur belgischen und luxemburgischen Grenze. Viele hundert Kilometer Wanderwege erschließen ihren Besuchern außergewöhnlich abwechslungsreiche Landschaften: großflächige Moore im Hohen Venn, tiefe Täler und Stauseen in der Rureifel, südländisch anmutende Kalktriften in der Kalkeifel und Vulkankegel und Maarseen in der Vulkaneifel. Für alle diese Landschaften gilt, dass sie in langen Zeiträumen entstanden sind. Ihre historische Gestaltung zur heutigen Kulturlandschaft vollzog sich in Jahrhunderten. Die Formung der heutigen Hochflächen, Hügel und Täler dauerte viele hunderttausend Jahre. Für die meisten Gesteine ihres Untergrunds liegt ihre Entstehungszeit um Millionen Jahre zurück. So ist die heutige Gestalt der Eifel untrennbar mit der Zeit ihrer Gesteinsbildung, der Zeit der Entstehung ihres Reliefs und der Zeit ihrer Menschen verbunden.

MEYER & MEYER Verlag
Von-Coels-Str. 390
52080 Aachen

Telefon 02 41 - 9 58 10 - 25
Fax 02 41 - 9 58 10 - 10
E-Mail vertrieb@m-m-sports.com
Website www.dersportverlag.de

MEYER & MEYER VERLAG

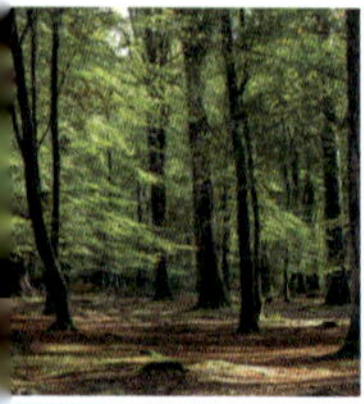

WEITERE TITEL DER REIHE

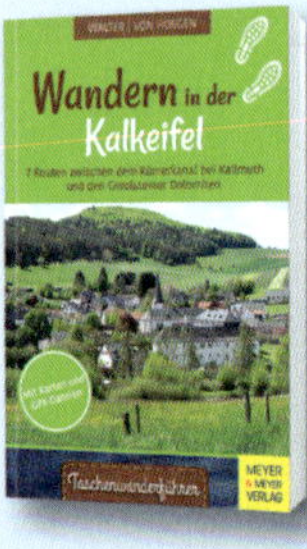

ISBN 978-3-8403-7791-4
€ [D] 14,00/[A] 14,40

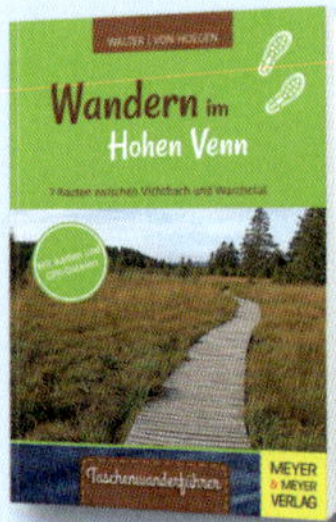

ISBN 978-3-8403-7855-3
€ [D] 16,00/[A] 16,50

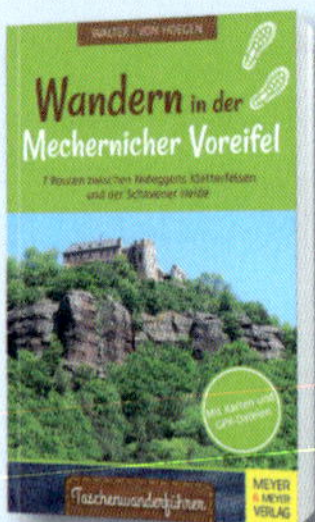

ISBN 978-3-8403-7792-1
€ [D] 14,00/[A] 14,40

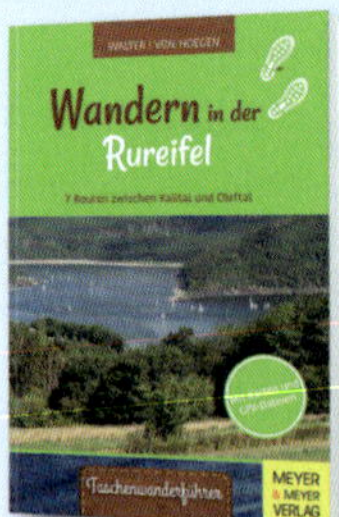

ISBN 978-3-8403-7856-0
€ [D] 16,00/[A] 16,50

MEYER & MEYER VERLAG

MEYER & MEYER Verlag
Von-Coels-Str. 390
52080 Aachen

Telefon 02 41 - 9 58 10 - 25
Fax 02 41 - 9 58 10 - 10
E-Mail vertrieb@m-m-sports.com
Website www.dersportverlag.de

Abonnieren Sie unseren kostenlosen Newsletter unter **www.dersportverlag.de**

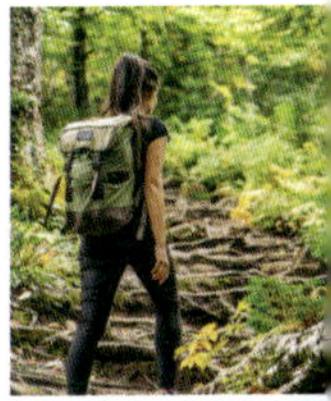

WEITERE TITEL DER REIHE

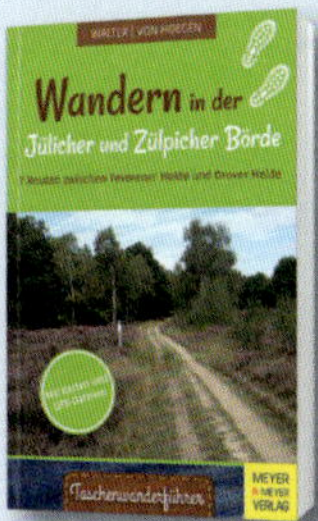

ISBN 978-3-8403-7743-3

€ [D] 14,00/[A] 14,40

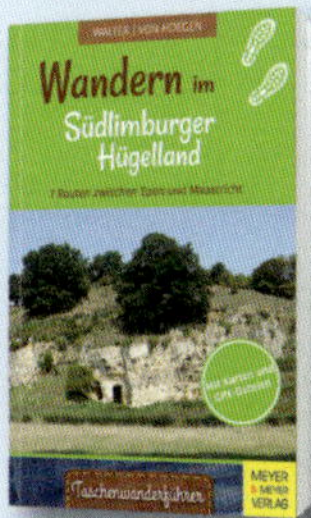

ISBN 978-3-8403-7710-5

€ [D] 14,00/[A] 14,40

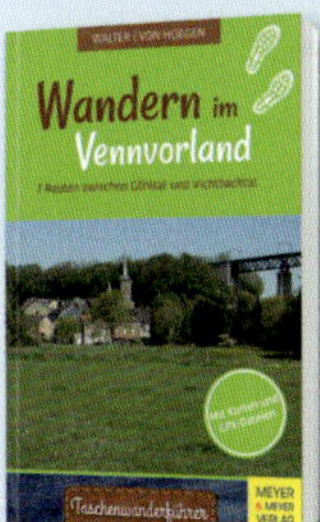

ISBN 978-3-8403-7742-6

€ [D] 14,00/[A] 14,40

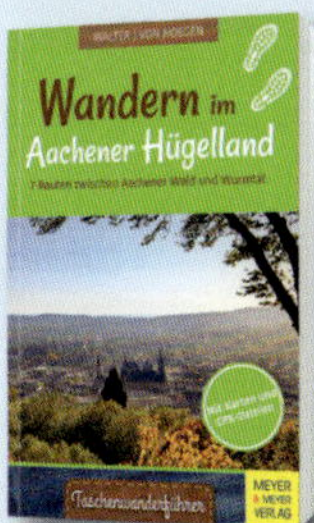

ISBN 978-3-8403-7692-4

€ [D] 14,00/[A] 14,40

Preisänderungen vorbehalten und Preisangaben ohne Gewähr! Bild oben links © AdobeStock

MEYER & MEYER Verlag
Von-Coels-Str. 390
52080 Aachen

Telefon 02 41 - 9 58 10 - 25
Fax 02 41 - 9 58 10 - 10
E-Mail vertrieb@m-m-sports.com
Website www.dersportverlag.de

MEYER & MEYER VERLAG